Geneviève Lüscher

Neue Heimat Griechenland

Verlag der Griechenland Zeitung

1. Auflage 2024

HellasProducts EPE, Athen
www.griechenland.net

Lektorat: Annette Jaccard, Bern
Umschlaggestaltung: Harry Glytsis
Layout: Harry Glytsis

Die Herstellung dieses Buches wurde unterstützt durch
das Otto-König-von Griechenland-Museum der Gemeinde Ottobrunn, zu dessen elementaren Zielen die Erforschung der Regierungszeit von Otto, König von Griechenland gehört.

ISBN
978-3-99021-052-9
Printed in Greece

Geneviève Lüscher

Neue Heimat Griechenland

Königin Amalie und Pastorsgattin Christiane in Athen

Verlag der

Inhaltsverzeichnis

Einleitung

In der Mitte des 19. Jahrhunderts reisten zwei junge Frauen, die eine aus Deutschland, die andere aus Dänemark, nach Athen. Sie kamen in die Hauptstadt einer eben erst aus den Trümmern eines Befreiungskrieges aus dem Boden gestampften neuen Monarchie. Sie waren gleichaltrig, stammten aber aus ganz unterschiedlichen gesellschaftlichen Schichten. Als Immigrantinnen lebten sie viele Jahre in Athen und mussten sich mit der fremden Umgebung auseinandersetzen. Wie haben sie die Situation gemeistert?

Beide Frauen waren typische Vertreterinnen ihres sozialen Standes. Sie gingen nicht als Pionierinnen in irgendeiner Sache voran oder leisteten künstlerisch oder intellektuell Außerordentliches. Der große Unterschied: Das Leben von Königin Amalie ist – als Vertreterin des Hochadels – seit ihrer Geburt gut dokumentiert. Die Quellen zu ihrer Person fließen üppig, auch dank ihrer eigenen Korrespondenz, welche die Zeit überdauert hat. Ihre letzte Ruhestätte befindet sich nicht irgendwo – Amalie ruht in der Königsgruft der Wittelsbacher in der Theatinerkirche zu München.

Anders Christiane Lüth, die als Oberförsterstochter und Pastorengattin dem Bürgertum angehörte. Hätte sie ihre Erlebnisse in Athen nicht selbst in einem Tagebuch und in Reiseberichten festgehalten, wüsste man heute nichts mehr von ihr. Sie wäre als namenlose Frau im Ozean der Geschichte untergegangen; nicht einmal Amalie erwähnte in ihren Briefen die Ehefrau ihres Pastors mit Namen. Wo Christiane begraben liegt, ist nicht bekannt, vielleicht im dänischen Kolding.

Meine Idee war es, die beiden Frauenleben anhand dieser Quellen einander gegenüberzustellen, sie durch ihre Jahre in Athen zu begleiten und zu beobachten, wie sie ihr Leben in der neuen Umgebung gestalteten. Wie sie mit der ihr fremden Kultur zurecht kamen, wie weit sie sich assimilieren wollten und konnten und wie weit sie es schließlich getan haben.

Ich hoffe, damit einen Beitrag zur Frauengeschichte zu leisten und gleichzeitig einen Einblick in das Leben eines Landes zu geben, das – zerstört durch die griechischen Freiheitskämpfe – seinen Weg ins 19. Jahrhundert noch suchte.

Das vorliegende Buch ist keine historisch-wissenschaftliche Studie, weshalb ich auf Anmerkungen und genaue Nachweise der

Zitate der Lesbarkeit zuliebe verzichtet habe. Es richtet sich an historisch Interessierte.

Die beiden bereits erwähnten Hauptquellen sind aus unterschiedlichen Gründen entstanden und ihrer Form nach im Prinzip kaum vergleichbar. Beide zusammen ergeben jedoch – wenn auch aus ganz anderen Blickwinkeln – ein stimmiges Bild des Lebens in Athen in der Mitte des 19. Jahrhunderts.

Amalie schrieb ihre Briefe nicht in der Meinung, sie später zu veröffentlichen, auch wenn Briefe damals weniger privaten Charakter hatten als heute. Christiane hingegen liebäugelte vielleicht mit der Idee, dass mindestens die Reiseberichte publiziert werden könnten. Sie sind unpersönlich gehalten und wären damals ein interessanter Stoff für eine Zeitung gewesen; so weit kam es aber nicht. Ganz anders Christianes Tagebuch, das sehr persönlich ist und rein private Aufzeichnungen enthält, die für das eigene Erinnern niedergeschrieben wurden.

Die umfangreichste Quelle sind die 570 Briefe Amalies. Sie reichen vom Jahr 1836, der Ankunft der Königin in Griechenland, bis ins Jahr 1853, als ihr Vater in Oldenburg verstarb, und umfassen mehrere tausend Seiten. Die Originalbriefe ruhen im Niedersächsischen Landesarchiv in Oldenburg und sind nur mit Erlaubnis der großherzoglichen Familie, den Nachkommen von Amalies Bruder Peter von Oldenburg, einsehbar. Transkribiert, also von der Handschrift in Druckschrift umgeschrieben, wurden sie bis anhin lediglich in ganz wenigen Auszügen. Sie stehen der Öffentlichkeit also auf Deutsch nur sehr beschränkt zur Verfügung. Allerdings wurden sie alle ins Griechische übersetzt und 2011 in Athen publiziert. Für diese Übersetzung mussten alle Briefe wohl oder übel zuerst transkribiert werden, und es bleibt unverständlich, weshalb diese immense Arbeit der deutschsprachigen Öffentlichkeit nicht ebenfalls zugänglich gemacht worden ist.

Die Briefe stellen für die Geschichte des jungen Staates Griechenland ein singuläres historisches Zeugnis dar, dessen Wert im deutschen Sprachraum noch nicht erkannt worden ist, vermutlich weil es sich „lediglich" um die Briefe einer Frau handelt. Betraf diese Korrespondenz zu Beginn thematisch tatsächlich vor allem Tratsch und Klatsch am Hof, die kleinen Kümmernisse einer einsamen Königin in einer ihr fremden Welt, so wendet sich das Interesse Amalies nach den Ereignissen von 1843 der Politik zu, und ihre Briefe bilden ab, was im innersten Kreis der Macht gedacht und getan wurde. Damals erzwangen die Griechen – gegen den Willen des Königs – die Umwandlung der absoluten in eine konstitutionelle Monarchie. Amalie stand als Königin mitten im Geschehen und beobachtete mit wachem Blick, wenn auch durchaus naiv und parteiisch, die politischen

Abläufe. Frei und unbekümmert äußert sie ihrem Vater gegenüber ihre Gedanken und Einschätzungen.

Erstaunlicherweise gibt es über die erste, aus Oldenburg stammende Königin Griechenlands weder eine wissenschaftliche noch eine romanhafte Biografie. Vermutlich liegt das Problem einerseits beim mehrsprachigen Archivmaterial und andererseits bei alten Ressentiments, die – vor allem von griechischer Seite – eine gründliche, wissenschaftliche Aufarbeitung bis heute verhindert haben.

Die zweite Hauptquelle ist das Tagebuch der Christiane Lüth. Die Pastorsfrau schrieb auf Dänisch, ihre Aufzeichnungen wurden ins Griechische übersetzt und 1981, 1991 und 1999 in drei Bänden in Athen publiziert. Sie umfassen Tagebuchnotizen aus den Jahren 1838–1843 und 1843–1845, die hauptsächlich das Familienleben schildern, sowie mehrere Reiseberichte aus den Jahren 1839 bis 1851. Letztere sind vor allem volkskundlich interessant, weil es darin weniger um die Familie Lüth geht als um Land und Leute im damaligen Griechenland.

Aufschlussreich sind weiter die Briefe der Oberhofdame Julie von Nordenflycht, die sie auf Deutsch an eine Freundin in Oldenburg richtete. Sie wurden bereits 1845 in Leipzig veröffentlicht. Frau von Nordenflycht korrespondierte von 1837 bis zu ihrem Tod 1842. Auch ihre Nachfolgerin am Hof, Wilhelmine von Plüskow, schrieb. Sie verfasste ihr Tagebuch auf Deutsch, es kann – allerdings nur auf Griechisch übersetzt – digital abgerufen werden. Ihre Aufzeichnungen sind sehr knapp und diskret gehalten, sie umfassen stichwortartig die Jahre 1846 bis 1854.

Für mein Buch ebenfalls ergiebig waren die Publikationen des König-Otto-Museums im bayerischen Ottobrunn, dann ein Oldenburger Ausstellungskatalog über Königin Amalie aus dem Jahr 2004 und viele weitere, kleinere Publikationen, die ich alle dankbar geplündert habe.

Die Passagen aus allen auf Griechisch übersetzten Korrespondenzen oder Aufzeichnungen habe ich nicht wortwörtlich rückübersetzt, sondern paraphrasiert. Stil, Grammatik und Orthografie sind dem 21. Jahrhundert angepasst, um eine flüssige Lektüre zu ermöglichen. Ebenso habe ich in schriftstellerischer Freiheit die zitierten Aussagen – abgesehen von der freien Übersetzung – jeweils gekürzt, zusammengefasst oder neu kombiniert. Auslassungen sind nicht gekennzeichnet. Der Inhalt aller Zitate in Anführungs- und Schlusszeichen habe ich aber nie zurechtgebogen, die Aussagen bleiben authentisch.

Interessant wäre es für mich gewesen, den deutschen und dänischen Aufzeichnungen solche einer Griechin zur Seite zu stellen. Wie lebte eine Griechin im Athen des 19. Jahrhunderts? Leider liegen aus der Anfangszeit des neuen Staates weder publizierte Tagebücher noch Briefe, Memoiren oder Ähnliches von Griechinnen vor, die hätten verwertet werden können. Während junge Männer schon vor der Revolution und auch danach zum Studium nach Europa geschickt wurden, nach Wien, München, Paris oder Padua, erhielten griechische Mädchen lediglich eine rudimentäre Schulbildung und blieben zu Hause. Noch in den 60er-Jahren des 19. Jahrhunderts beklagte die rumänische Schriftstellerin und Reisende Dora d'Istria deren mangelhafte Bildung; es existierten erst wenige Mädchenschulen. Allerdings integrierten sich die Frauen einfacher und schneller in die deutsche Kolonie als ihre Brüder, weil gemischte Heiraten bald an der Tagesordnung waren: Etliche deutsche Mitglieder der besseren Athener Gesellschaft vermählten sich mit Töchtern aus angesehenen griechischen Familien.

Der umgekehrte Fall, dass ein Grieche eine Deutsche zur Frau genommen hätte, scheint wesentlich seltener und eher in der Oberschicht vorgekommen zu sein. Eine gut dokumentierte, wenn auch kurze Ehe erlebte die Preußin Bettina von Savigny mit dem Juristen und späteren Universitätsrektor Konstantinos Schinàs. Bettina Schinàs verbrachte nach ihrer Heirat und vor ihrem Tod nur zwei Jahre, 1834 und 1835, in Athen, wo ihr Mann sich eine Anstellung in der königlichen Verwaltung erhoffte. In dieser Zeit, also vor der Ankunft Amalies und Christianes in der griechischen Hauptstadt, schrieb Bettina Schinàs ihren Eltern ausführlich und – ganz anders als Amalie – auch kritisch über ihr neues Leben und dessen Schwierigkeiten. Sie litt gesundheitlich unter dem ungewohnten Klima, den unhygienischen Verhältnissen, der beengten Wohnsituation und ihrem prekären finanziellen Status, der nur bescheidenes Personal erlaubte. Bettina starb 1835 vermutlich an Typhus.

Amalies Korrespondenz nach Oldenburg war jeweils rund drei Wochen unterwegs; wenn die Verbindungen gut waren, schaffte sie es ausnahmsweise in vierzehn Tagen. Nutzte die Königin den Postweg über Triest oder Marseille, seltener über Konstantinopel, so wusste sie, dass ihre Briefe geöffnet wurden. In diesem Fall durfte sie keine vertraulichen Mitteilungen machen. Wollte sie das, musste sie selber einen Kurier beauftragen oder ihre Briefe einer Vertrauensperson mitgeben, die in den Norden reiste.

Der Briefverkehr nach Oldenburg erfolgte sehr regelmäßig. Ihrem Vater schrieb Amalie wenn möglich immer sonntags, die Briefe entstanden jedoch nicht in einem Zug, sondern meist im Verlauf der Woche. Und Amalie wartete sehnsüchtig auf die Postschiffe, die Nachrichten von zuhause brachten. So war sie – mit etwas Verspätung – stets auf dem Laufenden, was im Großherzogtum Oldenburg und in deutschen Adelskreisen vor sich ging.

Der Ton, mit dem sich Amalie an ihren Vater, ihren „Engelspapa", richtete, mutet uns heute seltsam an. Sie liebte ihn fast abgöttisch, er – und nicht ihr Mann Otto – war ihre Bezugsperson. Als sie ihm einmal zum Geburtstag gratulierte, schrieb sie, es habe in dieser Nacht ein „Feuerwerk" gegeben! Sie deutete an, dass der Brand wohl ihm zu Ehren entfacht worden sei. In Tat und Wahrheit war in Athen eine Feuersbrunst ausgebrochen und ein Haus komplett abgebrannt. Ob jemand dabei zu Schaden gekommen war, interessierte die Königin nicht – eine etwas merkwürdige Art von Humor.

Ihre übergroße Anhänglichkeit, aber auch Abhängigkeit vom Vater erschwerte sicher die Trennung von der Heimat, das Eingewöhnen in die neue Umgebung und die Zuwendung zum Ehemann. Amalie löste sich, mindestens bis zum Tod ihres Vater 1853, nicht wirklich von Oldenburg, auch wenn sie immer wieder betonte, wie sehr sie Griechenland liebe. Die seitenlangen Briefe, der grenzenlose Kummer, wenn Antworten auf sich warten ließen, zeugen von ihrem Bedürfnis, den Vater nicht zu verlieren, ihn ständig „bei sich" zu haben. Eine Episode, welche die Oberhofmeisterin beschreibt, ist typisch: Zwei Porträtbilder der Eltern sind in Athen eingetroffen, Amalie packt sie aus. Frau von Nordenflycht: „Die Königin war in einem wahren Freudenrausch. – ‚Mein Engelspapa! Meine Engelsmama!' – Und immer auf den Knien, glücklich und entzückt wie ein Kind, von einem zum andern gerutscht." Die Königin war da immerhin 21 Jahre alt und seit drei Jahren verheiratet.

Ihrem Mann war Amalie aber dennoch sehr zugetan. Loyal hielt sie auch in schwierigen Zeiten zu ihm, schützte ihn, übersah großzügig seine Schwächen und münzte seine Sturheit und Unentschlossenheit positiv in Beharrlichkeit um. Fast nie erwähnte sie ihrem Vater gegenüber seine schwache Gesundheit, seinen Mangel an Entschlusskraft, seine Unfähigkeit, Prioritäten zu setzen. Als sich 1843 die politische Situation zuspitzte, griff Amalie ohne Zögern ins Geschehen ein und dirigierte fortan aus dem Hintergrund die Entscheidungen ihres Mannes.

Anders war das Verhältnis Christiane Lüths zu ihren Eltern. Sie oder das Vaterhaus in Dänemark kommen in ihrem Tagebuch fast gar nicht vor. Gelegentlich werden Geburtstage oder Briefe der Mutter, einer Schwester oder von Verwandten kurz erwähnt, mehr ist da nicht. Allerdings verfügen wir nicht über die Briefe, die Christiane nach Hause geschrieben hat. Mit ihrer Abreise scheint sie sich von ihrer Familie, ihrem Herkunftsort gelöst und dem neuen Leben in Athen zugewendet zu haben. Im Tagebuch blitzt lediglich ihre patriotische Liebe zu Dänemark hin und wieder auf. Die Heimat war ihr teuer, scheint aber nicht an bestimmte Menschen gebunden gewesen zu sein. Obwohl Pastorsfrau, hatte Christiane – wie auch Amalie – für ihre Umgebung wenig Empathie übrig. Mit scharfer Zunge kommentiert und kritisiert sie die Menschen, die es ihr selten recht machen konnten. Im Gegensatz zu Amalie hatte sie aber Humor, erzählt amüsante Begebenheiten und kann gelegentlich über sich selber lachen, was der Königin nie eingefallen wäre.

Wenn auch beide Frauen sofort Griechisch lernten, eine Integration in ihr Gastland strebten beide nicht wirklich an. Für Christiane war der Aufenthalt in Hellas immer als zeitlich befristeter gedacht. Sie wusste, dass sie früher oder später in den Norden zurückkehren würde. Ihre Bemühungen, Griechenland zu verstehen und mit seinen Einwohnern und Einwohnerinnen Kontakte zu knüpfen, waren deshalb zwar begrenzt, aber dennoch vorhanden. Was Christiane schließlich aus ihrem Leben in Griechenland mit zurück nach Deutschland nahm, ist nicht bekannt. Sicher aber prägte sie umgekehrt in ihrem Athener Umfeld – unbewusst – ihre griechischen Nachbarinnen, sei es durch ihr freieres Benehmen, ihre Kleidung, die Art, wie sie ihre Kinder erzog und wie sie mit ihrem Ehemann umging. Eng waren die Kontakte aber nicht. Die griechischen Hausfrauen des Mittelstandes lebten sehr zurückgezogen und lernten keine Fremdsprachen.

In Griechenland stand man den „kolonistischen“ Bestrebungen der Bayern negativ gegenüber, dennoch war ihr Einfluss auf die Europäisierung des in vielen Beziehungen rückständigen Landes – mindestens äußerlich – unverkennbar. So bemerkten viele Reisende beispielsweise den drastischen Rückgang der traditionellen Kleidung bei Männern und bei Frauen oder die komplett neue Bauweise in der Residenzstadt.

Für Amalie war die Situation eine andere. Auch wenn sie die Idee hatte, ihr Leben lang in Griechenland zu bleiben und oft betonte, wie sehr sie „ihr“ Land liebte, so lebte sie doch ein Leben fern der griechischen Realität. Sie bemühte sich nicht, einen Bekanntenkreis von Frauen aus der Athener Oberschicht aufzubauen, sondern verkehrte hauptsächlich im deutschen und diplomatischen Milieu, wie es ihrem Stand entsprach. Die griechischen Hofdamen, mit denen sie ihre Entourage schmückte, wurden keine Vertrauten, keine Freundinnen, sondern waren wohl bloß ein Zugeständnis an ihre Untertanen. Es lag ihr auch völlig fern, griechische Sitten oder Gebräuche zu übernehmen, ganz im Gegenteil. Sie sah es als ihre Aufgabe an, die Griechen und Griechinnen zu europäisieren und vor allem die Oberschicht an die deutschen, in Adelskreisen üblichen Gepflogenheiten heranzuführen. So wurde Amalie selbst keine Griechin, obwohl sie es gerne geworden wäre.

Amalie – Königin von Griechenland

Kindheit und Jugend in Oldenburg

„Etwas wilder als sonst bei Mädchen gewöhnlich der Fall.“

Amalie Marie Friederike von Oldenburg durchlebte eine unbeschwerte, schöne Kindheit, auch wenn sie ihre leibliche Mutter schon früh verloren hatte: Adelheid von Anhalt-Bernburg-Schaumburg-Hoym starb, als die am 21. Dezember 1818 geborene Amalie erst zwei Jahre und ihre Schwester Friederike nur wenige Monate alt waren. Amalies Vater, Großherzog Paul Friedrich August von Oldenburg (Abb. 1), vermählte sich erneut, aus dieser Ehe entsprang 1827 der Stiefbruder und Erbprinz Peter. Auch seine Mutter Ida, eine Schwester Adelheids, überlebte die Geburt nicht, was den 48-jährigen Fürsten veranlasste, ein drittes Mal zu heiraten. Amalie war da bereits dreizehn Jahre alt, ihre zweite Stiefmutter Cäcilie von Schweden lediglich vierundzwanzig. Der Großherzog versicherte seiner dritten Gemahlin in einem Brief, dass seine drei Kinder „unverdorben und gut sind. Natürlich sind sie keine Engel, und Sie müssen nicht etwas Außerordentliches erwarten, denn ich liebe Treibhauspflanzen nicht, wo alles zur Schau und eigentlich wenig seiner selbst wegen da ist; aber was meine Kinder wissen, das wissen sie gut und gründlich.“ Allerdings sei Amalie „etwas wilder als sonst bei Mädchen gewöhnlich der Fall“, schiebt der Vater nach.

Abb. 1: Großherzog Paul Friedrich August von Oldenburg war dreimal verheiratet. Die Töchter Amalie und Friederike entsprangen seiner ersten Ehe mit Adelheid von Anhalt-Bernburg-Schaumburg-Hoym, die verstarb als Amalie erst zwei Jahre alt war. (Litho um 1850)

Das Familienleben im herzoglichen Schloss gestaltete sich häuslich und bieder-großbürgerlich. Die Kinder hatten freien Zugang zu den Räumen der Eltern, auch zu deren Schlafzimmer. Cäcilie las ihren Stieftöchtern französische Komödien vor, dem kleinen Peter deutsche Märchen. Man spazierte im Schlosspark, musizierte gemeinsam.

Beide Mädchen wurden von ihrer Erzieherin Fräulein Julie von Nordenflycht betreut, aber von Johannes Ramsauer, dem Erzieher und Lehrer ihres Bruders Peter, unterwiesen. Der Appenzeller Ramsauer war ein Schüler Pestalozzis, amtete kurze Zeit als sein Privatsekretär und unterrichtete an dessen Institut in Yverdon. In seinen 1838 veröffentlichten Memoiren schreibt er: „Im Jahre 1826 wurde ich als Lehrer der Herzoginnen Amalie und Friederike von Oldenburg angestellt, denen ich zehn Jahre Unterricht erteilte im Zeichnen, Rechnen, Geometrie und Geographie." Amalie lernte bei diesem Schweizer von ihrem achten Lebensjahr an bis kurz vor ihrer Hochzeit im Jahr 1836. Sein Einfluss muss sie stark geprägt haben, auch wenn sie daneben die klassische Erziehung einer adligen Tochter zu durchlaufen hatte mit Schwergewicht Handarbeit, fremdsprachige Konversation, Musik und Religion.

Ramsauer war vom positiven Effekt seiner Erziehungsbemühungen überzeugt. Er schrieb dies vor allem dem Umstand zu, dass er den jungen Herzoginnen täglich eine halbe bis ganze Stunde „Aufgaben für den Privatfleiß" geben durfte. „Dadurch arbeiteten sie mit ungeteilter Kraft und selbständigem Eifer." Ramsauer setzte sich bewusst ab von einem Privatlehrer, der einfach nur seine vorgeschriebenen Stunden gab. Er habe die „durchgehende Erbärmlichkeit dieses Unterrichts erfahren und gesehen". Er wolle die Kinder nicht abrichten, sondern gemäß einem didaktisch aufbauenden Konzept bilden. Die Vermittlung von möglichst viel Stoff und das Auswendiglernen von Regeln interessierten ihn nicht. Zur Geometrie meint er: „Mit den Herzoginnen Amalie und Friederike machte ich zuerst die wesentlichsten Übungen meiner Form- und Maßlehre durch, aus welchen allgemeine Wahrheiten abstrahiert werden können, und ging dann zur Größenlehre über." Er habe die Herzoginnen angehalten, jeden Lehrsatz auf verschiedene Arten zu beweisen, und gab ihnen dann Aufgaben zu lösen. Der Geist werde dadurch vielseitiger entwickelt. „Sobald als möglich verband ich Arithmetik, Algebra, Geometrie und mathematisches Zeichnen." Ramsauer war es wichtig, dass „alles von der Anschauung ausgehe und so praktisch als möglich behandelt" werde. Er stellte den Herzoginnen zum Beispiel folgende Aufgabe: „Ein Gärtner hat zwei quadratische Gärten, jede Seite des kleinen misst 800 Fuß, jede des größeren 1550 Fuß so frage ich a) wie lang muss jede Seite eines dritten quadratförmigen Gartens sein, den er gegen die seinen eintauschen will? b) wie kann der Gärtner den dritten Garten ohne Rechnung mechanisch abmessen? c) wie kann auf die kürzeste Art die Konstruktion des dritten Gartens genau verzeichnet werden, wenn eine Seite des kleinen und eine Seite des größeren gegeben sind?" Amalie, die spätere Architektin des Athener Schlossparks, wird ihrem einstigen Lehrer noch einmal dankbar für solche Lektionen sein.

Auch der körperlichen Ertüchtigung wurde in Oldenburg viel Wert beigemessen, nicht nur der Söhne, sondern auch der Töchter. In der Sommerfrische Wangerooge, einer Insel im niedersächsischen Wattenmeer, frönten alle Kinder dem Baden in der Nordsee und dem Herumklettern in den Dünen. Seit 1804 existierte dort eine Badeanstalt. Was hingegen nicht zur körperlichen Ertüchtigung der beiden Mädchen gehörte, war das freie Reiten; sie mussten es erst in Griechenland lernen.

Ausgesprochen modern war Ramsauers Gymnastikunterricht nach Clias. Heinrich Clias war ein Schweizer Sportpädagoge; aus seiner Feder stammt eine Anleitung zum Turnunterricht für Mädchen. „Kalisthenie oder Übungen zur Schönheit und Kraft für Mädchen", erschienen 1829 in Bern. Es gehörten unter anderem dazu: Rumpfbeugen in Bauch- und Rückenlage, mit Stangen, am Trapez und an einer Art Steigbaum. Alles in züchtiger Kleidung – einer weiten Tunika und langen Hosen – wie die Bilder in Clias' Schrift vorzeigten. Natürlich war derlei Gymnastik nicht unumstritten und rief moralische Bedenken auf den Plan, vermittelte sie doch den jungen Frauen ein sichereres Körpergefühl und eine bessere Selbstwahrnehmung; sie förderte Mut, Kraft und Ausdauer, alles Eigenschaften, die für das weibliche Geschlecht weniger erwünscht waren. Man befürchtete, die sportliche Betätigung könnte die Attraktivität der Mädchen beeinträchtigen und ihre Chancen auf dem Heiratsmarkt mindern. Für Amalie war dies ganz offensichtlich nicht der Fall: Sie machte nicht nur eine glänzende Partie, die körperliche Ertüchtigung verhalf ihr vielleicht zu einer Robustheit, die das Überleben in einem gänzlich anderen Klima erst ermöglichte.

Ramsauer hielt den Kontakt zu seiner Elevin auch nach deren Heirat aufrecht. In einem Brief beklagt er sich über ihren Bruder Peter: „In wissenschaftlicher Beziehung ist er nun eben soweit, wie Euer Majestät und Euer Majestät Schwester kamen; in der Ausführung aber noch lange nicht so gewandt, auch hat er noch lange nicht den Sinn, die Geduld und Beharrlichkeit und das Interesse, eine Sache so genau und nett vorzustellen, wie dieses bei Euer Majestät der Fall war, so wie auch nicht die Blitzegedanken und Geisteseinfälle, durch die sich die Herzogin Friederike auszeichnete." Der Prinz brauche eine Viertelstunde, um drei Zeilen zu schreiben, und dann sehe das Geschriebene wie das eines Achtjährigen aus. Es ist offensichtlich: Ramsauer sah in Amalie die weitaus fähigere Regentin als in ihrem jüngeren Bruder, der selbstverständlich später die männliche Erbfolge antrat. Weibliche Herrscher waren in Oldenburg nicht vorgesehen.

Neben dem Hauptsitz der Großherzöge von Oldenburg, dem Oldenburger Stadtschloss (Abb. 2; S. 106), besaß die Familie weitere

Anwesen, von denen besonders Rastede und Eutin im jungen Leben Amalies eine Rolle spielten. Während die Sommerresidenz Rastede wenige Kilometer vom Hauptsitz entfernt war und oft besucht wurde, lag Eutin weit weg und wurde nur gelegentlich, dafür längere Zeit, in Anspruch genommen (Abb. 3; S. 107).

Rastede, vormals ein Kloster, wurde Ende des 18. Jahrhunderts von Amalies Großvater, Herzog Peter von Oldenburg, zum Schloss um- und ausgebaut (Abb. 4; S. 106). Dem damaligen Zeitgeist entsprechend kaufte der Herzog Ländereien dazu, um einen weitläufigen englischen Landschaftspark anlegen zu können. Es entstanden Seen, Wasserspiele, ein Wildpark, Pavillons und kleine Tempel, endlose Spazierwege, Baumgruppen und offene Flächen mit großartigen Blickachsen. Neben einheimischen Gewächsen wurden viele exotische Laub- und Nadelbäume gepflanzt. In den heute noch erhaltenen Pflanzenlisten werden Myrte, Oleander, Orangen-, Zitronen- und Granatapfelbäume genannt. Ananas, Trauben und Feigen wurden in imposanten Gewächshäusern gezogen.

In Eutin, das über einen riesigen Park verfügte, standen auch ein separates Gewächshaus für Pelargonien und eines für Pflanzen aus Neuholland (Australien, Neuseeland, Tasmanien) zur Verfügung. Ein weitläufiger Gemüsegarten, ein Obsthain und Blumenrabatten gehörten ebenfalls dazu. Sie versorgten den großherzoglichen Tisch jahrein, jahraus mit allerlei exotischen Früchten und bunten Buketts. Verschiedene Tiere belebten die Parks; neben Vögeln aus fernen Ländern in Volieren ästen Dam- und Rotwild in den Waldpartien.

Diese umfangreichen Landschaftsgestaltungen müssen in der Familie ein allgegenwärtiges Thema gewesen sein. Die Kinder erlebten das Wachsen einer üppig grünen Seen- und Parklandschaft, in der an Wasser kein Mangel herrschte und bei ausreichender Pflege alles grünte und blühte.

Jahre später in Athen muss Amalie diese prachtvollen Anlagen im Kopf gehabt haben, als sie ihren berühmten Park, den heutigen Nationalgarten, anlegte: Sie wollte in die Fußstapfen ihres Vaters treten; wie für ihn und seine Vorfahren war auch für sie ein Park der Ausdruck feudaler Selbstdarstellung.

Amalie und Otto

„Sein Bild lag auf meinem Schreibtisch und erfüllte mein Herz."

Will man Gerüchten glauben, so hat Amalie schon als Kind von Prinz Otto geschwärmt und gesagt, sie wolle dereinst nur ihn heiraten. Im Jahr 1846, als sie schon viele Jahre verheiratet war und in Athen lebte, schrieb sie ihrem Vater nach Oldenburg: „Sein Bild lag auf meinem

Schreibtisch und erfüllte mein Herz, wie Griechenland und die Taten der Griechen meine Fantasie beschäftigten."

Die Verbindung zwischen dem Wittelsbacher, dem zweiten Sohn König Ludwigs I. von Bayern, und Amalie, Herzogin von Oldenburg, war – wie damals in Adelskreisen üblich – ein politisches Arrangement.

1832 war Otto, erst 16 Jahre alt, auf Vorschlag der drei europäischen Großmächte Großbritannien, Russland und Frankreich von der griechischen Nationalversammlung als König Griechenlands bestätigt worden. Das junge Land hatte erst 1821 seine Unabhängigkeit vom osmanischen Reich erkämpft, wurde im Anschluss daran aber von den Schutzmächten straff geführt. Bis zur Volljährigkeit Ottos im Jahr 1835 wurde ihm ein Regentschaftsrat zu Seite gestellt, der dafür sorgte, dass die Griechen ihre Freiheitsgelüste zügeln mussten und das Land ganz im Sinne der Großmächte regiert wurde.

Nach der Inthronisierung stand die Vermählung des jungen Königs an. Die zukünftige Königin hatte standesgemäß zu sein, durfte aber nur aus einem politisch unbedeutenden Fürstenhaus stammen, um das fragile Gleichgewicht der Mächte nicht zu stören, die auch nach der Volljährigkeit Ottos nicht daran dachten, Griechenland in die Freiheit zu entlassen.

Anfang 1836, nach der Grundsteinlegung für den neuen Königspalast in Athen, verließ Otto die Stadt und bereiste deutsche Fürstenhöfe mit heiratsfähigen Töchtern, wo sein hübsches Porträt offenbar schon länger zirkulierte (Abb. 5, S. 108 und 6, S. 109). Und wie zufällig trifft er im Sommer im böhmischen Franzensbad, einem stillen und verträumten Kurort, die 17-jährige Amalie, und beide scheinen Gefallen aneinander zu finden. Es stört die als auffallend schön beschriebene Oldenburgerin offensichtlich nicht, dass Otto keineswegs die strahlende, jugendlich-gewinnende Erscheinung ist, die sein Porträtbild suggeriert. Nach Aussagen von Zeitgenossen ist er schmächtig, unsicher, nervös und von labiler Gesundheit. Otto schreibt dann aber gehorsam seinem Vater: „Auch wenn ich mich noch nicht ganz in dieses anbetungswürdige Geschöpf verliebt habe, nichts desto weniger gefällt sie mir. Es gibt keinen Zweifel, dass bald eine echte Liebe in mir erwachsen wird."

Amalie stand dem jedenfalls nicht im Wege. Ihr fröhliches, offenes Wesen, ihre Anmut und ihr Liebreiz sind aktenkundig. Und auch später, als sie bereits etwas korpulent war, schwärmten die Männer von ihrer Erscheinung.

Die Würfel waren also gefallen, und Amalies kindlicher Wunsch ging in Erfüllung. Es hätte auch anders kommen können. Ihr Vater, Großherzog Paul, der sicher Erkundigungen über seinen zukünftigen Schwiegersohn eingeholt hatte, war von der Verbindung nicht begeistert, soll aber dem Drängen seiner Tochter nachgegeben haben.

Im September fand in Dresden die Verlobung statt, die Vermählung folgte am 22. November 1836 in Oldenburg, wo man für den Empfang des griechischen Königs eigens ein luxuriöses, getäfertes, halbrundes Empfangszimmer einbauen ließ, das dann allerdings nicht rechtzeitig fertig wurde (Abb. 7; S. 110). Es ist noch heute als eines der Prunkzimmer im Oldenburger Schloss ebenso zu besichtigen wie der sogenannte Marmorsaal (Abb. 8; S. 110), wo sich die beiden das Jawort gaben, Otto in griechischer Nationaltracht mit Fustanella, Amalie im weißen Brautkleid.

Die Trauung wurde, da Otto streng katholisch, Amalie hingegen protestantisch war, erst im lutherisch-evangelischen und dann im katholischen Ritus vollzogen. Gemischtkonfessionelle Ehen waren im Adel zwar nicht gerne gesehen, aber möglich; vorbehalten war die katholische Erziehung der zukünftigen Kinder. Die griechische Nationalversammlung hatte es jedoch gerade erst zur Bedingung gemacht, dass die Nachkommen des „fremden“ Königspaares dereinst griechisch-orthodox erzogen werden müssen. Dieser Passus, der vermutlich zu einigen Dissonanzen zwischen dem Papst und dem griechischen Königshaus geführt hätte, blieb aber insofern bedeutungslos, als der Ehe von Otto und Amalie kein Nachwuchs entsprang.

Die Verbindung war dennoch glücklich, was angesichts der sehr unterschiedlichen Charaktere Amalies und Ottos erstaunt. Sie, von robuster Gesundheit, impulsiv, temperamentvoll und rastlos aktiv, musste sich ihrem phlegmatisch-passiven, entschlussschwachen und immer etwas leidenden Otto gegenüber sicher stark zurücknehmen. Aber sie hörte nie auf, ihn zu bewundern, für sie blieb er stets ohne Fehl und Tadel. Er dankte es ihr, indem er ihr die Kinderlosigkeit nie vorwarf. Die beiden hielten sich unerschütterlich die Treue. Weder von Otto noch von Amalie sind außereheliche Affären bekannt; entsprechende Gerüchte ließen sich nicht erhärten.

Von der Herzogin zur Königin

„... bin hier so glücklich, wie ich es nie zu werden glaubte.“

Der Abschied von der Familie, von ihrem geliebten Vater, ihren Geschwistern und von Oldenburg ist der wohlbehüteten Jungvermählten sicherlich nicht leicht gefallen. Die Aussicht, ihr Leben nun in einem ihr völlig fremden und so fernen Land an der Seite eines ihr gänzlich unbekannten jungen Mannes verbringen zu müssen, kann nicht anders als beängstigend gewesen sein. Ihre Stiefmutter ermahnte sie: „Du musst mir geloben, Deine oft zu große Lebhaftigkeit zu mäßigen, mit Sanftmut und Ruhe Deine Meinung auszusprechen und auch reiflich nachzudenken." Amalies Impulsivität war in Oldenburg bekannt. „Sanftmut und Ruhe" waren nicht ihre hervorstechendsten Charakterzüge.

Schon bald nach der Hochzeit reiste das Paar südwärts nach Schloss Tegernsee, wo der junge griechische mit dem aus München angereisten bayerischen Hof zusammentraf. Hier verweilt man ein paar Wochen, und Amalie erhält einen Vorgeschmack auf ihre Zukunft. Die Etikette des bayerischen Königshofs erscheint ihr sehr steif, voller Zwänge, gar herzlos. „Niemand sprach mit mir, niemand kümmerte sich um mich, fragte mich etwas. Ich war bloß die Frau des Königs, deren Pflicht es ist, zu seinem Glück beizutragen." Vermutlich hat sie schon hier Gelegenheit, den Ratschlag ihrer Stiefmutter zu beherzigen und ihre Meinung zu zügeln.

Sie ist sicher froh, als die Reise nach Griechenland weitergeht. Aber nur kriechend bewegt sich der lange Tross vorwärts. Er besteht aus je drei Ärzten und Hofdamen, sieben Kammerfrauen, Hofmarschall, Adjutant, Oberhofmeister, Hofjunker und Diener. Sieben Wagen, zwei Packwagen und fast 50 Pferde sind für den Transport nötig. Amalie freut sich, dass ihre Erzieherin und einzige Vertraute, Julie von Nordenflycht, sie in die Fremde begleitet.

Julie von Nordenflycht, geboren 1787 in Minden, war die Erzieherin Amalies in Oldenburg und hatte nach dem frühen Tod von Amalies Mutter quasi deren Stelle eingenommen. Die Baronin begleitete trotz ihres fortgeschrittenen Alters als Erste Hofdame ihren Schützling nach Athen. Sie war eine kultivierte, sprachgewandte und gebildete Frau, las viel, betätigte sich vor ihrem Amtsantritt am Hof von Oldenburg als Dichterin und soll mitgeholfen haben, Schriften Lord Byrons ins Deutsche zu übertragen. Sie sprach fließend Englisch und Französisch. Das Hofleben – weder in Oldenburg noch in Athen – liebte sie nicht besonders, Intrigen verabscheute sie, und auch mit den Griechen konnte sie nicht viel anfangen, obwohl sie sich bemühte, deren Sprache zu lernen. Ihre Hauptpflicht war es, der Königin stets loyal zur Seite zu stehen. Sie diente ihr als Vorzimmerdame und Sekretärin, heute würde man sagen: als Assistentin. Sie beantwortete die vielen Bittschriften und Anfragen, welche die Königin erreichten, organisierte deren Audienzen und kümmerte sich um die anderen Angestellten der Königin. Selber pflegte sie von Athen aus einen regen Briefwechsel mit einer Freundin in Oldenburg. Julie von Nordenflycht starb 1842 in Athen. Pastor Asmus Lüth hielt die Grabrede, und der Bildhauer Christian Siegel soll für die Königin eine Büste ihrer Hofdame angefertigt haben.

Von Venedig bringt ein hochmoderner Dampfer die Gesellschaft nach Triest, wo sie auf eine englische Fregatte, also ein Segelschiff, umsteigt. Die stürmische Weiterfahrt nach Griechenland dauert zwei Wochen. Frau von Nordenflycht schreibt: „Seit zehn Tagen sind wir nun an Bord der ‚Portland'. Die hässliche Seekrankheit hat alle scharf mitgenommen, bis auf den König, der sich immer wacker hielt. Unsere liebe Königin konnte vier Tage lang das Bett nicht verlassen; jetzt aber spaziert sie wohlgemut auf dem Verdeck und betrachtet mit dem Fernglas ihr Königreich. Auch ich lag mehrere Tage in meiner Kabine still. Vorige Nacht hatten wir einen heftigen Sturm, der 14 Stunden anhielt. Die Wellen schlugen auf's Verdeck, das Schlagen des Schiffs war fürchterlich, man wusste oft nicht, wo man sich festhalten sollte, es war mir mitunter bang zumute."

Im Februar 1837 kehrte der König nach Athen zurück. Er hatte es nicht für nötig befunden, seine Untertanen über den Zweck der Reise zu informieren, vordergründig besuchte er seine Eltern und Geschwister in München. Die Griechen erfuhren erst aus den Zeitungen, dass sie nun auch eine Königin hatten. Dennoch war der Empfang, den sie ihrem jungen und schönen Königspaar bereiteten, großartig, voller Enthusiasmus und Hoffnungen (Abb. 9; S. 111). Mit ihrer Schönheit und ihrem gewinnenden Wesen eroberte Amalie die Herzen Aller im Nu. Auch die ausländischen Gesandten waren entzückt. Frau von Nordenflycht schreibt: „Die Franzosen waren ganz elektrisiert, vielleicht etwas zu sehr. Einer konnte die Worte nicht zurückhalten ‚Quelle femme adorable! Elle a fait la conquête de nous tous!' Das kam mir doch fast impertinent vor."

Es ist nicht bekannt, ob und wie Amalie auf die Hauptstadt ihrer zukünftigen Heimat vorbereitet worden ist. Hat man sie gewarnt, dass Athen seit Jahrhunderten keine antike Stadt mehr, keine Stadt überhaupt war, sondern ein Trümmerhaufen, zerstört durch die griechischen Befreiungskriege? Dass kein Königspalast auf sie wartete, sondern ein schlichtes, zweistöckiges Wohnhaus mit wenig Komfort? Dass es in Griechenland keine befestigten Straßen gab, keine Brücken? Dass Hellas, verglichen mit Mitteleuropa, ein rückständiges, völlig verarmtes Land ohne jede Infrastruktur war, was sich auf die ganze Lebenssituation des Königspaares auswirken sollte? Wohl hatte der Regentschaftsrat versucht, eine Verwaltung nach bayerischem Vorbild aufzubauen. Diese steckte bei Ottos Inthronisierung jedoch noch in den Kinderschuhen und war weit davon entfernt zu funktionieren.

In ihren Briefen nach Oldenburg lässt Amalie sich jedenfalls nichts anmerken, im Gegenteil, sie berichtet nur positiv: „Der König zeigt mir so viel Liebe, die Griechen zeigen mir so viel Liebe, die Gegend ist so schön, die Luft so rein, so angenehm, ich fühle, dass hier wirklich meine Heimat ist, ich bin hier so glücklich, wie ich es nie zu werden glaubte." Kein Wort über die tatsächlichen Zustände. Amalie ist gewillt, ihr Schicksal gottergeben anzunehmen und aus der für eine verwöhnte Fürstentochter keineswegs rosigen Situation das Beste zu machen. Ihre Frömmigkeit und ihr fester Glaube an Gott werden ihr geholfen haben.

Andere Griechenlandreisende schildern unverblümt, wie sie Athen in den zwanziger und dreißiger Jahren des 19. Jahrhunderts erlebt haben. Der Archäologe Ludwig Ross aus Holstein zum Beispiel beschreibt die Stadt als eine „gestaltlose braune Masse von Schutt und Staub, wenn es der Theseustempel rechts des Wegs, wenn es die Akropolis mit ihren Resten nicht bestätigten, man würde Mühe haben zu glauben, dass man in Athen ist." Und der Reiseschriftsteller Fürst von Pückler-Muskau sieht „tausendjährige und heutige Ruinen durcheinandergemengt, daneben neue grüne, gelbe und weiße Häuser, alte abgebrochene Straßen im grässlichen Chaos, breite neue Straßen, die aber meistens nur durch Planken bezeichnet sind, überdies voll mit Unrat und oft in der Mitte noch einen übel dunstenden Graben haben".

Der Berner Fritz von Fellenberg, der 1832, also vier Jahre vor Amalie nach Athen reiste, schreibt: „Athen war mehr zerstört, als wir es uns vorgestellt haben, nicht ein einziges Haus ist im Kriege verschont geblieben; aber man baut jetzt allerseits. Wo früher viele Gärten waren, stehen noch drei oder vier Palmen und zwei große Zypressen. Die Berge ringsherum sind ganz kahl, man erblickt kein grünes Blättchen, keinen grünen Grashalm auf dem Felde."

Ein Jahr vor Amalie, im Gefolge König Ludwigs I., der seinen Sohn in Athen besuchte, erreichte auch der königliche Kabinettssekretär Heinrich Fahrmbacher Athen: „Die Stadt erinnert mich gewissermaßen an unser im letzten Herbst durch Brandunglück zerstörtes Salinenstädtchen Reichenhall. Allenthalben viel Schutt und Ruinen", schreibt der Bayer in seinen Erinnerungen nicht eben begeistert.

In den Briefen Frau von Nordenflychts ist nur zwischen den Zeilen zu erahnen, dass Athen keine prachtvolle Residenzstadt war. Es sei schwierig, mit der Kutsche auszufahren, weil die Straßen „teils von Steinhaufen und Baumaterial angefüllt, teils so eng sind, dass ein Wagen kaum durchkommen kann." Sich zu Fuß zu bewegen, sei auch nicht besser: „Steine und immer Steine, durchaus kein Schatten und fast immer ein so heftiger Wind, zugleich durchdringend kalt." Allerdings schiebt sie gleich beschwichtigend nach, Athen erhebe sich mächtig und blühend aus seinem Verfall (Abb. 10).

Auch über die eigene Wohnsituation verliert die Hofdame nicht viele Worte. „Eigentlich entbehre ich nicht viel; mein Zimmerchen ist wohnlich, wenn es auch auf Eleganz keinen Anspruch machen kann. Die Wohnung liegt etwas abgesondert, vor mir habe ich den Berg Hymettos, sehr kahl, seitwärts ein Feld, unter dem Fenster ist ein Gärtchen neu angelegt. Es ist überhaupt hier gar nicht so schlecht, wie man es sich in Deutschland vorstellt." Frau von Nordenflycht weiß, dass ihre Berichte in Oldenburg sofort die Runde machen werden und bemüht sich stets, ein positives Bild der Lage zu vermitteln.

Das Königspaar wohnte – nur mit der engeren Entourage, mehr Menschen konnten in der bescheidenen Residenz nicht unterkommen – die ersten Jahre am heutigen Klafthmonos-Platz in zwei nebeneinanderliegenden Privatvillen, die der Bequemlichkeit halber im ersten Stock

Abb.10: Blick auf Athen vom Nymphenhügel aus. Links im Hintergrund überhoch der Lykabettos-Hügel, an dessen Fuß das neue Stadtquartier aufscheint, wo der zukünftige Königspalast gebaut werden wird. Beide Hügel befinden sich heute im Stadtzentrum Athens. (Litho F. Stademann, 1841)

durch eine Galerie miteinander verbunden worden waren (Abb. 11; S. 111). Die 1833 nach europäischem Standard im schlichten klassizistischen Stil gebauten Häuser, vormals im Besitz eines griechischen Bankiers, gehörten nun dem Staat und galten als eines der prachtvollsten Anwesen der Stadt. Der Däne Hans Christian Andersen meint allerdings nüchtern: „Es ist ein höchst bescheidenes Gebäude." Da es sich um eine vorläufige Bleibe handelte, wurde es lediglich – für teures Geld – gemietet. Nebst einem geräumigeren „Thronsaal" verfügte es über einige mittelgroße Räume, die als Schlaf-, Arbeits- und Speisezimmer dienten. Größere Gesellschaften und Bälle konnten hier nicht stattfinden. Sie wurden in einem innen offenbar runden, außen achteckigen Bauwerk nahebei abgehalten, von dem Frau von Nordenflycht schreibt: „Der große Speisesaal ist sehr geschmackvoll, ganz rund, zwischen den weißen Halbsäulen mit roter Seide drapiert, auch die weiße Decke, die beiden Farben bilden in der Mitte einen schönen Stern. Fünf schöne Kronleuchter hängen von der Decke. Die Fenster haben rote Draperien mit Fransen und Quasten, weiß und rot – alles sehr elegant und reich. Hier nun war eine Tafel für 50 Personen glänzend und königlich serviert; man speiste von Silber, an Blumenvasen, Silberterrinen und Deckelschüsseln fehlte es nicht. Acht hohe Armleuchter zierten den Tisch." Die Hofdame betont einmal mehr, „wie gut der König mit solchen Sachen eingerichtet ist und seine Gemahlin in dieser Hinsicht nichts vermisst." Auch Amalies Wohnzimmer würden alles enthalten „was man Niedliches und Geschmackvolles wünschen kann". Die Königin sitze in ihrem griechischen Kostüm wie eine orientalische Prinzessin auf ihren goldbestickten Divanen. Dass dieses tatenlose Herumsitzen der jungen, quirligen Königin nicht entsprach, muss allerdings auch ihr aufgefallen sein.

Ein weiterer Punkt, der in den Briefen der Hofdame selten fehlt, ist eine Beschreibung der Beliebtheit Amalies beim Volk: „Die Griechen sind entzückt über ihre schöne junge Königin, besonders über den geistigen, lebhaften und reinen Ausdruck ihrer edlen Züge."

Und natürlich beschreibt sie den liebevollen Umgang, den die Jungvermählten miteinander pflegen. Auch Amalie wird in den nächsten über zwanzig Jahren nie müde, ihrem Vater gegenüber zu betonen, wie sehr sie ihren Otto bewundert und liebt. Niemals übt sie offen Kritik. Einmal schreibt sie im Jahr 1846 durch die Blume: „Je mehr die Jahre vergehen, desto mehr hellt sich Ottos Stimmung auf, weil er sich immer mehr harmonisch verbunden fühlt mit sich selbst und seinem Innenleben", was nichts anderes heißen kann, als dass diese Stimmung zu Beginn ihrer Ehe doch eher düster war.

Alltag im Leben einer Königin

„Ich habe alle möglichen Pläne, mich recht vernünftig zu beschäftigen."

Amalie schildert ihrem Vater den Tagesablauf am neuen Ort: „Ich stehe um 7 oder 7.30 Uhr auf, im Sommer eine Stunde früher. Während ich mich ankleide, lasse ich die Nordenflycht kommen, und zusammen mit meinen Gazellen nehme ich das Frühstück ein. Eines dieser lieben Tiere ist stets in meinem Schlafzimmer. Von 9 bis 11 Uhr habe ich Griechischunterricht, danach lerne ich zusammen mit der Nordenflycht. Die Sprache fällt mir leicht, und ich bin sicher, dass ich in einem halben Jahr keinen Dolmetscher mehr brauche. Anschließend besucht mich Doktor Röser, und um 12 Uhr essen wir. Nach dem Essen sind Otto und ich etwa eine halbe Stunde beisammen. Am Nachmittag empfange ich Besuch, lese, schreibe Briefe. Um halb fünf, im Sommer rund zwei Stunden später, reite ich aus, und um 7 Uhr – im Sommer ebenfalls zwei Stunden später – essen wir wieder etwas Leichtes, Suppe oder Früchtekompott, Eis im Sommer. Nach dem Essen spielen wir in der Regel eine Partie Billard, und um 10 Uhr gehe ich zu Bett. Im Winter vorher noch oft ein Opernbesuch." Sie nimmt sich vor, Malunterricht zu nehmen, setzt diesen Vorsatz aber offenbar nie um. Auch andere Beschäftigungen wie Musizieren oder Handarbeiten kommen in ihren Beschreibungen des Tagesablaufs nicht vor. Und es scheint, nicht weil sie diese speziell weiblichen Tätigkeiten der Erwähnung unnötig findet, sondern weil sie sie tatsächlich nicht ausgeübt hat. Laut Christiane Lüth, der Frau ihres Hofpfarrers, soll niemand sie je bei etwas Derartigem beobachtet haben. Nach dem Bau des neuen Königspalastes wird der Gartenbau einen zentralen Platz in Amalies Leben einnehmen.

Ein paar Jahre später beschreibt Frau von Nordenflycht einen ihrer besonders ausgefüllten Tage, den 21. Geburtstag der Königin: „Um 10 Uhr großer Empfang bei den Majestäten. Die Aufwartung geschah in zwanzig Abteilungen – das diplomatische Korps, die Minister, die Staatsräte usw. – das dauerte bis gegen 3 Uhr. Dann fuhren wir mit der Kutsche nach dem Berg Pendeli. Nach der Heimkehr Tafel (also Toilette), dann Theatervorstellungen (also wieder Toilette), anschließend Souper (wieder Toilette). Der Tag endete für mich um zwei Uhr, ich hatte mich nur siebenmal umgekleidet." Und was für die Hofdame galt, galt sicher auch für die Königin.

Dass Amalie ihre Zeit auch mit Lesen verbringt, versichert sie ihrem Vater zwar des Öfteren. Allerdings ist kaum von der Art der Lektüre die Rede, so dass wir nicht wissen, ob es Unterhaltungsromane, erbauliche Werke oder Sachbücher sind. Es ist als Glücksfall zu werten, dass mit 170 Werken ein – wohl sehr kleiner – Teil der königlichen Bibliothek Amalies Zeit überdauert hat und auf verschlungenen Wegen in die Universitätsbibliothek Graz gelangt ist. Es handelt sich fast durchwegs um ledergebundene Bände aus griechischen Druckereien in griechischer Sprache, darunter auch aus dem Deutschen, Französischen oder Italienischen übersetzte Werke. Es sind kaum Romane darunter, Sach- und Fachbücher aus vielerlei Gebieten überwiegen. Auffallend sind die sehr kostbaren und aufwändigen Ausstattungen in Leder, Samt, Seide oder Buntpapier, die reichen Goldprägungen, die vielen persönlichen Widmungen und königlichen Monogrammstempel. Die meisten dieser Bücher sind ganz offensichtlich nie gelesen worden und scheinen als Geschenke in Amalies Bibliothek gelangt zu sein. Ein kleines, unscheinbares Quartbuch hingegen beweist durch seinen abgegriffenen Umschlag und die Eselsohren, dass es intensiv in Gebrauch war: „Der kleine Neu-Grieche" von Demeter Curilli, 1837 in Wien erschienen. Es handelt sich um ein Lehrbuch in Neugriechisch, das feine Bleistiftvermerke aufweist, möglicherweise von der Hand Amalies, die 1837 fleißig am Lernen war ...

Täglich zwei Stunden widmet sie der neuen Sprache, gefolgt von einer Stunde Hausaufgaben. Rund ein Jahr nach ihrer Ankunft gelingt es ihr bereits, kleine Gespräche zu führen, und ein weiteres Jahr später ist der Unterricht kein Thema mehr. Die Königin hat die

Sprache ihrer Landsleute gelernt und damit bewiesen, dass es ihr mit der Liebe zu Griechenland ernst ist.

Gemeinsame Aktivitäten mit Otto erwähnt sie kaum. Der König arbeitet sehr viel und bis tief in die Nacht hinein, so dass Amalie sich zu Beginn ihrer Ehe oft nutzlos, einsam und alleingelassen fühlt. Kommt er dann endlich zu ihr, schläft er vor lauter Erschöpfung gleich ein. „Ich weine dann zwei-drei Stunden, das tut mir gut."

Zu den neuen Aufgaben gehören auch Reitstunden. „Mir ist das Erlernen der Reiterei sehr leicht geworden, es scheint mir ein angeborenes Talent zu sein. Am dritten Tag bin ich schon alleine, ohne geführt zu werden, außerhalb des Hofes geritten und nach sechs Tagen im Freien galoppiert", berichtet sie stolz nach Oldenburg. Der Pferdesport soll ihre liebste Beschäftigung werden: „Das Reiten ist mein einziges Vergnügen hier. Zum Fahren gibt es nur drei oder vier Wege, die recht schlecht sind; Gehen kann man nur mit vielen Schmerzen an den Füssen, wegen der vielen Steine." Amalie ritt, wie es zeitgenössische Bilder zeigen, seitwärts im Damensattel, wie es damals üblich war. Auf dem Pferd zu sitzen wie ein Mann, wäre nicht unbemerkt geblieben. Allerdings muss das Reiten für eine Frau im Seitsitz, eingeschnürt und umgeben von einer üppigen Stofffülle, eher mühsam gewesen sein, auch wenn extra Reitkostüme geschneidert wurden. Auf jeden Fall bildete die Amazone ein höchst ungewohntes Bild. Bäuerinnen setzten sich wohl mal auf einen Esel oder ein Maultier, um auf weit entfernte Felder zu gelangen. Dass eine Frau hoch zu Ross einfach zum Vergnügen über die Felder preschte, daran mussten sich die Griechen erst gewöhnen (Abb. 12). Zudem pflegte Amalie einen herausfordernden Reitstil, der nicht nur ihre weibliche Entourage an deren Grenzen brachte, sondern auch von Männern kritisiert wurde. Ohne Rücksicht auf Pferd und Mensch soll sie gern ein halsbrecherisches Tempo vorgelegt haben. „Die armen Tiere konnten nicht mehr fort, und man konnte kaum der Königin folgen; es geht ohne Ruh und Rast vorwärts", bemerkte ein Begleiter in späteren Jahren. Oder, so ein preußischer Gesandter respektlos: „Alle Monate ging ein Pferd drauf, alle drei Monate ein Adjutant, und alle sechs Monate eine Hofdame!" War die wilde Reiterei für Amalie vielleicht eine der wenigen Möglichkeiten, aus dem strengen Hofzeremoniell auszubrechen und ihre aufgestaute Energie loszuwerden? Zu Beginn ihrer Ehe wurde ihr dieses Ventil allerdings verboten, da einer allfälligen Schwangerschaft abträglich.

Für Frau von Nordenflycht waren die Ausflüge zu Pferd eine Qual, wie sie ihrer Oldenburger Freundin gestand. Auch sie musste, um ihre Königin immer und überall hin begleiten zu können, das Reiten erst erlernen; Amalie bestand darauf, obwohl von Nordenflycht da bereits fünfzig Jahre alt und damit eine ältere Dame war! Loyal gehorchte sie, bis sie einmal vom Pferd stürzte und sich das Bein brach. Doch auch nach diesem Unfall bestand Amalie auf ihre Begleitung und war sich nicht zu schade, entsprechend Druck auszuüben. Die Königin konnte rücksichtslos sein, egoistisch und bar jeder Empathie. Gemäß Edmond About, einem französischen Reisenden, sei sie nachtragend und verzeihe niemandem einen Fauxpas, so dass man gut daran tue, ihren Forderungen nachzukommen.

Obwohl Frau von Nordenflycht nicht gerne ritt, war sie doch empfänglich für die Poesie nächtlicher Partien. Sie schreibt ihrer Freundin: „Der Zug bestand aus vier Damen und zwölf Herren. Eine zauberische Mondnacht folgte dem schwülen Tag. Unter den Reitpferden waren viele Schimmel, und die Damen trugen weiße Spencer. Sie glauben nicht, wie reizend das im Mondschein zwischen dunklen

Abb. 12: Otto und Amalie reiten aus. Die Haltung der Königin strahlt Selbstsicherheit und Stolz aus. Die Zügel locker in der linken Hand, eine Gerte in der Rechten, prescht sie im Galopp aus dem Schlossgelände, während Ottos Reittier fast eine Pferdelänge hinter ihr trabt. Ihnen folgt die Entourage. (Aus: Illustrated London News, 1842-1885, Athen 1984)

Lauben hinflog. Einige Herren in Uniform mit blitzenden Epauletten und wehenden Federbüschen, die langen dunklen Reitkleider der Damen im Winde flatternd, die Anhöhen geht der Schwarm im Galopp hinan, dann kommen Vertiefungen, eines nach dem andern versinkt in die Schluchten. Droben der herrliche, reine tiefblaue Himmel, ein Mond blitzend, sonnenhell, die weite Gegend von magischem Licht übergossen. Alles weitherum still, das Zirpen der Zikaden – hie und da eine Stimme aus unserem nächtlichen Tross."

Amalie scheint die griechische Landschaft, die in einem krassen Gegensatz zu ihrer grünen und wasserreichen oldenburgischen Heimat stand, bald ins Herz geschlossen zu haben. In den Briefen an ihren Vater wird sie nie müde, deren Schönheiten zu schildern. Sie beschreibt den weiten Himmel, die lilablauen Berge, wo es intensiv nach Thymian duftet, wo Wildblumen wie Geranien, Oleander, Adonisröschen blühen und Schildkröten frei herumlaufen. Sie reitet ans Meer, nach Fàliro hinunter, dort hat sie einen schönen, einsamen Strand mit Sanddünen und voller Muscheln entdeckt, der sie an die Nordsee erinnert. Ab Juni bis Mitte September badet sie im Meer, eine Aktivität, die in der griechischen Gesellschaft sicher als skandalös empfunden wurde. „Alle Morgen vor 4 ½ (!) fahre ich hinunter und vor Sonnenaufgang wirtschafte ich schon im Meer herum, laufe, tanze und versuche zu schwimmen, juble und lache, es macht mir zu viel Vergnügen." Besonders liebt sie die Wellen, die würden sie glücklich machen, schreibt sie 1839 ihrer Schwiegermutter Therese nach München. Gegen sechs Uhr ist sie zurück im Palast und geht noch einmal schlafen. Im Jahr 1852, schreibt sie ihrem Vater stolz, habe sie insgesamt 44 Bäder genommen! Edmond About, der gerne übertreibt, behauptet gar, sie schwimme eine Stunde lang ununterbrochen. Nicht eben begeistert von der frühmorgendlichen Schwimmerei war ihre neue Hofdame Frau von Plüskow, die einmal berichtet, es sei so kalt gewesen, dass sie sich in eine Pferdedecke hüllen musste, während die Königin im Wasser herumplantschte.

Wilhelmine von Plüskow, geb. Witzleben, kam 1793 in Eckernförde, Schleswig-Holstein, zur Welt. Früh verheiratet, wurde sie bereits mit 28 Jahren Witwe, nachdem sie fünf Kindern das Leben geschenkt hatte, für die sie fortan alleine sorgen musste. Die Aufgabe scheint sie so gut gemeistert zu haben, dass sie – ihre Kinder waren mittlerweile bis auf eine Tochter aus dem Haus – vom Vater Amalies 1839 zur Nachfolgerin der Oberhofmeisterin Frau von Nordenflycht nach Athen geschickt wurde. Frau von Plüskow war klug und gebildet, sprach Französisch und Englisch, lernte in Athen sofort Griechisch und darüber hinaus Spanisch. Sie liebte die Lektüre nicht nur von Büchern, sondern auch von Zeitungen des In- und Auslandes. Zu ihren wichtigsten Aufgaben gehörten die ständige Begleitung der Königin und deren Abschirmung gegenüber dem „Volk" ; Audienzen bei der Königin waren nur über sie zu erhalten. Sie sorgte für die strikte Einhaltung des Hofzeremoniells und betreute die Familien der Hofangestellten. Sprach der Hofdoktor Röser aus gesundheitlichen Gründen ein Verbot gegenüber der Königin aus, zum Beispiel Reiten oder Baden, so sorgte Frau von Plüskow dafür, dass Amalie die Anordnung befolgte, auch gegen deren Willen. Am Hofklatsch nahm sie zwar selber nicht teil, hinterbrachte aber ihrer Königin, der sie treu und loyal ergeben war, alles, was sie sah und hörte. Und sie hörte viel: Jeden Abend empfing sie die Spitzen der ausländischen Diplomatie in ihrem Salon oder besuchte sie reihum in deren Gesandtschaften, sicher wurden da keine Stickmuster ausgetauscht. Edmond About beschreibt sie 1852 so: „Frau von Plüskow ist klein, dünn und trocken, taktvoll, überaus korrekt und hochangesehen. Eine Verkörperung der deutschen Etikette. Dazu die nötige Sturheit.

> Obwohl sie weder schwimmen noch reiten kann, wird sie von der Königin, der sie wie ein Schatten folgt, geliebt. Gibt die Königin Audienz, so steht sie starr wie eine Statue in diskretem Abstand hinter ihr. Sie schafft es dann, derart regungslos dazustehen, dass Fremde fast glauben, sie sei aus Holz.“ 1862 begleitete Frau von Plüskow das Königspaar auf seiner Flucht aus Athen nach Bamberg, wo sie 1872 verstarb.

Das Kurbaden in den kalten Wellen des Meeres hatte seit Beginn des Jahrhunderts besonders in der Oberschicht an Beliebtheit gewonnen. In England, Frankreich, an der Nord- und Ostseeküste waren exklusiv-luxuriöse Bäder wie Pilze aus dem Boden geschossen. In Griechenland hingegen war das Baden im Meer zu therapeutischen Zwecken unbekannt. Wie genau die Baderei hier nun vonstatten ging, ob der Königin wie in den Bädern Nordeuropas üblich ein Badewärter zur Seite stand, wie sie von neugierigen Blicken abgeschirmt wurde – deswegen vielleicht das Baden vor Sonnenaufgang? –, ob ihre griechischen Hofdamen mit ins Wasser kamen, ob die Königin die seit 1840 auch für Frauen üblich gewordene lange Badehose unter einem weiten Wollhemd trug, das alles muss offen bleiben. Aber selbstverständlich ritt oder badete Amalie nie alleine, sie wurde stets begleitet von mindestens einer Hofdame in der Kutsche und einer kleinen Eskorte.

Die Straße von Athen nach Piräus – und damit nach Fàliro hinunter – ist in den 1830er-Jahren die einzige mit einer Kutsche befahrbare in ganz Griechenland. Julie von Nordenflycht beschreibt sie so: „Wagen folgt hier auf Wagen, und nicht etwa nur kleine, nein, elegante Kaleschen und Coupés mit Laternen und manche kleine Cabriolets, eine Menge Reiter, schwere Karren mit Weinschläuchen, Baumaterialien, Lebensmitteln; dazwischen hochbepackte Esel und langhalsige Kamele.“ Ist Otto zu müde für eine Kutschenfahrt oder einen Ausritt, nimmt Amalie die Zügel ihres kleinen Gespanns gerne selber in die Hand. Sie besitzt zwei schwarze Ponys, die sie auch einsetzt, um allein im Park spazieren zu fahren.

Amalie liebt Tiere. Sie hält Gazellen, die sowohl im Garten als auch im Haus frei herumstolzieren, ebenso Hunde und Katzen. Dann bevölkern Strauße, exotische Schafe und Ziegen sowie Antilopen, Rehe, Hirsche und Hasen ihren kleinen zoologischen Park.

Die Bewegung an der frischen Luft tut Amalie gut, sie nimmt Farbe an und legt an Gewicht zu, was sie ihrem Vater gegenüber beklagt. Sie möchte lieber vornehm bleich sein und schlank bleiben. Wirklichen Kummer bereitet es ihr aber nicht, zu sehr liebt sie es, draußen zu sein. Zwingt sie das Wetter ins Haus, so liest sie mit Vorliebe die „Allgemeine Augsburger Zeitung“ und englische Blätter, widmet sich ihrer ausgedehnten Korrespondenz oder spielt mit ihren Hofdamen oder Otto Whist.

Wichtig in Amalies Leben waren Glaubensfragen. Das Oldenburgische Fürstenhaus war traditionell evangelisch-lutherisch, und ein Übertritt zum Katholizismus kam für Amalie bei aller Liebe zu Otto nicht in Frage, noch viel weniger ein Übertritt zur griechisch-orthodoxen Kirche. Amalie war fromm, und ein geistlicher Beistand war ihr wichtig. Im Athen der 1830er Jahre lebten keine 200 Protestanten neben rund 2.000 meist aus Bayern stammenden Katholiken. Die Protestanten wurden von einem bayerischen Feldprediger betreut, der aber bald wieder in seine Heimat abkommandiert wurde. Seine Aufgaben übernahm der anglikanische Missionar Meyer, eigentlich ein bayerischer Arzt, der, zwischen seinen beiden Ämtern hin und her gerissen, für Amalies anspruchsvolle Bedürfnisse keine Zeit hatte. Eine unbefriedigende Situation. 1839 schließlich bittet Amalie ihren Vater in Oldenburg um Zusendung eines Pastors. Er soll nicht nur ihr persönlicher Beichtvater sein, sondern auch Prediger am Hof und Pfarrer für die kleine Athener Gemeinde. Großherzog Paul schickt ihr den frisch verheirateten Pastor Asmus Lüth aus Holstein; großzügig übernimmt er die Reisekosten; Asmus und Christiane Lüth werden von Hanne, der Schwester Christianes, begleitet.

Die Athener Hofbälle

„Unsere Königin erregte allgemeine Bewunderung."

Schon bald nach der Ankunft Amalies in Athen findet im oben erwähnten achteckigen Saal neben der Residenz am Klafthmonos-Platz der erste Hofball statt, die erste Gelegenheit für das Königspaar zu glänzen. Rund 500 Personen sind geladen, wieder ist Frau von Nordenflycht unsere Berichterstatterin: „Welche ein buntes Gemisch!", schreibt sie am nächsten Tag. „Da gab es Pariser Toiletten im besten Geschmack und reiche, schwere Kleider der sich modernisierenden Griechinnen, aber schlecht gemacht und in der seltsamsten Farbzusammenstellung. Dann viele junge und ältere Griechinnen in ihrer Nationaltracht; ein junges Mädchen zum Beispiel in einem braunen, mit Gold bestickten Wams, einem bunten Rock und rotem Fez, unter dem ein Gesichtchen mit dunkeln Augen und Locken reizend hervorblickte." Die Herren erschienen entweder in Uniform oder Nationaltracht.

Die königlichen Bälle liefen nach einem von der Hofetikette bestimmten Schema ab, das den Griechen und Griechinnen erst beigebracht werden musste. Edmond About hatte das Glück, an eine Einladung zu kommen, er beschreibt den Ablauf so: „Der Ball begann um neun Uhr. Der Saal war schön dekoriert und hell beleuchtet. Auf der einen Seite des Raumes standen in mehreren Reihen die Sessel der Damen, gegenüber diejenigen für die Herren, am Ende des Mittelganges die Thronsessel für das Königspaar. Punkt neun Uhr traten die beiden mit ihrer Entourage ein. Der König trug eine prächtige griechische Nationaltracht, die Königin eine elegante Pariser Toilette. Dann wurde ‚cercle' gemacht, das heißt, die Diplomaten mit ihren Gattinnen sowie wichtige Gäste formierten einen Kreis um das Königspaar. In der nächsten halben Stunde wechselten beide reihum mit allen ein paar freundliche Worte."

Dann begann der eigentliche Ball, der stets mit einer Polonaise eröffnet wurde, die die Königin anführte. Man tanzte Walzer, Française, Mazurka, Kotillon. „Unsere Königin erregte allgemeine Bewunderung; sie machte die Honneurs mit so viel Würde und Grazie", beeilt sich Frau von Nordenflycht zu berichten. „Nur die Frau des französischen Gesandten war ihr als Tänzerin an die Seite zu stellen." Die bisweilen überbordende Tanzfreude der Königin, die es bis in die frühen Morgenstunden aushielt und zehn Polonaisen absolvieren konnte, wurde Stadtgespräch und war nicht überall gern gesehen.

Solche Bälle waren in der griechischen Gesellschaft bis anhin unbekannt gewesen, und vor allem die Griechinnen stießen sich an der europäischen Art zu tanzen, weil diese einen Körperkontakt zwischen den Geschlechtern – und erst noch mit fremden Personen – vorsah. Auch der Präsenzpflicht scheinen die Griechen zu Beginn nicht immer gebührend nachgekommen zu sein. „Allmählich fangen die Leute an zu begreifen, dass ein Hofball kein Wirtshaus ist, wo man nach Belieben kommt und geht; sie bleiben nun hübsch, wie es sich gehört", wird Frau von Nordenflycht rund ein Jahr später loben. Ihr fiel auch auf, dass es die Griechen bei Tisch an Manieren fehlen ließen, die Kunst der Konversation lag ihnen nicht: „Die Griechen sind schweigsamer Natur, besonders gegen Frauen, und wenn sie auch sehr höflich antworten, lassen sie doch das Gespräch immer fallen", ein unverzeihlicher Fauxpas gegenüber der Tischdame.

Die Hofbälle lieferten ein Vorbild für Kleider, Sitten und gesellschaftlichen Umgang, die nun in Griechenland Einzug halten sollten. Eine Europäisierung des Lebensstils war Absicht, und Amalie achtete sehr streng auf Protokoll und Etikette. Umgekehrt hatten die Bälle auch das Ziel, den politisch und gesellschaftlich isolierten Hof in die griechische Gesellschaft zu integrieren, für welche die Monarchie ein Fremdkörper im eigenen Fleisch war.

Das neu geschaffene Königtum verfügte selber über keine Traditionen, identitätsstiftende Merkmale mussten erst erfunden werden. König Otto übernahm deshalb sofort die Fustanella als offizielle Amtstracht (Abb. 13); für die Frauen war die Sache nicht so einfach, da jede Region, jede Insel mit einer eigenen Tracht aufwartete. Amalie, nicht ungeschickt, versuchte es mit der Kreation des sogenannten „Amalienkostüms" (Abb. 14): Es bestand aus einem weiten Rock aus Brokatseide und einem reich bestickten engen Jäckchen mit weiten Ärmeln; es existierte in verschiedenen Varianten, zum Beispiel im Winter mit pelzverziertem Ausschnitt. Auf den Kopf gehörte ein turbanähnlich verschlungenes Tuch oder ein flaches, fezartiges Käppchen mit Quaste. Amalie selber soll das Kleid mit zunehmendem Alter und Umfang seiner engen Schnürung wegen nicht mehr gern getragen haben.

Die königlichen Balltoiletten übertrafen alles, was man in Athen bis anhin gesehen hatte. Frau von Nordenflycht macht uns den Gefallen, diese zu beschreiben, so zum Beispiel für eine „tanzende Soi-

Abb. 13 und Abb. 14: Otto und Amalie tragen eine „griechische" Tracht.
In dieser Kleidung will das fremde Königspaar seine Verbundenheit mit Griechenland aufzeigen.
Die Königin hat die neue Amalientracht selber entworfenen. (Litho F. Hanfstaengel, 1853/54)

rée: Ein weißes Tüllkleid und gleiche Tunika, beide mit Garnierungen von Federn; eine einzige Feder auf dem Kopf, malerisch von da auf Hals und Brust herunterspielend – über die Stirn eine Reihe Diamanten, die Feder auch von einem Juwelenbouquet gehalten, ebenfalls auf den Schultern Diamantagraffen und mit solchen auch das Korsett bis auf den Gürtel hinab geschmückt."

Ein Skandal an einem Hofball im Februar 1845 macht in Athen bis in die Zeitungen die Runde; er zeigt, wie fragil das Zusammenleben des Hofes mit den Griechen war, nachdem diese am 3. September 1843 dem König eine Verfassung abgerungen hatten. Die Pastorsgattin Christiane Lüth berichtet genüsslich darüber: „An einem Ball saß der Präsident des

Parlaments, der alte Kanellos Deligiannis, mit ein paar andern Männern an einem Spieltisch. Erschien der Hofmarschall, um ihn für den Tanz mit der Königin abzuholen. Der Alte aber weigerte sich, er wolle weiterspielen. Das war natürlich eine starke Beleidigung, und Amalie beschwerte sich sofort beim König. Dieser aber ließ weitertanzen. Nun soll sich Deligiannis bei der Königin mit einem Kniefall entschuldigen, will aber nicht. Er soll außer sich sein über diese Zumutung und Demütigung."

Ob die Pastorsfrau die Angelegenheit richtig beurteilt, ist fraglich. Es zirkulieren verschiedene Versionen des Skandals. Deligiannis war damals Parlamentspräsident und wäre in der protokollarischen Reihenfolge unmittelbar nach der Polonaise als erster an der Reihe gewesen, mit der Königin zu tanzen. Sie forderte aber zuerst den Senatspräsidenten auf (der Senat war die unbedeutendere zweite Kammer und wurde nicht durch das Volk, sondern vom König gewählt), was einer Beleidigung des wichtigeren Parlaments, also der Volksvertreter, gleichkam. Das konnte Deligiannis nicht auf sich sitzen lassen und war gezwungen, der Einladung nicht nachzukommen. Der Fauxpas lag also eigentlich bei der Königin, die sich aber – gegenüber ihrem Vater – keiner Schuld bewusst war; vermutlich wollte sie indirekt ihr Missfallen an der neuen Verfassung und ihren Institutionen kundtun. Die Sache weitete sich aus, und man sprach bereits von einem Duell. So weit kam es aber nicht, irgendwie konnten zum Schluss alle ihr Gesicht wahren. Christiane Lüths Kommentar: „Die arme Königin, glaubte die doch tatsächlich, dass sich einer ihrer Angestellten für sie duellieren würde. Mein Gott, wie naiv!"

Ein anderes Mal lädt das Königspaar am Jahresende zu einem kleinen Ball. „Der englische Gesandte erschien aber nicht, weil wir seine Braut und seine Nichte nicht mit eingeladen haben!" Amalie rechtfertigt sich: Es seien zwei fremde Frauen, die nicht zum diplomatischen Korps gehören und sich dem Hof gegenüber nicht mit der üblichen Höflichkeit benehmen würden: „Sie grüßen Frau von Plüskow nicht, wenn sie ihr begegnen, sie absolvieren nicht die der Etikette geschuldeten Besuche, weder nach den Festivitäten, nach den Bällen, noch wenn sie auf Reisen gehen oder zurückkommen. Mit diesem Verhalten zeigen sie eigentlich, dass sie gar keinen Kontakt zum Hof wünschen." Das Benehmen aller, auch der ausländischen Gesandten, wurde genauestens beobachtet.

Amalie schreibt ihrem Vater, der sich offenbar über die große Anzahl der Ballgäste wunderte: „Ich will dir vorrechnen, wie das geht: Das diplomatische Korps allein 30 Personen, das Korps der Konsuln mit ihren Frauen weitere 20. Dann von den fremden Schiffen die Offiziere sind weitere 50 bis 60, denn es liegen im Piräus immer eine englische und französische Fregatte sowie je ein Kriegsdampfboot, dann russische Corvetten und Bricks, ein österreichisches Dampfschiff, ein türkisches Schiff etc. etc. Dann kommen die präsentierten Fremden dazu, allein über 100. Nun hat der Senat 35 Mitglieder, die Kammer 125, mit ihren Frauen macht das gegen 200. Außerdem die Unzahl Offiziere, die hier sind, mit ihren Frauen und Töchtern. Nun fehlen noch die Zivilbeamten mit ihren Frauen, dann die reichen Eigentümer und die Privatpersonen von guter Familie, die Otto, um sie auszuzeichnen, einlädt. Otto tanzt übrigens nicht so gern. Er wird schnell müde und fragt bald einmal schicksalsergeben: ‚Reicht es dir immer noch nicht?', wenn ich noch gerne weitertanzen möchte."

Da kommt eine große Menge an Menschen zusammen, und Amalie, die sich an diesen Hofbällen offenbar köstlich amüsiert, schildert ihrem Vater, wie es dort so zu- und hergeht: „Ein Athener Hofball hat das Wohltuende, dass er höchst eigentümlich ist. Hier kommen verschiedenste Uniformen, Kostüme und Nationaltrachten zusammen. Man redet 13 Sprachen. Höchst possierlich ist zum Beispiel, die Frau des türkischen Gesandtschaftssekretärs mit ihrem Fez und horriblen Oberrock walzen zu sehen neben dem Griechen in der Fustanella oder die verunglückten Tanzversuche der französischen und englischen Seeoffiziere. Unheil ist, dass alles im Saal sich drängt und zum Tanzen nur wenig Platz bleibt." Amalie unterlässt es nie, in ihren Briefen nach Oldenburg diskret auf die beengten und letztlich unwürdigen Platzverhältnisse am Klafthmonos-Platz hinzuweisen, denen nur mit einem Palastneubau abgeholfen werden kann.

Noch 1859 schreibt die Schwedin Fredrika Bremer, als sie Athen besuchte und bisweilen auch zu den Hofbällen eingeladen war, die sie allerdings grundsätzlich langweilig fand, dass die Königin in ihrer französischen Robe glänze, gut gelaunt mit den Gästen plaudere, sich wahrhaft königlich benehme und hervorragend tanze. Auch sie schreibt von drei- bis vierhundert Besuchern, die um die Tanzenden herumstanden oder saßen und diese beobachteten. Otto mache einen männlichen Eindruck in seiner griechischen Tracht, die Konversation mit ihm gerate aber eher banal. Er sei wohl ein ehrlicher, guter und sanfter Mensch. Amalie hingegen habe ein großes Talent für „Fünf-Minuten-Konversationen".

Fredrika Bremer sieht die Hofbälle durchaus kritisch: „Sind denn diese herrlichen Feste am Hof ein gutes Beispiel für die jungen und mittellosen Griechen? Natürlich hat der Hof mit diesen Bällen eine Möglichkeit, die oberen Klassen zu formen und gleichzeitig zu amüsieren. Aber der Luxus von Schmuck und Kleidung sät Zwietracht unter den Familien und führt etliche in den Ruin. Könnten diese königlichen Festivitäten nicht in einem etwas einfacheren Rahmen stattfinden, mindestens bis es Griechenland wirtschaftlich besser geht?" Amalie denkt nicht daran, die glanzvollen Hofbälle sind ihr sehr wichtig.

So gerne Amalie tanzt, nie schreibt sie ihrem Vater, dass sie versucht hätte, bei den griechischen Volkstänzen mitzutun. Diese traditionellen Reigentänze, hinter denen eine ganz andere Philosophie steckt als hinter den europäischen Paartänzen und bei denen die Frauen keine Möglichkeiten haben, sich hervorzutun, entsprachen offenbar nicht Amalies Geschmack. Otto hingegen soll es hin und wieder versucht haben, was seine Untertanen ihm offenbar mit Applaus verdankten.

Hoher Besuch

„Ihr Gespräch steigert sich zum Enthusiasmus, wenn die Rede von ihrem teuren Hellas ist."

König Otto gehörte als Wittelsbacher zu einer der ersten Fürstenfamilien Europas, entsprechend stand er mit vielen der regierenden Häuser in verwandtschaftlicher Beziehung. Das Großherzogtum Oldenburg, rangmäßig tiefer eingestuft, pflegte vor allem Verbindungen nach Osten, zum russischen Zarenhof. Und natürlich besuchte man sich gegenseitig so oft wie möglich. Griechenland war nun allerdings weit weg und nur nach einer beschwerlichen Seereise zu erreichen, weshalb hoher Besuch selten war.

Der ältere Bruder Ottos, Kronprinz Maximilian, machte den Anfang und reiste schon 1833 nach Griechenland (Abb. 15, S. 112).

Die erste Visite eines gekrönten Hauptes erfolgte dann durch Ottos Vater Ludwig I. Er reiste 1836, also noch vor Amalie, nach Athen, um seinen jungen und unerfahrenen Sohn zu beraten. Aus Oldenburg statteten Friederike, die Schwester Amalies, und ihr Bruder Peter Hellas einen Besuch ab; aber weder der Vater noch die Stiefmutter schafften es je bis nach Athen. Besonders Großherzog Paul fürchtete sich zu sehr vor der Schifffahrt.

1850 machte Maximilian, Erzherzog von Österreich, Griechenland seine Aufwartung. Seine Reiseeindrücke hielt der Achtzehnjährige schriftlich fest. Es scheint ihm in Athen nicht nur gefallen zu haben. Schon bei der Ankunft seines Schiffes im Piräus bemängelt er die trostlose Umgebung des Hafens. Dann: „Am Quai erwartete uns ein vierspänniger Wagen der Königin – blaue moderne Livree, große mecklenburgische Pferde und eine elegante Kalesche passten wohl zusammen, machten aber einen sonderbaren Gegensatz zu der wüsten Umgebung." Die Straße nach Athen bezeichnet Maximilian als „außerordentlich breit und gut", nur der Staub belästige die Besucher „fürchterlich". Natürlich begeistert der lang ersehnte Anblick der Akropolis, aber die Stadt enttäuscht: ungepflasterte Straßen, niedrige, unansehnliche Gebäude. Erst in Palastnähe sehe er „einige recht nette Häuser". Das neue Palais habe leider ein „kasernenartiges Ansehen, welches der Reichtum des Materials erst in der Nähe mildert; auf jeden Fall ist er viel zu groß für die kleine Stadt." Immerhin erwähnt er den „mit den herrlichsten südlichen Gewächsen geschmückten Garten der Königin". Das Palastinnere gefällt ihm besser: „Ein herrliches Thronzimmer für den König, ein gleiches für die Königin, große in Fresco gemalte Speisesäle, wundervolle, von Gold strotzende Tanzsäle, Salons und Fremdenzimmer. Das Ganze ist in griechischem Stil eingerichtet, was besonders den Zimmern der Königin ein zugleich freundliches und künstlerisches Gepräge gibt; man sieht ihnen an, dass hier ein liebenswürdiger Geist waltet."

Schon bald werden die Reisenden von der Königin in einer „eleganten geschmackvollen Morgentoilette" empfangen. „Sie ist von mittlerer Frauengestalt, und weiß Würde und Anmut in seltenem Masse in ihrem Wesen zu vereinen. Ihre Züge drücken Geist und Charakterstärke aus; ihr Gespräch ist liebenswürdig und geistreich und steigert sich zum Enthusiasmus, wenn die Rede von ihrem teuren Hellas ist. Von ihrer kräftigen und einsichtsvollen Regentschaft hört man allerorten mit Bewunderung sprechen. Ich hätte nicht geglaubt, dass eine deutsche Prinzessin, gewöhnt an die angenehmen Bequemlichkeiten ihres Vaterlandes, sich so ganz in die griechischen Sitten schicken, und es sogar in der Sprache zu solcher Vollendung würde bringen können. Die Oberhofmeisterin, Frau von Plüskow, macht durch ihr freundliches Benehmen und ihren heiteren Geist ihrer Nation Ehre. Außer ihr hat die Königin noch zwei Griechinnen zu Hofdamen. Dieselben kleiden sich griechisch und bestätigen die so berühmte Schönheit der Frauen ihres Landes. Sie sprechen gut Französisch und scheinen überhaupt nicht ungebildet zu sein. Der übrige Hofstaat ist ziemlich unbedeutend."

Es dauert nicht lange, und Amalie empfängt die Männer zu einem Ausritt. „Die Königin schwang sich mit großer Leichtigkeit auf ein türkisches Pferd, und es ging im Galopp über den Schlossplatz hinunter zum Theseustempel. Sie ist eine wahrhaft anmutige und schöne Erscheinung. Sie reitet ganz vortrefflich, hat einen festen Sitz und führt das Pferd im schnellsten Galopp über Stellen, welche mancher berühmte Reiter bei uns kaum im Schritt passieren würde. Die Pferde des griechischen Hofes sind meist aus den asiatischen Gebirgen, haben einen schuhartigen Beschlag und klettern wie Gemsen über schwindelnde Höhen. Wenn sie keinen Fuß fassen können, rutschen sie auf den Hinterfüßen über Felsplatten, ohne zu stürzen."

Maximilian beschreibt auch einen Ausritt in die weitere Umgebung: „Es ging über einen Bergrücken, von dem wir uns gegen ein schmales Tal abwärts senkten. Wir schwebten auf den halb rutschenden, halb vorwärts schreitenden Pferden längs des steilen Abhangs, ein Fehltritt, und das betreffende Opfer ist ein Kind des Todes. Ich entdeckte, dass der hintere Teil der Karawane der Gefahr, in welcher wir schwebten, innegeworden zu sein schien, denn sie hatten den Sattel verlassen und führten gemütlich ihre Pferde am Zügel. Doch da ich sah, dass die kühne Königin die Gefahr nicht scheute, blieb ich sattelfest."

Der nächtliche Besuch der Akropolis mit der Kutsche artete gar zu einem Abenteuer aus: „Die Pferde wollten den Weg hinauf nicht weiter fortschreiten, und unser Wagen rutschte bedachtsam gegen den nahen Abhang. Kein Geländer gab uns die süße Illusion einer Rettung. Die Königin ergriff daher unter Angstrufen das einzige Mittel und stürzte sich aus dem Wagen. Das Hoffräulein verfiel in eine Ohnmacht und wurde dem helfenden Lakai, einem dicken Baiern, in die Arme geworfen, Carl und ich retteten uns ebenfalls durch das von der Königin angegebene Mittel. Der Wagen, von unserer Wucht befreit, konnte durch die Pferde gehalten werden." Nach ausgiebiger Besichtigung der Akropolis schritt die Königin anschließend „um die Ausdauer der Gesellschaft zu prüfen zu meiner Freude von hier aus zum Areopag. Sie hüpfte auf den Felsblöcken so munter herum, als hätte sie den ganzen Tag geruht, zum großen Ärger der ‚Comforthelden', welche lieber in weichen Daunen vom rosigen Champagner geträumt hätten." Maximilian scheint an den reiterischen Exzessen und der Tollkühnheit der Königin – auch wenn er vermutlich alles ein wenig dramatisiert hat – mehr Gefallen gefunden zu haben als an Athen, er schließt: „Solange ich lebe, werde ich dieser ‚Basilissa' gedenken." Maximilian wurde später Kaiser von Mexiko und dort 1867, als Amalie bereits im Exil in Bamberg weilte, von Aufständischen hingerichtet.

Warum kein Nachwuchs?

„Ach, wenn der Himmel mir doch Kinder schenkte."

Die Jahre gingen ins Land, der nicht nur ersehnte, sondern dringend nötige Nachwuchs blieb jedoch aus. Die Griechen warteten mit Ungeduld auf einen Nachfolger, der – so war es geplant – im griechisch-orthodoxen Glauben hätte aufgezogen werden sollen. In Oldenburg und ganz besonders in München hoffte man auf eine dynastische Thronfolge in der neu etablierten jungen Monarchie, und natürlich wünschte sich Amalie Kinder.

Der Druck lastete in erster Linie auf der Königin. Weiß man heute, dass Unfruchtbarkeit etwa zu gleichen Teilen an der Frau und am Mann liegt, so galt sie im 19. Jahrhundert noch hauptsächlich als Versagen der Frau. Amalie schreibt: „Ach, wenn der Himmel mir doch Kinder schenkte, wie würde ich es da in allem leichter haben, ich fühle, welch ein ganz anderes Wesen ich werden würde, meine ganze geistige und moralische Ausbildung verlangt es, und dann welch ein Glück, und auch Otto würde so manche schöne Lebensfreude mehr haben. Gott sei Dank gab mir der Himmel einen heiteren Sinn, aber ich würde viel besser, viel liebenswürdiger, weniger schroff, im Ganzen wohltuender für das Gemüt anderer, hätte der Himmel mir Mutterfreuden gegeben, ach, die würden auf einmal alle die garstigen Ecken entfernen, an denen ich jetzt so ungeschickt feile, ich würde erst dann werden, was zu werden ich die Fähigkeit habe." Amalie schiebt die Verantwortung für ihre schroffe Art der Kinderlosigkeit zu, statt an sich zu arbeiten.

Einmal rechtfertigt sie sich mit der Bemerkung, dass keiner der Brüder Ottos Söhne habe, war also offenbar der Meinung, es liege nicht an ihr, sondern sei ein vererbtes Problem der Wittelsbacher. Später sollten Maximilian, der ältere Bruder Ottos, und Luitpold, der jüngere Bruder, mit ihrem Nachwuchs diese These allerdings widerlegen.

Amalie schreibt ihrem Vater: „Kinder habe ich ja leider keine und werde auch keine bekommen. Nur geplagt werde ich deshalb, und Röser würde mir fast alle vier Wochen acht Tage Blutegel setzen und zur Ader lassen. Reiten darf ich nicht, Seebäder auch nicht. Was hier mir Freude gewähren kann, wird mir abgeschlagen." Röser verschreibe ihr auch Opium und Chinin gegen allerlei Beschwerden, die aber „behaupte ich, immer auf etwas anderes hinwirken sollen." Sie muss heiße Bäder nehmen, eineinhalb Stunden lang, welche sie sehr ermüden.

Das Problem war nicht nur ihr privates, nein, das ganze Land kümmerte sich darum. Alle fühlten sich berechtigt, ihr gutgemeinte Ratschläge zu erteilen, die Presse kommentierte zunehmend bösartig, hässliche Karikaturen zirkulierten, das Volk wurde ungeduldig.

Die Pastorsfrau Christiane Lüth berichtet, dass man in der Stadt glaube, die ständigen Unruhen in der griechischen Bevölkerung hätten damit zu tun, dass kein Nachfolger in Sicht sei. Sobald die Königin Mutter werde, würden diese Unruhen aufhören. Amalie soll also nicht nur für die Kinderlosigkeit, sondern auch noch für die politischen Ausschreitungen verantwortlich sein. Christiane beschreibt, wie man sich am Hof mehr oder weniger diskret bemühte, das Problem zu lösen: „Lüth wurde von etlichen Leuten bekniet, Amalie zuzureden, eine Badekur zu machen. Allen voran waren das der Hofarzt Nikolaos Kostis, dann der Archimandrit und Theologieprofessor Misail Apostolidis und schließlich auch noch der Philosophieprofessor Filippos Ioannou, letztere zwei ohne medizinische Kenntnisse. Lüth ging also zusammen mit seinem Kollegen, dem katholischen Hofpriester Arneth, zur Königin. Beide gaben ihr zu verstehen, dass es ihre Pflicht gegenüber dem griechischen Volk sei, alles zu unternehmen, um schwanger zu werden. Sie müsse nach Bad Ems reisen." Amalie zögert, sie glaubt nicht an einen Erfolg der Kur, und sollte Recht behalten. Inwieweit die beiden Geistlichen ihr zu verstehen gegeben haben, was mit „alles unternehmen" gemeint sein könnte, wissen wir nicht. Dass es zwei Kirchenleute waren und nicht die Ärzteschaft, die sie zu einer Auslandreise ohne Ehemann gedrängt haben, ist zumindest bemerkenswert.

Am Hof wurde am häufigsten die Vermutung kolportiert, Schuld sei die exzessive Reiterei der Königin, kombiniert mit dem nächtelangen Tanzen. Während die Oberhofmeisterin von Plüskow dies auch glaubte und der Meinung war, Amalie müsse das Reiten einschränken, widersprach Frau von Nordenflycht. Sie wusste, dass Ausreiten und Tanzen zu den wenigen Vergnügungen der Königin gehörten, und war dagegen, dass man ihr diese verbieten sollte. Vielleicht wusste auch sie mehr und war sich offenbar sicher, dass nicht das Reiten das Problem war.

Ende 1840 gibt Amalie ihre Widerstände gegen eine Kur in Ems auf. Ihr Einverständnis bedeutet, dass sie die Schuld – mindestens gegen außen – auf sich nimmt, was ihr sicher nicht leicht gefallen ist. Es sei ihre Pflicht, es zu versuchen, aber in ihrer Macht liege das nicht. „Sollte es kein Ergebnis geben, so müssen sich alle mit Geduld wappnen und Gottes Willen akzeptieren."

Ihrer Stiefmutter Cäcilie gegenüber, die schon sehr bald nach Ausbleiben einer Schwangerschaft zu Badekuren gedrängt hatte, wird sie deutlicher und schreibt 1841, nach der Emser Kur: „In diesem Sommer sind eine Menge Frauen in die Hoffnung gekommen, die 10 bis 12 Jahre unfruchtbar waren, ich hoffe, der Herbst ist ebenso segensreich. Der gute Dr. Röser! Ich bin erst drei Wochen hier, fragte er gestern, ob ich nicht vielleicht glaubte ...? Ich bekam einen Lachanfall, denn ich weiß nicht, ich glaube nicht daran, solange mein Mann nicht ein Mal sich aus den Geschäften reißt." Amalie hat also eine Vermutung, woran es liegen könnte. Die Arbeitswut des Königs ist stadtbekannt; oft geht in seinem Arbeitszimmer das Licht um 6 Uhr morgens an, dann arbeitet er bis 7 Uhr abends durch, um schließlich in der Oper einzuschlafen.

König Otto scheint Amalie nie unter Druck gesetzt zu haben. Vielleicht, weil auch er ahnte, woran es lag? Aber nur sie, nicht er, stand unter scharfer Beobachtung des diplomatischen Korps, denn die Regelung von Ottos Nachfolge war ein Politikum von europäischer Dimension.

1845 wird in München der Sohn von Ottos Bruder Luitpold geboren, der zukünftige Ludwig III. Amalie atmet auf und glaubt, dem Druck nun entkommen zu können: „Endlich hat die Familie Wittelsbach einen Nachkommen. Auf ihn warten zwei Throne, er braucht nur zu wählen.“ Sie verkennt völlig die Situation. Nie zieht man in München in Erwägung, den kleinen Ludwig nach Athen zu schicken. Der wackelnde Thron Griechenlands ist für die Wittelsbacher keine Option – dass ihr eigener Thron wankt, wissen sie da noch nicht.

Das Thema bleibt virulent. 1848 klagt Amalie ihrem Vater: „Ich bin vollkommen gesund. Ich will alles machen um zu zeigen, dass ich nicht schuld bin. Und der Rest ist Gottes Sache. Doktor Röser hat die Gewohnheit, mich zu kritisieren, obwohl ich 1844 alles ertragen habe, wozu man mich gezwungen hat, ohne Ausnahme. Bin ich nicht nach Ems zur Kur? Habe ich danach nicht sofort für drei lange Jahre auf das Reiten verzichtet? Ich habe es ertragen. Es ist zu einfach, mir die ganze Verantwortung aufzubürden.“

Insgesamt zwölf Jahre lang quälte der Hof Amalie mit heute abstrus anmutenden Therapien, bis man schließlich aufgab und den Blick nach München richtete, um dort einen passenden Kronprinzen zu finden.

Im Januar 1853 doch noch ein Lichtblick? Amalie ist nun 35 Jahre alt, sie schreibt ihrem Vater: „Am Neujahrsball habe ich nur wenig getanzt. Ich gab die Order, dass viel Polka und Mazurkas gespielt wurden, die ich aber nicht mittanzte. Ich habe meine Gewohnheiten geändert und gehe nun viel zu Fuß. Weil – ich muss es dir erzählen: Es gibt eine ganz kleine Wahrscheinlichkeit, aber die gibt es. Ist es möglich, dass Gott ein Erbarmen hat mit mir? Dass es nach 16 Jahren ein solches Wunder gibt? Es wäre eine unglaubliche Freude! Die Ärzte können noch nichts Sicheres sagen, jedoch: Mit jedem Tag wird die Wahrscheinlichkeit grösser. Aber ich will nicht träumen, vielleicht ist es auch gar nichts.“

Frau von Plüskow schalt Amalie, weil sie ihrem Vater derartige Ankündigungen machte, wo doch alles noch ganz unsicher sei. Die Hoffnungen zerstoben auch bald.

Die Kinderlosigkeit des ersten Königspaars auf dem griechischen Thron gab auch später immer wieder zu reden und zu forschen, hat sie doch Griechenlands Geschichte bis in die Neuzeit hinein geprägt. Sie war mitverantwortlich für den Hinauswurf Ottos aus Griechenland im Jahr 1862 und für die Installierung eines dänischen Prinzen aus der Linie Schleswig-Holstein-Sonderburg-Glücksburg auf dem griechischen Thron. Diesem gelang es, eine Dynastie zu gründen, die bis zur Abdankung des letzten Königs Konstantin 1974 über hundert Jahre Bestand hatte.

Vermutungen zu Amalies Kinderlosigkeit

Im Jahr 2007 veröffentlichten drei griechische Ärzte zusammen mit einem Historiker in einer gynäkologischen Fachzeitschrift eine zusammenfassende historische Studie zu Amalies Kinderlosigkeit, die sie 2011 ergänzten. Sie sind der Meinung, Otto sei nicht impotent

gewesen, weil er angeblich eine Affäre mit Amalies Hofdame Fotini Mavromichali hatte, weshalb diese entlassen wurde.
Laut Amalies Briefen an ihren Vater, die den Forschern 2007 nicht zur Verfügung standen, wurde Fotini aber entlassen, weil ihre Familie in eine Vendetta verstrickt war; ihr Ruf war deshalb beschädigt, sie war als Hofdame nicht mehr tragbar. Dass Otto Affären hatte, ist in keiner zuverlässigen Quelle verbürgt. Weder Nordenflycht noch Plüskow oder Christiane Lüth erwähnen etwas in diese Richtung. Ottos allgemeine Erscheinung wurde im Übrigen von vielen Reisenden als eher schwächlich beschrieben; er war oft krank und reiste in späteren Jahren regelmäßig für Badekuren in den Norden – nicht gerade Anzeichen überbordender Männlichkeit. Das Gerücht bezüglich einer Affäre entspringt vielleicht eher dem Wunsch der vier Autoren, den Mann zu entlasten und der Frau die Schuld zuzuschieben.
Während die Königin laut der Studie von 2007/2011 mehrmals gynäkologisch untersucht wurde, begnügten sich die Ärzte bei Otto mit Beobachtungen. Haltlos scheint den Autoren der Studie der von den damaligen deutschen Ärzten geäußerte Verdacht, das Tragen der Fustanella beeinträchtige Ottos Potenz. Die Studie referiert weiter, dass die Untersuchungen Amalies laut unpublizierten Berichten eine Fehlstellung der Gebärmutter zutage gebracht hätten. Die deutschen Ärzte verschrieben damals eine hoch umstrittene und äußerst unangenehme Therapie, nämlich das Einführen sogenannter „Dilatationsschwämme". Es brauchte offenbar die ganze Überredungskunst der Schwiegermutter Therese, um Amalie von der Zweckmäßigkeit dieser Behandlung zu überzeugen. Die Schwämme mussten 24 Stunden an Ort verbleiben und dann ersetzt werden. Die Therapie stieß bei den griechischen Kollegen auf Widerstand und Unverständnis; sie waren der Meinung, Amalie sei kerngesund. Das Verfahren zeigte keine Wirkung.
Die Studie führt weiter aus, dass nach Amalies Tod im Jahr 1875 – sie starb an einer Lungenentzündung – ihre Brüder eine Autopsie veranlasst hatten, die nachweisen sollte, dass die Familie Oldenburg an der Kinderlosigkeit keine Schuld trug. Und siehe da: Angeblich war Amalie bei ihrem Tod noch Jungfrau. Es schien 1875 klar: Otto muss impotent gewesen sein, und der Grund für die Kinderlosigkeit lag bei der Unfähigkeit des Wittelsbachers. Es ging bei der Autopsie offenbar hauptsächlich darum, den Bayern den Verlust des griechischen Throns in die Schuhe zu schieben.
Der alles entscheidende Autopsiebericht ist laut den Autoren der Studie 2007/2011 interessanterweise nicht mehr auffindbar. Dass Amalie nach den vielen Untersuchungen und der Schwammtherapie noch Jungfrau war, scheint allerdings ziemlich unwahrscheinlich.

Schließlich veröffentlichte eine andere griechische Medizinergruppe 2008 eine Studie, in der sie vermutet, dass Amalie an einer seltenen Anomalie litt, am sogenannten Mayer-Rokitansky-Küster-Hauser-Syndrom (MRKH), einer angeborenen Fehlbildung, die den normalen Geschlechtsverkehr verunmöglicht. Amalies innere Geschlechtsorgane, Gebärmutter und Vagina, sollen angeblich unterentwickelt oder überhaupt nicht ausgebildet gewesen sein. Für diese Behauptung liegen aber keine neuen Fakten vor.

Das Syndrom MRKH bildet aktuell den Schlusspunkt der Versuche, die Kinderlosigkeit Amalies zu erklären.

Den vier Forschern gelang es 2007/2011 immerhin, alle Gerüchte zu sammeln und aufzuzeigen, dass nichts davon wirklich bewiesen ist; sie tendieren eher zur Meinung, dass Otto an der Kinderlosigkeit unschuldig ist und halten die These des seltenen Syndroms für wahrscheinlich. Ihre eigenen Aussagen kranken allerdings daran, dass sie oft lediglich auf Sekundärquellen beruhen, diese auf Griechisch verfasst oder überhaupt nicht publiziert sind. Richtigerweise erwägen sie aber die Möglichkeit, dass der ungeheure Druck, den die ganze Umgebung auf das königliche Paar ausgeübt hat, zu psychologischen oder psychosomatischen Problemen im Liebesleben der beiden geführt haben könnte.

Dass die massive Fehlbildung MRKH den untersuchenden Ärzten und Hebammen in der Mitte des 19. Jahrhundert nicht aufgefallen sein soll, scheint unwahrscheinlich. Zudem verhindert das Syndrom eine Menstruation. Hätte Amalie nie menstruiert, wäre das ohne Zweifel aufgefallen. Zudem erwähnt sie 1853 einen Schwangerschaftsverdacht, der eigentlich nur aufgrund des Ausbleibens der Menstruation hatte aufkommen können.

Amalies Blick auf die Realität

„Ich bin Griechin durch und durch!“

Während der ersten Jahre in Griechenland interessierte sich die frischgebackene Königin kaum für Politik. Sie bemühte sich aber sofort, Griechisch zu lernen und das Land zu entdecken. Mit Einheimischen scheint sie kaum je in Kontakt gekommen zu sein, da fast der ganze Hofstaat aus Deutschen, vorwiegend Bayern, bestand. Und nicht nur der Hofstaat, auch die meisten Beamten in der Verwaltung, im Heer, die neuen Großgrundbesitzer waren entweder Deutsche oder Philhellenen aus der Diaspora. Deutsch war Umgangssprache; im diplomatischen Corps wurde hauptsächlich Französisch gesprochen. Erst nach und nach lernt die Königin griechische Politiker kennen, aber nie ist die Rede in ihren Briefen an den Vater von der näheren Bekanntschaft oder gar Freundschaft mit einer Griechin, zum Beispiel mit der Gattin eines Freiheitskämpfers. Das muss aber nicht allein an Amalies Desinteresse liegen, die einheimischen Frauen lebten traditionell sehr zurückgezogen und hatten kaum Umgang mit Fremden.

Die Begeisterung für ihre neue Heimat – und Amalie liebte Griechenland von ganzem Herzen – bezog sich also weniger auf seine Einwohner als auf die Landschaft, auf Natur und Umwelt. Dass der Zustand des Landes politisch, finanziell und ökonomisch katastrophal war, dass viele Griechen nach den Befreiungskriegen in äußerster Armut dahinvegetierten, dass es dem Land nicht gelang, sich aus dem Sumpf von Korruption und Vetternwirtschaft zu lösen, das alles dürfte an der neuen Königin zunächst mehr oder weniger unbemerkt vorbeigegangen sein. Es war jedenfalls in ihren Briefen nach Oldenburg kaum ein Thema.

Anders ihr Zeitgenosse, Freiherr Joseph von Ow, der Ende der 1830er-Jahre Athen und den Hof besuchte. Er schreibt: „Das ganze Land seufzt unter Missbräuchen und Gesetzlosigkeit, Unordnung und Bestechlichkeit der Behörden. Es fehlt der alte Herkules, diesen Augiasstall zu säubern! Die Regierung mit ihrer Schreiberei scheint unfähig, sich und dem Land zu helfen!" Joseph von Ow begleitete die Majestäten auf einer der frühen Reisen nach Lamia, Missolonghi und Patras. Im Gegensatz zu Amalie fielen ihm die elenden Behausungen, die entsetzliche Armut der Landbewohner so unangenehm auf, dass er Griechenland angewidert und enttäuscht wieder verließ: „In diesem starren Boden blühen keine Rosen mehr!"

Amalies Bild von der Bevölkerung wird stets ein beschönigend-herablassendes Wunschbild bleiben. Ihr gefallen die Volksfeste, an denen die Griechen und Griechinnen in bunten Trachten würdevolle Reigen tanzen. Sie würden danach ruhig auf der Wiese sitzen, ein paar Oliven essen, „das genügt ihnen zur Unterhaltung. Das Volk könnte gar nicht besser sein, einfach, genügsam, fleißig; es sieht den König als seinen Retter an. Die westlich gekleideten Griechen, die sind unsere Pest, speziell diejenigen, die in den Dreißiger Jahren in Frankreich oder Deutschland studiert haben. Die schreien herum, schreiben Artikel in den Zeitungen, bedrängen das Militär, wollen es in die Zuständigkeit der öffentlichen Gerichte überführen. Sie versuchen ständig, dem König Rechte zu entreißen." Amalie versteht nicht, weshalb Otto diesen Kritikern nicht einfach den Mund stopft und die Presse in ihre Schranken weist. Laut ihr geht ja alles immer gut vorwärts, Otto arbeite hart. Sie bittet ihren Vater, nicht zu glauben, was in den Zeitungen über Griechenland und über ihren Otto steht. Auch die Diplomatie verbreite Unwahrheiten, alles sei dummes Geschwätz, und es sei schwierig, das zu korrigieren und die Menschen vom Gegenteil zu überzeugen. Griechenland und Otto persönlich würden unter der schlechten Presse leiden.

Es bleibt unklar, ob die Zeitungen „fake news" verbreiteten. Tatsächlich ist die politisch-gesellschaftliche Situation in mancher Hinsicht problematisch. Im Gegensatz zu Amalie schreibt Frau von Nordenflycht gelegentlich Klartext; ihr ist sofort aufgefallen, wie schwierig es ist, „aus dem Gewirr von Lügen, falschen Gerüchten, Verdächtigungen und Parteizänkereien herauszufinden, welche hier alles zu umstricken suchen." Es sind besonders die Schulden Griechenlands bei den Großmächten, die auf dem Land lasten, es kann sie nicht bedienen, wird erpressbar und gerät unter starken Druck. Otto beginnt, Militär zu entlassen, reduziert Kavallerie, Artillerie und Infanterie und ruft griechische Gesandte aus dem Ausland zurück. Die Lage bessert sich nicht wirklich. 1853 schreibt Edmond About: „Griechenland ist das einzige Land, das seit seiner Geburt bankrott ist."

Amalie ist aber nicht dumm. Glauben wir ihrem Erzieher Johannes Ramsauer, so war sie von rascher Auffassungsgabe, intelligent und fleißig, wenn auch etwas sprunghaft. Es muss ihr früher oder später aufgefallen sein, dass sich Otto für das Regierungsgeschäft eines Königs nicht eignete. Seine streng katholische, eher theologisch ausgerichtete Erziehung durch einen Geistlichen hatte ihn – den Zweitgeborenen – nicht für die Laufbahn eines Regenten vorbereitet; seine Ernennung kam völlig überraschend. Otto war offensichtlich ein liebenswerter, naiver und argloser Mensch, arbeitsam, guten Willens, immer höflich, aber ihm fehlte jede Härte, jedes Kalkül und auch jedes Charisma. Zudem hatte er die fatale Gabe, die falschen Leute um sich zu scharen.

Schon 1839 bemerkt Amalie einmal ihrem Vater gegenüber: „Mein Mann lässt sich durch nichts beirren und geht ruhig seinen Weg, und manchmal – es ist wahr – könnte er etwas schneller vorwärtsgehen." Es ist das Äußerste, was sie sich an Kritik erlaubt! Die griechische Historikerin Vana Busse schreibt über Otto treffend: „Die Analyse lag ihm, die Synthese nicht. Er suchte Vollkommenheit dort, wo schon mittelmäßige Erfolge Fortschritt bedeutet hätten."

Naturgemäß bilden die Äußerungen der Oberhofdame von Nordenflycht zu Otto lediglich ein Echo ihres Schützlings Amalie. Nur ganz diskret lässt sie ihre eigene Meinung durchblicken. An ihre Brieffreundin, die sicher in der Lage ist, zwischen den Zeilen zu lesen, schreibt sie 1837: „Der König arbeitet den ganzen Tag und hat oft nicht Zeit, seine Gemahlin auf ihrem Spazierritt zu begleiten, sondern kommt gewöhnlich um fünf Uhr nach, so dass erst gegen sieben Uhr zur Tafel gegangen wird; und erst nach derselben findet das Königspaar Zeit, sich selber zu leben." Und: „Dem König ist Erholung notwendig. Er arbeitet jetzt so angestrengt, dass er sich kaum Zeit nimmt zu einiger Bewegung. Es ist keine Sinekure, König von Griechenland zu sein. In Deutschland haben es die Herren weit bequemer." Von Nordenflycht lobt die Auswirkungen der

Reisen auf den König, er sei nach der Rückkehr kräftiger, stärker und lebendiger als zuvor. Allerdings, Otto arbeitet auch auf den Reisen unermüdlich, „12 bis 14 Stunden täglich, bald wird es wirklich zu viel".

Das viele Arbeiten scheint ein Problem gewesen zu sein. Die Hofdame im Mai 1838: „Schon um sechs Uhr morgens geht er an die Arbeit. Kommt er nun von den gewiss oft schweren und verdrießlichen Geschäften zur Königin, so ist es lieblich und rührend zu sehen, wie sie ihn empfängt, wie sie ihn mit ihrer geistigen Lebhaftigkeit zu erheitern weiß. Begreiflich ist es, dass sie an manchen Tagen ihn wenig sieht und ein stilles, einförmiges Leben führt." Frau von Nordenflycht sind die Schwächen des Königs nicht entgangen. Sie stellt jedoch Verbesserungen fest: „Aus dem Blick und Wesen des Königs spricht ein Selbstvertrauen, das mir Freude macht, da mich früher sein nachdenkliches Sorgen-Abwägen oft recht betrüben musste."

Ottos ewiges Zögern, sein Mangel an Entschlusskraft und sein unerschütterlicher Glaube an sich selbst als absoluter Monarch von Gottes Gnaden, der ihm auferlegte, nichts zu delegieren und jede Kleinigkeit selber zu entscheiden, lähmten nicht nur ihn selbst und das ganze Land, sondern fachten den schlummernden Widerstand der Griechen erneut an.

Der 3. September 1843 – die unblutige Revolution

„Welch' eine Schande für Griechenland!"

Die Griechen fanden sich nach den Befreiungskriegen von 1821 nicht wirklich befreit, sondern unter einer neuen Vormundschaft, der sogenannten „Bavarokratia", der bayerischen Herrschaft wieder. Sie bemühten sich deshalb ständig, beim Regieren mehr Mitsprache zu erhalten. Otto, der als absolutistischer Herrscher angetreten war, hatte dafür kein Verständnis; seine Herkunft und Erziehung verpflichteten ihn, allein zu regieren. Eine Wende für die Griechen versprachen die Ereignisse des 3. Septembers 1843, als eine unblutige Revolution den König zwang, dem griechischen Volk endlich eine Verfassung zu gewähren. Es war der Weckruf für die Königin, sich von nun an für die Regierungsgeschäfte zu interessieren, bestand doch für das Königspaar plötzlich und unmittelbar die Gefahr, aus dem Land geworfen zu werden. Amalie hatte, anders als Otto, bereits vor diesen Ereignissen die Gefahr erkannt, in der die Monarchie schwebte, aber noch hatte sie nicht gelernt, sich ihrem Mann gegenüber durchzusetzen. Der 3. September sollte dies ändern.

Amalie beschreibt ihrem Vater, wie sie diese Tage erlebte, weil sie nicht wollte, dass er eine aus ihrer Sicht verzerrte Version aus den Zeitungen erfahren musste.

Das Volk, unterstützt vom Militär, erschien abends auf dem großen Platz vor dem Schloss und verlangte vom König ultimativ eine Verfassung. Die Menge war zwar aufgebracht, aber nicht in revolutionärer Stimmung. Es müssen dennoch traumatische Momente gewesen sein, die Amalie ganz persönlich betrafen, und sie zögerte nicht, das Heft in die Hand zu nehmen. Otto, der angeblich von den Ereignissen völlig überrascht wurde, wollte im ersten Moment dem Druck des Militärs nachgeben und abdanken. Für Amalie kam das aber nicht in Frage. Sie erklärte ihm, dass, wenn er nicht entscheiden würde, es die Großmächte an seiner Stelle tun würden. Es sei seine Pflicht zu bleiben, und sie überzeugte ihn, die ihm vorgelegte Verfassung anzuerkennen und zu unterschreiben. „Nie werden wir den Platz, den Gott uns anvertraut hat, in Zeiten der Gefahr verlassen. Besser an Ort und Stelle umkommen!" In ihren Augen war es nicht Volkes Wille, der sich da auf dem Schlossplatz manifestierte, sondern eine von revolutionären Aufwieglern fehlgeleitete Bevölkerung, die vor diesen geschützt werden musste.

Mit Amalies Entschlusskraft hatten die Aufständischen nicht gerechnet. Für sie stand fest, dass der König abdanken würde, damit Hellas endlich frei sein könne. Die Königin machte ihnen einen Strich durch die Rechnung. Mit ihrem resoluten Eingreifen schuf sie sich gleichzeitig unter den griechischen Politikern etliche erbitterte Feinde. Und natürlich hatte sie – wie Otto – für deren Begehren nach mehr Rechten und Einflussmöglichkeiten keinerlei Verständnis und empfand die geforderte Verfassung mit einer konstitutionellen Monarchie nur als Schande für ihr Land. Mit vereinten Kräften war es aber im September 1843 doch immerhin gelungen, Blutvergießen und Anarchie zu verhindern (Abb. 16).

Eine entscheidende Hilfe in dieser schwierigen Zeit war die Hofdame von Plüskow. „Ohne sie wäre ich verloren gewesen", schreibt Amalie. Viele Dinge liefen nur über sie. Sie sprach mit den Gesandten, eilte als Botschafterin hin und her. „Sie hört allen zu, ohne ihre Meinung preiszugeben. Sie ist verschwiegen wie ein Grab. Deshalb schätzen sie alle."

In den folgenden Wochen beschwor Amalie den König, die Verantwortlichen für den Aufstand zu bestrafen, solange er noch das Recht dazu habe. Noch könne er, bevor die neue Verfassung in Kraft sei, agieren. Und sie habe, schreibt sie ihrem Vater, für diese Dinge einen Überlebensinstinkt, der Otto wegen seiner anerzogenen Bescheidenheit fehle. „Jeden Tag predige ich ihm das. Ruhig, vernünftig, aber das Ziel immer vor Augen, werden wir vorwärtskommen, langsam, aber sicher."

Im November wird eine Nationalversammlung einberufen, sie beginnt mit der Arbeit an der neuen Verfassung, für die Amalie nur Hohn und Spott übrig hat. „Sie kommen überhaupt nicht voran! Seit 14 Tagen diskutieren sie ein und dieselbe Sache, nämlich, wer nun eigentlich Grieche ist und wer nicht." Weniger lustig sind für sie die nun öf-

Abb. 16: Ein entscheidender Tag im Leben des Königspaars: Am 3. September 1843 verlangen die Griechen eine Verfassung und bringen damit die Monarchie ins Wanken – aber sie hält: Amalie überzeugt Otto, die neue Verfassung zu unterzeichnen. Das Bild zeigt den Schlossplatz mit dem Aufmarsch der aufständischen griechischen Truppen. Links zwei auf den Palast gerichtete Kanonen. (Wandbild; Volkskundemuseum in Sinarades, Korfu)

fentlichen Diskussionen über die Thronnachfolge. Ihre Kinderlosigkeit ist ein Problem, welches die Griechen nun ganz offiziell beschäftigt.

Ein halbes Jahr später, nach getaner Arbeit, löst Otto I. am 30. März 1844 die Nationalversammlung auf und leistet gezwungenermaßen den Eid auf die neue Verfassung, ein bewegender Moment, wie Amalie ihrem Vater schildert. Alle Minister, das Militär, die ausländischen Gesandten, der Klerus, viele Zuschauer sind anwesend und lassen den König hochleben, was aber nichts daran ändert, dass es für Otto eine bittere Niederlage ist, ein großes Opfer für den Frieden und dafür, im geliebten Griechenland bleiben zu können.

Der König fügte sich dem Lauf der Dinge, wenigstens vordergründig, und verzichtete darauf, die Aufständischen vom September

1843 zu bestrafen. Für einmal hatte sein Wankelmut sein Gutes. Hätte sich die impulsive Amalie hier durchgesetzt, wäre die Sache vermutlich aus dem Ruder gelaufen. Von der neuen konstitutionellen Monarchie halten Otto und Amalie aber gar nichts. Sie sei laut Amalie unnatürlich, eine Katastrophe für jedes Königtum und für die Völker, „weil sie ein Lügengebilde ist, ein Fantasiewesen, das sich auf ein Papier stützt", das heißt: nicht gottgewollt ist.

Nach diesen Ereignissen stand die Königin bei wichtigen Beratungen an der Seite Ottos, mischte sich immer öfters und offener in die Politik ein, nahm an den Kabinettssitzungen der neuen Minister teil, las die an Otto gerichtete diplomatische Post. Offiziell begründete sie ihre Anwesenheit mit der zunehmenden Taubheit des Königs. In Tat und Wahrheit war Otto einfach überfordert. Seine persönliche Schwäche und die Schwäche seines Landes machten es ihm unmöglich, sich aus den Fängen der Großmächte zu befreien, die Griechenland lediglich als Spielball benutzten. Besonders Englands Außenminister Henry Palmerston und der Gesandte Edmund Lyons ließen keine Gelegenheit ungenutzt, auch öffentlich über Otto herzuziehen. Beide sägten laut Amalie unverhohlen an Ottos Thron. So äußerte Lyons sich einmal gegenüber Fürst Metternich: „Ich kann Ihnen beweisen, dass der König geistesschwach ist." Und: Er sei „a born idiot, incompetent to govern". Derartige „diplomatische" Bemerkungen schadeten dem Ansehen Ottos und der Monarchie vor allem deshalb massiv, weil sie über undichte Stellen an die Zeitungen im In- und Ausland durchsickerten. Die Stellung des Königs wurde immer schwieriger, Misserfolge in der Innen- und der Außenpolitik häuften sich. Otto versuchte weiterhin, Entscheidungen allein und an den Parlamenten vorbei zu treffen. Er wollte sich der Beschneidung seiner Kompetenzen, der Schmälerung seiner Macht nicht fügen. Ständiger Zankapfel mit den Großmächten waren auch die griechischen Ansprüche auf die noch immer unter osmanischer Herrschaft stehenden, von Griechen bewohnten Städte, Landstriche und Inseln, wie zum Beispiel Thessaloniki und Kreta – und nicht zuletzt das Fernziel: Konstantinopel.

Ständig flackerten im Land Unruhen auf, Bauern erhoben sich, Räuberbanden plünderten. Amalie nahm diese Warnzeichen nicht ernst, hielt sie für das Werk von Intriganten. Sie war völlig davon überzeugt, dass es „ihren" Griechen gut ging, dass das Volk eigentlich ruhig und zufrieden sei. „Die Menschen bebauen ihr Land, sie säen und ernten, errichten Häuser. Weil aber das Regierungssystem auf diejenigen hört, die am lautesten schreien, geht es nicht so vorwärts, wie es vorwärts gehen könnte." Die Minister seien unfähig und den Parlamentariern gegenüber viel zu nachgiebig, die nur für sich selbst schauen würden statt für Griechenland als Ganzes – womit sie vermutlich nicht Unrecht hatte. Hauptsächlich ging es ihr aber darum, jeglichen Verdacht an Ottos Regierungsfähigkeit zu zerstreuen, stets lag die Schuld bei den anderen, bei den Ministern, bei den Parlamentariern, beim neuen Regierungssystem, bei den Großmächten.

Schwierigkeiten machte auch die griechische Gesellschaft, in der die familiären Verpflichtungen eine zentrale Rolle spielten. Amalie berichtet ihrem Vater von den Intrigen und Ränkespielen unter den mächtigen Familien, vom Ämterschacher, von der griechischen Sucht nach irgendwelchen Orden und Auszeichnungen. Es wird ganz genau beobachtet, wer an welche Hofbälle eingeladen, wer gerade hofiert wird und wer in Ungnade gefallen ist. Amalie schreibt von Ministern, die nicht gegen fehlbare Bürger vorgehen wollten, weil sie mit ihnen verschwägert waren: Familie gehe immer vor Recht.

Sehr selten schreibt sie über die eigentlichen Tätigkeiten des Parlaments und der Minister, das heißt über das Regieren. Das Parlament benehme sich wie schlecht erzogene Kinder, meint sie, und „die Minister sind alle unfähig, sie können nicht reden und nicht arbeiten". Alles – Verfassung, Parlament, Ministerien – sei sowieso nur eine Farce. Die Königin kann nicht einsehen, dass das griechische Parlament das Regieren erst lernen muss. Und dass natürlich auch der König nicht weiß, wie eine konstitutionelle Monarchie zu handhaben, wie mit einer Opposition umzugehen ist. Ihm fehlt die Erfahrung der Zusammenarbeit, das Hinarbeiten auf Kompromisse. Es fehlt ihm aber auch schlicht der Wille, das neu beladene Schiff sicher durch die Wellen zu steuern.

Die massive Einmischung der Königin in die Regierungsgeschäfte bleibt nicht unbemerkt. Nachdem Amalie den Aufständischen 1843 einen Strich durch die Rechnung gemacht hat, ist vielen Politikern klar, wer im Palast das Sagen hat. Es wird gemunkelt, dass der König nach der Pfeife seiner Königin tanze. Amalie hätte dieser Meinung wohl nicht zugestimmt, weil sie Otto in ein schlechtes Licht rückte, aber sie ist sich bewusst, dass sie die Finger im Spiel hat. „Alles, was in Athen geschieht, gehört zu einer großen Komödie, und meine Rolle darin ist, immer offen meine Meinung zu sagen. Mit diesem Vorgehen habe ich Erfolg, man berücksichtigt mich, man fürchtet mich. Denn wenn ich beharre, dann geschieht es, wie ich will. Da ich im Gegensatz zu Otto frei bin von Zwängen, kann ich handeln. Wenn ich also sehe, dass ihm etwas nicht gefällt, er aber aus politischen Gründen nicht dagegen sein kann, dann interveniere ich und beende das Ganze auf meine Art. Das wird akzeptiert. Nie nehme ich ein Blatt vor den Mund."

1846 scheint es, dass auf die Königin ein Attentat verübt wurde – ein Vergiftungsversuch, der scheiterte. Am 2. Oktober beklagt sich Amalie über Unwohlsein. Sie habe rheumatische Beschwerden überall und Fieber. Sie glaube, sie habe sich erkältet. Frau von Plüskow schreibt aber in ihrem Tagebuch, dass man die Königin habe vergiften wollen. Zwei weitere Mitglieder des Hofes hätten – nach einer gemeinsamen Mahlzeit – die gleichen Symptome gehabt. Mit nachträglichen Untersuchungen habe man festgestellt, dass der Wein Arsen enthalten habe. Amalie wurde nie über diesen Tötungsversuch informiert. Sie glaubte, der Verantwortliche für die Getränke am Hof sei entlassen worden, weil er Wein unterschlagen und verkauft habe. Fast drei Wochen fühlt sie sich schwach, fiebrig, hat Darmbeschwerden. Sie ist bleich, nimmt kaum etwas zu sich, nur Saft, Reis, Gemüse aus dem Wasser, Apfelmus. Frau von Plüskow und Doktor Röser sind sehr besorgt und verbieten ihr, spazieren zu gehen oder auszureiten. Amalie fühlt sich zwar nicht wohl, aber krank und untätig zu sein, liegt ihr nicht. Doktor Röser „behauptet, es sei die Hitze und Dürre. Andere Menschen würden sich in meinem Zustand ins Bett legen. Aber es reicht doch, wenn man krank ist, man muss doch nicht auch noch ins Bett gehen und sich dort langweilen!"

Die konkreten Gründe für das Attentat blieben im Dunkeln. Der Täter wurde nie gefasst. Glaubten die Drahtzieher vielleicht, dass Amalies Tod König Otto zur Abdankung veranlassen würde?

Amalies politische Kommentare nehmen in ihren Briefen an den Vater immer mehr Raum ein, Persönliches rückt in den Hintergrund oder fällt ganz weg. Sie verfolgt eifrig die Parlaments- und Senatssitzungen, die Ministerwahlen: „Dass nun alle drei Jahre gewählt werden muss, lässt meine Haare zu Berge stehen!" Sie liest Ottos diplomatische Korrespondenz und schickt ihrem Vater sogar Abschriften davon. So finden Kopien der Antworten Ottos, zum Beispiel an den Zaren von Russland, den Weg nach Oldenburg. Amalie beurteilt die Briefe Ottos wohlwollend: sie seien immer „sehr höflich, ruhig, würdevoll, ernst, mit Selbstvertrauen geschrieben und keinen Zweifel an der Freundschaft gegenüber dem Adressaten lassend, immer bereitwillig auf dessen Ratschläge hörend".

Natürlich verhöhnt die Königin die Opposition, bewundert jedoch den neuinstallierten Ministerpräsidenten Ioannis Koletti, dessen Ruhe und Geduld sie rühmt; sie findet allerdings, dass er manchmal härter vorgehen sollte! So beschreibt sie ihrem Vater einen Aufstand in einer Kadettenschule im Piräus: Die Zöglinge sollen sich über schlechtes Essen beklagt haben, die Vorgesetzten würden sie schikanieren und sich nicht um sie kümmern. Aus Protest sperrten sie einige Unteroffiziere ein und schlossen die Tore zur Schule. Erst nach einem Auftritt des Kriegsministers normalisierte sich die Lage. „Ich hoffe", schreibt Amalie, „dass man die Rädelsführer beispielhaft bestrafen wird. Ich hätte sofort Kanonen auffahren lassen und sie gezwungen aufzugeben!" Deeskalation gehörte nicht zum Wesen der Königin, weshalb die Gutmütigkeit Ottos sogar ihr manchmal zu weit ging. „Besser, er wäre es manchmal etwas weniger gut."

Amalie spürt, dass ihr Mann sie, ihre Stärke und ihren unerschütterlichen Glauben an ihn braucht, und zwar so sehr, dass sie 1847 eine lange herbeigesehnte Reise zu ihrer Familie nach Oldenburg absagt, weil die politische Lage zu gespannt ist und sie ihn nicht allein lassen kann. England rüttle zusammen mit der Türkei heftig am griechischen Thron. „Ich bin hier absolut notwendig, ohne mich hätte Otto niemanden, mit dem er bereden könnte, was ihn beschäftigt."

Besonders nach dem Tod des einflussreichen Premierministers Koletti 1847 wird die Situation für das Herrscherpaar schwierig. Koletti, eine schillernde Politikerpersönlichkeit, war Otto zwar treu ergeben, verfolgte aber immer auch eigene Ziele in der griechischen Politik, wo er seit dem Freiheitskrieg 1821 mitmischte. Seine starke Hand, sein sicherer Instinkt und seine Erfahrungen im In- und Ausland, in der Politik vor und hinter den Kulissen machten ihn zu einem gewieften Staatsmann, ohne den Ottos Position gefährlich ins Schwanken geraten musste.

Das Jahr 1848 und seine Folgen

„Ich bin überzeugt, dass all das Neue nicht Europas Aufstieg, sondern seinen Niedergang bringen wird."

Ein weiterer, wenn auch nicht so entscheidender Einschnitt in der Geschichte Griechenlands ist das Jahr 1848. Das Grummeln in Europas Untergrund ist Amalie nicht entgangen. Sie verfolgt besorgt die antimonarchistischen Entwicklungen, sie und Otto sind mit fast allen Königshäusern auf irgendeine Art und Weise verschwägert. Lang glaubt sie, dass sich alles wieder beruhigen werde, ganz im Gegensatz zu ihrer Oberhofdame Frau von Plüskow, die ahnt, „dass die gigantischen Veränderungen in Europa nicht spurlos vorübergehen werden. Aber Gott wird uns beschützen."

Amalie an ihren Vater: „Man gibt das Alte auf und verlangt nach dem Neuen, das aber keine Grundlagen hat. Alles wird verleugnet, man missachtet die Traditionen, nur weil es Traditionen sind, man rüttelt am Heiligen. Es braucht eine heftige Erschütterung, damit die Menschheit an ihren angestammten Platz zurückkehrt, an den Ausgangspunkt, damit sie zu Gott zurückfindet und wieder seinen Willen erkennt, erkennt, was richtig, was falsch ist, was Lüge und was Wahrheit."

Die Königin analysiert die Lage, hat einen guten Instinkt, zieht aber oft die falschen Schlüsse. Im Neujahrsbrief an ihren Vater im Januar 1848 schreibt sie: „Ich fürchte die Entwicklung der Dinge in Europa. Es kündigen sich mächtige Bewegungen an, und ich glaube, dass 1848 ein wichtiges Jahr werden wird." Andererseits ist sie abergläubisch und glaubt einer griechischen Prophezeiung, die besagt, dass 1848 der Papst in Rom sterben werde, und das sei das Zeichen, dass die Griechen sich auf den Weg nach Konstantinopel machen sollen.

Als ihr Schwiegervater Ludwig I. in München die berühmte Märzproklamation bekannt gibt, schreibt sie ihrem Vater entrüstet: „Dass der Bayernkönig von einem deutschen Parlament spricht, das bei der Ständeversammlung das deutsche Volk vertreten müsse! Haben denn die Herrscher aufgehört, Deutsche zu sein? Sind sie denn nicht mehr in der Lage, selber über die Befindlichkeiten ihres Volkes zu sprechen? Akzeptieren sie nun plötzlich alle, vorher Tyrannen gewesen zu sein? Aber das führt doch schlussendlich zum Rücktritt aller Könige! Wohin soll das führen? Gibt es keinen einzigen Herrscher mehr, der weiß, wer und was er ist?"

Die Situation des Königspaars in Athen wird brenzlig. England und sein Botschafter Lyons zündeln, sie verbreiten die Falschnachricht, dass Otto beim kleinsten Aufruhr sofort abdanken würde, weil er ein Blutvergießen um jeden Preis vermeiden wolle. Aber die Zündschnur erlischt. Noch achten die Griechen ihren König und huldigen ihm, an der Oberfläche bleibt auch im Jahr 1848 alles ruhig. Wieder ein Grund für Amalie, ihren Otto schönzureden: „Ich bin so stolz auf ihn. Es ist erstaunlich, was mit ihm geschehen ist, wie er sich entwickelt hat, mit so viel Ruhe, so viel Entschlossenheit, so viel Schönheit. Er ist gereift, wurde ein richtiger Mann. Alles, was er geworden ist, wurde er aus sich selbst heraus, durch und durch." Auch wenn viele Kräfte im In- und Ausland gegen Otto arbeiten würden, er halte sich laut Amalie wacker. Sie glaubt auch zu wissen, warum: „Obwohl man ihn für unfähig hält, behält er die Oberhand, weil er beharrlich und mit unerschütterlicher Ruhe den richtigen Weg geht, auf seinen Prinzipien beharrt, ohne leere Phrasen zu dreschen, ohne eine einzige Lüge, ohne Dinge zu versprechen, die er nicht halten kann, nur mit dem Recht, mit der Wahrheit und mit seinem ehrlichen Willen." Vielleicht macht sich die Sturheit Ottos für einmal tatsächlich bezahlt, weil sie Griechenland Unruhen erspart ...

Selbstverständlich erschüttern Otto die Nachrichten aus München, insbesondere, als er zu Kenntnis nehmen muss, dass sein Vater gezwungen wurde abzudanken und sein Bruder Maximilian König geworden ist. „Er hat geweint wie ein kleines Kind", berichtet Amalie ihrem Vater. Die Abdankungen und Rücktritte verschiedener Fürsten, das Gewähren von Verfassungen und die Einrichtung von

Parlamenten in mehreren Ländern bestürzen die Königin. „Warum setzen sich die direkt von Gott beauftragten Machthaber nicht einfach durch und bestraften die Aufmüpfigen?"

Auch das ferne Oldenburg bleibt nicht von den freiheitlichen Ideen verschont, die in Europa zirkulieren. Und Amalie zögert nicht, sich in die politischen Angelegenheiten ihres Vaters einzumischen, als die Lage turbulent wird. Sie erteilt ihm Ratschläge oder verurteilt seine Vorgehensweise – immer ist sie gegen jede Demokratisierung, die bei ihrem starken Standesbewusstsein als Königin nur ins Verderben führen kann. Sie glaubt auch fest an die Treue der Untertanen ihres Vaters: „Alle in Oldenburg lieben dich doch, sie achten dich wie einen Vater, sie werden sich schon richtig benehmen." Aber nein: Auch Großherzog Paul Friederich August hatte seinen Oldenburgern 1849 eine Verfassung zu gewähren.

Für Griechenland ganz schwierig wird das Jahr 1850, als England Maßnahmen ergreift, die das Land zwingen sollen, unter anderen Forderungen endlich seine Schulden zu begleichen. Es verhängt eine Hafensperre und damit ein Handelsembargo. Weil die Aktion eigenmächtig und ohne Rücksprache mit den anderen Großmächten erfolgt, führt sie zu diplomatischen Verärgerungen. Man ist zwar empört, rührt aber keinen Finger, um Griechenland zu helfen. König Otto tut, was er immer tut: nichts. Allerdings hatte er ohne die Unterstützung anderer Mächte auch gar nicht viele Möglichkeiten. Amalie war ausnahmsweise ebenfalls der Meinung, dass jetzt Ruhe angezeigt sei, Standhaftigkeit und passiver Widerstand so lange wie eben möglich. Gott sei auf der Seite der Hellenen, Griechenland sei jung und werde noch existieren, wenn England längst untergegangen sei!

Die englische Aktion schadete dem Ansehen Großbritanniens mehr als dem gedemütigten Griechenland, das einen enormen wirtschaftlichen Schaden erlitt.

Amalie regiert

„Jetzt soll also ich regieren! Das macht mir Angst, aber ich muss es schaffen!"

Im Oktober 1849 kam – laut Amalie – erstmals die Idee auf, Otto allein nach Deutschland reisen zu lassen, während sie als Regentin in Athen bleiben sollte. Sie fand diese Idee „schauderhaft und barbarisch.

Werde ich keine Dummheiten machen?", fragt sie ihren Vater. Otto war bereits in seiner Zeit als bayerischer Prinz oft in verschiedenen Bädern zur Kur gewesen. Seine Gesundheit war schon immer angeschlagen und durch die politischen Ereignisse des Jahres 1850 nun so fragil, dass die Ärzte ihm dringend rieten, sich fern von Griechenland zu erholen. Während seiner Abwesenheiten, die sich ab den 1850er-Jahren häuften, übernahm die Königin die Regentschaft, wie es im Gesetz vorgesehen war. Insgesamt fünfmal vertrat sie ihren Mann: 1850-51 (8 Monate), 1852 (3 Monate), 1856 (5 Monate), 1858 (3 Monate) und 1861 (3 Monate).

Ihre erste „Regierungszeit" war sicher nicht leicht. Amalie fürchtete sich davor, alleine zurückzubleiben und zu regieren, auch wenn sie über die politischen Geschäfte auf dem Laufenden war. Ihre rasche Auffassungsgabe und ihr Tatendrang kamen ihr nun zu Gute, weniger nützlich waren ihr Hang zur Oberflächlichkeit, ihre Impulsivität und ihre ausgeprägte Parteilichkeit. Allerdings hatte sie sich schon vorher Gedanken darüber gemacht, was einen guten Herrscher ausmacht. „Wir sind nicht zu unserem Vergnügen da! Es ist schön, Herrscher zu sein, aber in der reinen Bedeutung des Wortes ist der Herrscher der Vater seiner Untertanen, er verbindet, wenn nötig, Festigkeit mit Liebe und Nachsicht sowie Ernsthaftigkeit und Strenge mit Fürsorge." Sie war sich ihrer Verantwortung durchaus bewusst.

Obwohl diese Regentschaft in Ottos Abwesenheit gesetzlich vorgesehen und geregelt war, erlitten „die Minister fast Schlaganfälle", lästert die Regentin. Vor Ottos Wegfahrt musste sie noch rasch vereidigt werden. Und natürlich gab es Widerstände, weil die Parlamentswahlen kurz bevorstanden, aber Otto setzte sich für einmal durch.

Der Druck und die Anspannung vor dem großen Tag bewirkten vermutlich, dass Amalie krank wurde. Doktor Röser „heilte" mit hohen Dosen Chinin, so dass sie die verschiedenen Zeremonien ohne Zwischenfälle hinter sich bringen konnte. „Ich war in sehr schlechtem Zustand. Um elf gingen wir ins Parlament, es war bis auf den letzten Platz besetzt. Ich zitterte, als ich den Saal durchschritt. Wir bestiegen den Thron unter Jubelrufen. Der Erzbischof sprach ein Gebet, und ich schwor den Eid mit der Hand auf dem Evangelium. Gott gab mir Kraft, und meine Stimme war im ganzen Saal zu hören. Ich war sehr bewegt. Auch Otto war bewegt. Er hielt dann eine schöne, herzliche Ansprache und schloss die Parlamentsperiode. Jetzt soll ich also regieren! Das macht mir Angst, aber ich muss es schaffen!"

Frau von Plüskow lobte die erste Rede: „Die Königin sagte, was sie sagen wollte, und sie sagte es gut, nachdem das anfängliche Lampenfieber verflogen war. Es herrschte allgemeine Zufriedenheit!"

Ist es Zufall, oder war es eingefädelt? Im Februar 1851 erhielt Amalie erstmals Besuch von ihrem Halbbruder Peter, dem künftigen Großherzog von Oldenburg. Fürchtete der Vater, seine Tochter könnte als Regentin versagen, und schickte ihr deshalb männliche Unterstützung nach Athen?

Acht Monate, bis Anfang Mai 1851, viel länger als geplant, bleibt Otto in Deutschland, und Amalie regiert mit nur 31 Jahren erstmals alleine das Land. Sie nimmt ihre Aufgabe ernst und lernt; sie lernt, alleine die Minister und die ausländischen Gesandten zu empfangen, Audienzen zu geben, Gesetze zu unterzeichnen. Ängstigt sie sich das erste Mal, das Parlament persönlich zu eröffnen – da sei sie doch wie auf einer Bühne, und alle würden sie anstarren –, so lernt sie später, diese Furcht zu meistern. Aber manchmal „werde ich etwas melancholisch, denn für eine Frau ganz allein an der Spitze eines Landes zu sein, ist nicht lustig". Sie realisiert jedoch bald, dass sie nun die Macht hat, Dinge zu verändern. Und das will sie schließlich auch. Sie zeigt Entschlusskraft, und es fällt ihr zunehmend leichter, neue Gesetze und Beschlüsse zu erlassen und auch Todesurteile zu fällen!

„Ich möchte gerne etwas Wertvolles schaffen: Anstellungen, Freilassungen, Bestrafungen, Auszeichnungen, das ist alles schön und gut. Ich möchte aber etwas bewirken, das Folgen hat!" Sie habe, schreibt der Franzose Edmond About nicht ohne Bewunderung, die Qualitäten eines Generals, sie selbst bezeichne sich als „Soldatentochter". Es ist ihr ein großes Anliegen, „die Rechte der Armee und des Königs gegen die Leute zu verteidigen", welche diese Rechte immer wieder zu beschneiden suchten.

Auch der Senat muckt auf, und Amalie scheut sich nicht „ihn meine Meinung wissen zu lassen, und gestern arbeiteten Kammer und Senat mit einem Eifer und einer Ordnung, dass es eine Freude war." Es erstaunt nicht, dass etliche Politiker die Abwesenheit Ottos ausnützen wollen. Aber da macht ihnen Amalie einen Strich durch die Rechnung. „Die trefflichen Leute meinen, ich sei ein gutes Ding und werde wohl, da Otto bald zurückkommt, nichts unternehmen, alles laufen lassen. Aber als sie mich ungeheuer bestimmte Saiten aufziehen sahen, wurden sie Lämmer, und als solche hoffe ich, sie Otto zu übergeben."

Amalies Selbstbewusstsein wächst. Ihre Meinung über die Minister, mit denen sie zusammenarbeiten sollte, bleibt allerdings etwas naiv. „Sie sind gut und ehrbar, aber ich kenne ihren Charakter: Sie sind wie Kinder, die man anleiten muss." Sie unterschlägt, dass ihr selber die Erfahrungen sowohl mit Kindern als auch mit Ministern gänzlich fehlen.

Während der Abwesenheit Ottos beklagt Amalie ihrem Vater gegenüber immer wieder ihre Einsamkeit. Ihr fehlt eine Vertrauensperson auf der gleichen Hierarchiestufe. Obwohl ihr das Regieren bisweilen fast Spaß mache, schreibt Amalie nach den ersten Monaten, sie habe nicht im Sinn, dieses Amt je wieder auszuüben. Aber sie wird es dann noch mehrere Male tun, und sie machte ihre Sache nicht schlechter als Otto. Es verging nicht viel Zeit, so zirkulierte in

Athen das Bonmot: „Otto liest alles und unterschreibt nichts, Amalie liest nichts und unterschreibt alles."

Die Königin mochte viele Fehler haben, Tatsache ist aber, dass sie ihr Land unerschütterlich liebte und es auch vergrößern wollte. „Wenn ich Kinder hätte, würde ich sie lehren, Griechenland zu lieben. Ihr Herz müsste alle Griechen einschließen, und ihr Thron müsste dort stehen, wo einst die Hauptstadt des Byzantinischen Reiches stand! Jeder Mensch hat seine schwachen Seiten, und das ist meine! Denn täglich schickt mir die Heilige Sofia eine Nachricht und beklagt sich über ihre Entehrung!" Es besteht kein Zweifel, dass sowohl Amalie als auch der König der „Megali idea" anhingen, der „Großen Idee", die eine Rückeroberung aller von Griechen bewohnten Gebiete befürwortete – einschließlich Konstantinopel.

Obwohl Amalie nun Regentin war, hatte sie mit frauenemanzipatorischen Ideen, die in Europa an Boden gewannen, nichts am Hut. Bei einer Unterredung mit Fredrika Bremer, einer emanzipierten Schwedin, die 1859 Griechenland bereiste, bekräftigte sie dezidiert: „dass die Frau eine dem Mann untergeordnete Stellung einnehmen muss, besonders, wenn sie verheiratet ist". Eine Frau dürfe zwar ihre Meinung sagen, müsse aber gemäß der Meinung ihres Mannes handeln. Sie regiere auch nur, weil Otto das so wünsche.

Die stellvertretende Königin mochte zwar die bessere Regentin sein, die immer häufigeren Abwesenheiten des Königs waren aber seiner ohnehin wackligen Monarchie nicht förderlich. Beide spürten offenbar nicht, dass es den Griechen wenig gefiel, von einer Frau regiert zu werden. Auch im Ausland stießen die langen Kuraufenthalte des Königs auf Unverständnis und wurden in den Medien entsprechend kommentiert.

Ottos Reisen verfolgten nebst der Erholung auch das Ziel, die Thronfolge innerhalb seiner Wittelsbacher Familie zu regeln. Der Londoner Staatsvertrag von 1832 sah vor, dass im Falle der Kinderlosigkeit der griechische Thron an Ottos jüngeren Bruder Luitpold und dessen Söhne übergehen sollte. Weder Luitpold noch seine Söhne hatten indes im Sinn, den griechisch-orthodoxen Glauben anzunehmen, die von den Griechen ausgehandelte Bedingung für eine Nachfolge. Der jüngste Bruder Ottos, Kronprinz Adalbert, war laut Amalie bereits zu alt, um zum orthodoxen Glauben überzutreten, und der ältere Bruder Maximilian, nach Ludwigs I. Abdankung nun König von Bayern, war nicht bereit, einen seiner Söhne nach Griechenland zu schicken. Amalie, die sich mit Kronprinz Adalbert sowieso nicht gut verstand, beharrte auf einem Kind, das von ihr und von Otto am Hof in Athen erzogen werden müsse. Sie glaubte tatsächlich, sie und Otto könnten einen Wittelsbacher als „griechischen" Nachfolger heranziehen. Dass im Fall eines frühzeitigen Ablebens Ottos aber die Oldenburgerin Amalie – und kein Wittelsbacher –

die Regentschaft übernehmen würde, bis dieses Kind volljährig wäre, war wiederum für die bayerische Königsfamilie nicht denkbar.

Amalie verurteilte zu Recht die Unentschlossenheit und Untätigkeit des bayerischen Hofes in dieser Frage, da sie die Zukunft und Sicherheit nicht nur der griechischen Monarchie gefährdeten, sondern ein ganzes Land über seine Zukunft im Ungewissen ließen: „Man darf das nicht nur aus dem dynastischen Blickwinkel betrachten, sondern muss an das Land denken, das die Krone zu tragen hat", meint die Königin richtigerweise.

Was bleibt: der Park

„Das Pflanzen ist eine Leidenschaft von mir."

Amalie wusste ganz genau, als sie 1843 in den Palast einzog, wie ihr zukünftiger Schlosspark auszusehen hatte. Vorbilder hatte sie in ihrer Heimat Oldenburg, wo sowohl in Eutin als auch in Rastede – noch heute – große, englische Parkanlagen an die Residenzen grenzen. Der vom Architekten des Athener Palastes geplante, streng axiale französische Garten hingegen entsprach überhaupt nicht ihren Ideen. Unterstützung für ihre Pläne erhielt sie von ihrem Schwiegervater Ludwig I., der ihr schrieb: „Schatten, viel Schatten tut Not in Athen!" Er kannte die Stadt und ihr im Sommer mörderisches Klima und empfahl Amalie, an die sengende Sonne zu denken und eher einen baumbestandenen Landschaftspark zu konzipieren. Sie beherzigte seinen Rat umso mehr, als er ganz ihren norddeutschen Vorstellungen entsprach, nahm die Planung selbst an die Hand und setzte mit Beharrlichkeit und Fleiß genau das um, was ihr vorschwebte.

Für den Park brauchte es zuerst einmal Land, viel Land. Dass dafür etliche Athener, aber auch viele Ausländer, enteignet werden oder ihr Eigentum tief unter dem Preis dem König überlassen mussten, kümmerte Amalie wenig. Die Besitzer hatten die Grundstücke selber sehr günstig von Osmanen erworben, die Griechenland nach der Befreiung hatten verlassen müssen. Die Bodenpreise waren seither, weil Athen Residenzstadt geworden war, in die Höhe geschossen. Die teils erzwungenen Veräußerungen waren mit ein Grund für spätere diplomatische Querelen besonders mit England, da einflussreiche Engländer sich gegen den Landverlust wehrten.

Nachdem die Landfrage nach ihrem Willen geregelt worden war, ging es um die Bewässerung, denn das Gelände, das sich Amalie ausgesucht hatte, war eine wasserlose Brache ohne Bäume oder Sträucher. Die Königin ging auch hier wenig zimperlich vor. Die artesischen Brunnen, welche sie graben ließ, lieferten nur wenig Wasser, und bis zur Entdeckung einer üppig sprudelnden Quelle im Parkbereich selber waren die Gärtner gezwungen, Wasser auf Kosten der eh schon spärlichen Versorgung der Stadtbevölkerung herbeizuschleppen. Laut Edmond About ließ die Königin später die antiken Aquädukte anzapfen, die Wasser aus den Bergen heranführten – allerdings für die Athener, nicht für Amalies Rasen. Dass derartige Maßnahmen keine Freude hervorriefen, scheint sie wenig berührt zu haben. Sie tröstete die Bevölkerung mit der Ankündigung, der Park werde öffentlich sein, also Allen zu Gute kommen.

Mit dieser Öffentlichkeit war es dann aber so eine Sache. About schreibt, der Garten sei nur zu bestimmten Zeiten geöffnet, nämlich dann, wenn Amalie ausreite. Da die Königin im Sommer sehr spät ihr Pferd satteln lasse, bedeute dies, dass der Park den ganzen Tag geschlossen sei, weil die Königin tagsüber im Schatten der Bäume promenieren wolle – alleine, versteht sich. Amalies und Ottos Entourage war es allerdings immer gestattet, den Park zu benützen und sogar Gäste einzuladen. So berichtet Christiane Lüth, dass sie gelegentlich von Frau von Plüskow zu einem Gartenspaziergang gebeten worden sei.

Die Königin war ein ungeduldiger Mensch. Im März 1846 ließ sie mit Hilfe von Dreifüßen, Flaschenzügen und „unter Zittern und Beben" auf dem Gartengelände drei Palmen aufrichten, die sie von der Insel Ios hatte kommen lassen; die höchste maß 18 Meter! Ihrem Vater schreibt sie: „Gestern konnten auch 18 Pferde nicht die letzte Palme aufrichten. 40 Matrosen zogen sie deshalb auf einen Schlitten, unter den sie Rollen platzierten. Es ist der Hofmeister, der die Arbeit auf diese Weise gemacht haben will, man könnte das sicher auch anders machen. Es stimmt, die Wurzeln sind riesig. Aber irgendwie wird es gehen." Und als es endlich geschafft ist, schreibt sie ihrer Freundin Christiane von Scharnhorst nach Oldenburg, sie hüpfe vor lauter Begeisterung: „Wie ich da juble, wenn einer der Palmbäume sich majestätisch emporrichtet und mit seiner prachtvollen Krone gen Himmel strebt, herrlich die Landschaft ziert, mit Säulen und Meer kokettiert!" Sie findet ihr Werk „magnifique" und hofft, dass sie dereinst als „Königin der Palmen" in die Geschichte eingehen wird.

Amalies Ungeduld in vielen Dingen, nicht nur in ihrem Garten, drang in ihren Briefen so durch, dass ihr Vater sie einmal ermahnt: „Ruhig, ruhig, pflegte dein alter Großvater, mein Vater, zu sagen, wenn sein Herr Sohn ungeduldig wurde, und dies Wörtlein möchte ich dir auch wohl zurufen, geliebte Tochter."

Die Pastorsfrau Christiane nimmt, wie ganz Athen, den denkwürdigen Transport der langen Palmen mit den riesigen Wurzelballen durch die Stadt verwundert zu Kenntnis. Natürlich zerreißt man sich das Maul wegen der Kosten dieser Fracht. Christiane hörte offenbar auch, wie die Matrosen maulten, weil die ihnen befohlene, ungewohnte Arbeit ihnen nicht passte. Sie seien aber gut bezahlt, schreibt sie.

Amalie will noch mehr Palmen, sondiert auf den Inseln Paros, Naxos und Syros und holt auch in Ägypten Informationen ein über Arten, die sich leichter setzen lassen. Sie plant einen ganzen Palmenhain anzulegen, hat dabei aber immer die großartigen Blickachsen im Auge: „Die Akropolis und die Jupitersäulen und das Meer und das Palais müssen in Betracht gezogen werden. Fabelhaft machen sich die schlanken Stämme und dahinter die Säulen!" Sie fährt auch extra um die Stadt herum, um die Wirkung ihrer Pflanzungen von allen Seiten begutachten zu können.

Die umfangreichen Erdbewegungen, die für die Gestaltung des Parks notwendig waren, hatten zahlreiche archäologische Funde zur Folge, lag doch das Gelände am Rand des antiken Athen. So kam am 2. Januar 1845 ein Grab zum Vorschein. Die Lüths nahmen an der Öffnung teil, auch Doktor Röser war zugegen. Amalie freute sich über diese pittoresken Zugaben in ihrem Garten, zu denen neben einem römischen Bodenmosaik auch Säulentrommeln, Statuenteile und Architekturstücke gehörten. Sie wurden entweder am Ort belassen oder unter Bäumen hübsch gruppiert aufgestellt.

Die Gesamtplanung des Parks lag in verschiedenen Händen; einer der Gärtner, der von Anfang an dabei war und jahrelang seinen Dienst versah, war Friedrich Schmidt.

> **Friedrich Schmidt** (1797–1889) stammte aus Dessau und war mit 36 Jahren als einfacher Soldat im Gefolge König Ottos nach Athen gekommen. 1843 hatte er das Glück, eine Anstellung als Untergärtner zu ergattern und entging so der allgemeinen Ausweisung aller Deutschen aus Griechenland. Er heiratete eine Griechin, mit der er zehn Kinder zeugte. 1854, als der französische Obergärtner François Bareaud Athen Richtung Konstantinopel verließ, erhielt Schmidt den Posten des königlichen Obergärtners. Er blieb es auch, als Otto und Amalie Griechenland 1862 verlassen mussten und ein neuer König installiert wurde.

1847 übernahm der französische Gartengestalter François Louis Bareaud die Oberleitung, immer in engem Kontakt mit der Königin, die alles selber entschied. „Und wehe, der Gärtner pflanzt etwas um oder beschneidet etwas, ohne dass ich es weiß. Dann werde ich sehr zornig!" Bareaud blieb bis 1854 in königlichen Diensten. Von ihm (oder von Gartenarchitekt Riedel) stammt vermutlich ein noch heute existierender Plan mit mehr als 70 gestalterischen Details wie Teichen, Wegen, Pergolen, Blumenbeeten (Abb. 17; S. 113). Zusammen mit einer ebenfalls erhaltenen Liste aus der Hand Bareauds lässt sich die Pflanzenvielfalt im Park annähernd eruieren. In den 80er-Jahren des 20. Jahrhunderts zählte man noch etwa 520 Arten, davon 420 ausländische, 7.000 Bäume sowie 40.000 Sträucher und Büsche.

Die Zahlen müssen in der Mitte des 19. Jahrhunderts noch viel imposanter gewesen sein, denn Amalie lässt überall sammeln: Jeweils im Frühjahr, zur Setzzeit, treffen jeden Tag ganze Wagenladungen mit immergrünen Sträuchern ein, die in den Bergen ausgegraben, herantransportiert und eingepflanzt werden. „Jeden Tag streife ich am Morgen zwei Stunden durch den Garten, den Plan in Händen, und begutachte, was gemacht worden ist. Oft muss ich schlechte Versuche beenden, die ihren Ursprung in der Herkunft der Angestellten haben. Den Gartenplan hat mir nämlich Architekt Riedel gemacht, aber der Obergärtner ist ein Franzose und der Untergärtner ein Deutscher. Die beiden Deutschen bekämpfen den Franzosen. Ich versuche dann mit weisen Ratschlägen zu intervenieren, manchmal muss ich auch meiner Unzufriedenheit Ausdruck geben. Manchmal verlässt mich der Mut, wenn ich sehe, was ich alles noch pflanzen muss. Aber wir haben Glück: Überall finden wir antike Wasserleitungen, und so brauchen wir nicht zu befürchten, dass unsere Bäume austrocknen. Dort, wo die Erde zu trocken ist, unten im Garten, pflanze ich Weinreben."

Aus Genua lässt Amalie Tausende von Orangenbäumen kommen, aus Granada Rosen. Fast im gleichen Atemzug bemerkt sie, dass im Osten Griechenlands fast alle Schafe eingegangen seien. Dass dieses Ereignis die Existenzgrundlage vieler Hirten und ihrer Familien massiv bedroht, lässt sie offenbar kalt. Ebenso wenig interessieren sie die Gründe für das Schafsterben und was man dagegen unternehmen könnte – der Garten und seine Probleme sind ihr wichtiger. So wächst der Rasen nicht zu ihrer Zufriedenheit, worauf sie Grassamen aus Indien bestellt, von denen sie hofft, dass sie Sonne und Hitze besser vertragen.

Aus Brasilien, von der Kaiserin höchstpersönlich, treffen Samen von 75 immergrünen Pflanzen ein: Palmen, Farne, Orchideen. Ihre Reise über London, Malta und Syros habe nur rund sieben Wochen gedauert. Auch der Sultan sendet Grünzeug aus seinem Garten in Konstantinopel. Eine spezielle Akazie wird Amalie aus Polynesien geschickt, eine Trauerweide stammt vom Grab Napoleons auf der Insel Sankt Helena. Die Gartenbegeisterung der Königin hat zur Folge, dass viele Gesandte sie mit Pflanzen aus aller Welt beschenken. „Mein Garten ist ein Paradies, dem alle Weltteile ihren Tribut gezahlt haben", bemerkt Amalie nicht ohne Stolz. Sobald er ansehnlich genug ist und es die Witterung erlaubt, lässt die Königin draußen aufdecken. Sie liebt es, im Grünen zu frühstücken, zu „dinieren" und zu „soupieren" und lädt auch oft Gäste dazu ein.

Otto lässt ihr freie Hand. Vermutlich bezahlt sie ihr „Hobby" tatsächlich aus ihrem eigenen Vermögen, denn sie entrüstet sich über einen Journalisten, der es gewagt hat, die Bevölkerung zu informieren, dass diese Palmenpflanzerei „den Staat 60.000 Drachmen koste", dabei koste es nur einen Zehntel und alles „aus unserer Schatulle!" Dazu komme, dass diese Bäume die Stadt ungemein verschönern und allen Menschen noch lange Zeit Schatten spenden würden. „Warum nicht für etwas Geld ausgeben, das noch Jahrhunderte die Menschen erfreuen wird," denkt die Königin langfristig. Und, „die Arbeit, der Transport, wir geben den armen Leuten damit etwas zu verdienen", das Geld bleibe doch so im Lande. Sie lässt sich jedenfalls nicht beirren, auch Rückschläge entmutigen sie nicht. In extrem heißen Sommern vertrocknen die Pflanzen, unerwartete Fröste wie im Jahr 1850 lassen viele südliche Gewächse eingehen. Heftige Stürme, wie derjenige im Oktober 1852, entwurzeln viele der großen Bäume, sintflutartige Regengüsse schwemmen frisch Gepflanztes weg. Amalie: „Mein Garten sah trostlos aus. Außer den 50 Arbeitern hatte ich alle diese Tage 25 Matrosen, die mit Flaschenzügen die Bäume wieder aufzogen." Sie macht immer weiter. „Ich lache alle Zweifler aus, die am Fortkommen meines Kunststücks bedenklich die Köpfe schütteln!" Bezüglich Starrsinn und Unbeweglichkeit nimmt sie es mit ihrem Otto auf.

Endlich ist Amalies Parkanlage so dicht begrünt, dass sie ihrem Vater 1851 stolz berichten kann, sie sei hoch zu Pferd während mehrerer Stunden unentdeckt darin herumgeritten. Acht Jahre später, als die Schwedin Fredrika Bremer Athen besucht, schwärmt sie von der Oase neben dem ihrer Meinung nach unansehnlichen Palast. Der Park sei außerordentlich grün, mit vielen Bäumen, Büschen und Blumen. Es gebe Palmen, Föhren, Pinien, Zypressen, blühendes Buschwerk aus Japan und Amerika, tausende Orangen- und Zitronenbäume, Rosen. Dann plätschere überall Wasser, es gebe kleine Wiesen, Bänke zum Ausruhen, antike Mosaiken und Säulen, Grotten. Es gefiel ihr dort außerordentlich.

Noch heute wirkt der terrassierte Park durch seine abwechslungsreiche Unterteilung mit den Bosketten, Laubengängen, Hainen, kleinen Wiesen, Teichen und Bächen grösser als er ist. Verschiedene Blickachsen mit immer neuen Aussichten verstärken diesen Eindruck. Bedenkt man, wie das Gelände in den 1830er Jahren ausgesehen hat, nämlich wüstenhaft kahl und baumlos, kann man dem Ergebnis der Arbeit der Königin nur Anerkennung zollen. Amalies beharrlichem Gestaltungswillen, ihrer unerschütterlichen Begeisterung und ihrem Mut verdankt Athen heute eine ihrer wichtigsten grünen Lungen (Abb. 18; S. 114). Aber die Stadt verdankt es ihr nicht: Vergessen ist, dass es Griechenlands erste Königin war, die den Park schuf, er heißt nun „Nationalgarten".

Die Königin kümmerte sich auch um die übrige Begrünung der Stadt Athen und ließ entlang der wichtigen Straßen und Plätze Alleen pflanzen, auch die Wiederbewaldung des Lykabettos-Hügels hinter dem Palast ist ihr Werk. Diese Aktivitäten begeisterten die Athener nur mäßig. Die Bodenpreise waren derart in die Höhe geschossen, dass es lukrativer war zu bauen, wo man nur konnte. Für „nutzlose" Grünflächen wollte man keinen Quadratmeter hergeben.

Neben Parkanlagen und Alleen förderte Amalie auch einen palasteigenen Viehzuchtbetrieb mit Schweinen, Geflügel, Kälbern und Rehen für die königliche Tafel. Dort wurde auch die in Griechenland bis anhin unbekannte Butterproduktion aus Kuhmilch eingeführt. Butter hatte sich die Königin bis anhin aus Oldenburg schicken lassen müssen. Schafbutter war nur während zwei Monaten im Winter erhältlich; laut Christiane Lüth schmeckte sie abscheulich.

Abgesehen vom Schlosspark wirkte Amalie auch als Bauherrin eines entzückenden Lustschlösschens bei Pyrgos, rund acht Kilometer nördlich von Athen. 1848, als erst ein Gutshof steht und das Schlösschen noch nicht gebaut ist, bezeichnet Frau von Plüskow das Anwesen als Amalienhof. Später wird Amalie es Eptalofos nennen, also Siebenhügel, in Anlehnung an die sieben Hügel von Konstantinopel. Heute heißt es Pyrgos Vasilissis (Turm der Königin). Im Dezember 1852 beschreibt sie es ihrem Vater zum ersten Mal. „Wenn ich galoppiere, erreiche ich den wunderschönen Ort in einer halben Stunde, wenn ich es gemütlicher nehme, in einer Stunde." 1854, nach dem Tod ihres Vaters, wird es fertiggestellt. Das mit neogotischen Architekturversatzstücken dekorierte, architektonisch möglicherweise dem bayerischen Hohenschwangau nachempfundene Gebäude drückt vielleicht Amalies unausgesprochenes Missfallen am Athener Schloss aus, dessen kasernenartiges Aussehen in krassem Gegensatz zum verspielten Schlösschen steht. Es bricht auch mit dem klassizistischen Kanon, der in „Neu-Athen" damals herrschte, und wirkt in der kargen griechischen Landschaft noch heute eigentümlich deplatziert (Abb. 19; S. 115).

Ihm angegliedert war ein Hof mit Kühen und Merinoschafen, Enten, Hühnern, Gänsen, Perl- und Truthühnern – ein Landwirtschaftsbetrieb, der moderne Produktionsverfahren in Griechenland einführen sollte. Das 116 Hektar große Gelände diente der Königin als Sommerfrische, Rückzugsort und landwirtschaftliches Experimentierfeld. Wirklich wohnen konnte man in dem äußerst kostbar mit viel Holz und Malereien in Blau und Gold ausgestatteten Schlösschen allerdings nicht, es fehlten Wirtschaftsräume (Abb. 20; S. 115).

Für all diese Grünprojekte brauchte Amalie einen botanischen Garten mit einer Versuchsbaumschule, wo auch Setzlinge gezogen und Samen gesammelt werden konnten. Er entstand auf ihr Betreiben hin etwas außerhalb der Stadt, auf dem ehemals osmanischen Landsitz Haseki, der nach der Befreiung Griechenlands an den neuen Staat gefallen war. Die hier gezogenen Pflanzen wurden verschenkt oder zu einem geringen Preis verkauft. Allein zur Begrünung öffentlicher Plätze gingen in den 1840er-Jahren 300 Bäume nach Kythnos, 400 nach Kymi, 600 nach dem Piräus und 3.250 nach Athen. Aber auch Anbauversuche zum Beispiel mit Kartoffeln, mit verschiedenen Olivenarten und Obstbäumen standen auf dem Programm. Amalie ließ hier auch das erste Gewächshaus Griechenlands errichten, ein imposantes, kleinfenstriges Glashaus mit Eisengerüst und einem Heißwasser-Heizsystem. Es steht noch heute und wird von den Studierenden der nahen Universität für botanische Versuchsreihen genutzt (Abb. 21; S. 114).

Die Griechen konnten die Taten ihrer ersten Königin weder anerkennen noch wirklich würdigen, zu groß waren ihre Ressentiments gegenüber der verhassten „Bavarokratia“. Der königliche Park birgt bis auf eine unscheinbare und gut verborgene Tafel nicht den geringsten Hinweis auf seine Schöpferin. Gleichwohl lieben ihn die Athener als Oase der Ruhe und Ort der Erholung vom Lärm und Gestank der Metropole. Und er lebt, was angesichts der Versuche, das Gelände gewinnbringend zu überbauen, fast an ein kleines Wunder grenzt.

Christiane – Pfarrfrau in der Fremde

Von Dänemark nach Griechenland

„Die Griechen – ein Volk mit unzerstörbarer Aura."

Über Christiane Fischers Kindheit und Jugend ist kaum etwas bekannt. Sie wurde am 21. Juni 1817 im dänischen Waldemarslund (Gurre, Nordsjaelland) als viertes von acht Kindern geboren, war also ein Jahr älter als Königin Amalie. Aus ihren Schriften kennen wir vier jüngere Schwestern mit Namen: Johanne (Hanne), Sophie, Henriette und Clara. Ihr früh verstorbener Vater Henrik Fischer war Oberförster in Waldemarslund, die Familie zog nach seinem Tod nach Fredensborg. Über Christianes Erziehung wissen wir nichts. Es scheint, dass sie eine gute Ausbildung genossen hat. Sie kannte sich in der antiken Mythologie aus, sie schrieb gerne, sprach außer Dänisch auch Deutsch, konnte in Grundzügen Lateinisch, spielte Klavier, war vielseitig interessiert und reiste gerne. Später, in Athen, wird sie rasch Neugriechisch und Französisch lernen. Sie bereute stets, nicht zeichnen und malen zu können. Natürlich wurden Christiane alle nötigen Fertigkeiten beigebracht, um einen Haushalt zu führen: Kochen und Nähen – wie es für eine bürgerliche Frau damals üblich war. Für die Gewänder ihres Mannes wird sie später die Hilfe eines Schneiders in Anspruch nehmen.

Ein Bild, das ihr veröffentlichtes Tagebuch ziert, zeigt die Büste einer zierlichen Blondine mit aufwändiger Turmfrisur, Mittelscheitel und Seitenlocken (Abb. 22). An ihren Ohren hängen gut sichtbare Ohrclips, die runden, weißen Schultern sind unbedeckt, das dunkle Kleid ist tief ausgeschnitten und hat bauschige Ärmel. Ihre Mandelaugen könnten leicht vorstehend sein, ihr Mund lächelt vage, sie scheint eher dünnlippig, wirkt gelassen freundlich und – wenn nicht alles täuscht – ein wenig spitzbübisch? Eine spätere Daguerreotypie aus dem Tagebuch ihrer Schwester Hanne, um 1847 in Athen vom französischen Fotografen Philibert Perraud aufgenommen, zeigt die ganze Familie Lüth im Festtagsgewand (Abb. 23). Christiane sitzt an einem Tischchen, daneben steht, von ihrem weiten Rock halb verdeckt, ihr Söhnchen Nikolaki; ebenfalls am Tisch ihr Mann Asmus, neben ihm Tochter Damaris; ihre Schwester Hanne, die mit nach Athen gereist war, steht im Hintergrund. Niemand lächelt, was aber für diese frühen Aufnahmen wohl so üblich ist: Die langen Belichtungszeiten erlauben keine anstrengende Mimik. Die beiden Frauen tragen großzügig schulterfreie, kurzärmlige Kleider mit kurzen, feinen, hellen Spitzencapes; ihr Haar ist streng gescheitelt, dünne Seitenlocken umrahmen das Gesicht. Christiane, 30 Jahre alt, blickt nun etwas verhärmt und gelangweilt in die Kamera, als hoffe sie, dass die Sitzung bald vorüber sei, als habe sie Wichtigeres zu tun. Sie wirkt eher streng, eine Schönheit ist sie nicht, mit dem früheren Porträt hat sie wenig Ähnlichkeit.

In ihrem Tagebuch berichtet Christiane, wie sie ihren zukünftigen Ehemann kennen gelernt hat: Es war auf dem Landgut eines

Abb. 22: Christiane Lüth. Das Porträt ziert die dänische Ausgabe ihres Tagebuchs, das 1926 in Kopenhagen erschienen ist. Es zeigt eine junge, blonde Frau mit hoher Turmfrisur, in einem dunklen, gegürteten Kleid und bis auf die beiden Ohrgehänge ohne Schmuck. Ihr Gesichtsausdruck pendelt zwischen Pfiffigkeit und Arroganz. (Daguerreotypie o.J.)

vermögenden Grundbesitzers in der Nähe von Lübeck; Christiane war die Erzieherin seiner Mädchen, während Asmus Heinrich Friedrich Lüth die vier Knaben unterrichtete. Wieweit die Verbindung, wie damals üblich, arrangiert war, wissen wir nicht. Von Liebe ist jedenfalls in allen hinterlassenen Schriften Christianes nie die Rede. Am 22. September 1838 heiratete sie den Theologen und Doktor der Philosophie aus Holstein und zog mit ihm – wie es scheint nur ungern – nach Neuenbrook, das in einer ärmlichen, sumpfig-feuchten Gegend lag, wo man Plattdeutsch sprach, was Christiane nicht verstand. Sie hätte es lieber gesehen, wenn ihr Mann in ihrer Heimat Dänemark eine Stelle gefunden hätte. Den trostlosen Winter verbrachte sie mit dem Lesen der „Deutschen Klassiker", die ihr Lüth zur Verlobung geschenkt hatte. Schon im nächsten Jahr, Christiane ist 22 Jahre alt, erhält Lüth ein Angebot aus Oldenburg: Er soll Hofprediger und Beichtvater von Königin Amalie in Athen werden. Er zögert nicht und nimmt die ehrenvolle Stelle an.

Griechenland ist für Christiane keine unbekannte Größe. Sie schreibt, dass der mutige Kampf der Griechen gegen das osmanische Joch sie schon als Kind fasziniert habe. Ihre Großmutter habe ihr

Abb. 23: Die ganze Familie Lüth samt Schwester Hanne (stehend) im Sonntagsstaat. (Daguerreotypie, Athen um 1847)

im Kinderzimmer aus den Zeitungen über den Fortgang der Kämpfe vorgelesen. Diese Berichte und das Wissen um den Glanz des alten Hellas' hätten dem fernen Land eine durchaus verlockende Aura verliehen, „die nichts trüben konnte". Die Grundstimmung, die Christiane empfunden haben muss, als der Entscheid für die Entsendung ihres Mannes an den Hof von Athen gefallen war, dürfte also positiv gewesen sein. Sie nimmt sich auch vor, „sich ganz nach den Gepflogenheiten des Landes richten" zu wollen; es habe zum Beispiel keinen Sinn, im Ausland seine heimischen Gerichte essen zu wollen; man müsse der Sitte folgen.

Über Hamburg, Dresden, Prag und Wien reist das Paar südwärts, meist mit einer Kutsche, kurze Stecken aber bereits mit der Eisenbahn, so von Leipzig nach Dresden.

Der positiven Einstellung folgen bald auch leichte Zweifel und Unsicherheiten. „Hinter uns liegt das Vertraute und vor uns das Unbekannte, das Fremde, von dem wir nicht wissen, wie es uns empfangen wird", beschreibt Christiane ihre gemischten Gefühle auf dem Dampfschiff, das sie im September 1839 nach dem Piräus bringt. Sie ist im sechsten Monat schwanger. Von ihrem Naturell her ist die junge Frau aber neugierig, flexibel und bereit, sich auf Neues einzulassen, während Lüth sich als anspruchsvoller Ehemann, als uneinsichtiger und wenig feinfühliger Partner entpuppt, der keine Lust hat, sich anzupassen, geschweige denn, seine junge Frau dabei zu unterstützen. Sie nimmt es gelassen, erweist sich bisweilen ihm, den sie im Tagebuch nie bei seinem Vornamen nennt, als überlegen, amüsiert sich gar über seinen Dünkel. Zum Beispiel im Hafen von Patras: Lüth als Theologe war selbstverständlich des Lateinischen und Altgriechischen mächtig. Leicht ironisch erzählt Christiane von seinen ersten Versuchen, sich mit den Griechen zu unterhalten. Als ihn niemand verstehen wollte, wandte er sich wütend von den Ignoranten ab, die glaubten, Griechisch zu sprechen, ihn aber nicht verstanden! Dieser erste Eindruck seiner neuen Heimat scheint Lüth geprägt zu haben. Mit Griechenland wird er sich nie wirklich anfreunden können.

Über Amalie und den königlichen Hof, den neuen Wirkungsort des Pastors, wusste das junge Paar so gut wie nichts. Man hatte ihnen lediglich gesagt, die Königin sei sehr fromm und benötige einen persönlichen Geistlichen.

Ankunft in Athen

„Kein Hauch von einer Hauptstadt!"

Die Ankunft im Hafen Piräus beschreibt Christiane nach dem ersten Schock als recht malerisch. Trotz ihrer jugendlichen Unerfahrenheit und einem Gefühl von Verzweiflung lässt sie sich nicht gehen, sondern schaut sich um: „Ich war zwar kurz davor, in Tränen auszubrechen, als mir bewusst wurde, dass meine Heimat so weit weg und so ganz anders war, als all das, was ich hier ringsherum sah. Aber es war da überhaupt keine Zeit für solche Sentimentalitäten!"

Ihr Dampfschiff ist sofort umringt von Booten junger Männer, deren schneeweiße Zähne aus den sonnenverbrannten Gesichtern blitzen. Sie schaffen das Gepäck an Land, wo die Lüths von einer lauten Menge und viel Geschrei empfangen werden. Hoteliers preisen ihre Häuser an, Privatpersonen ihre Zimmer, Kutscher ihre Fahrzeuge. Sie wählen den bestangezogenen Hotelangestellten; 10 Drachmen will der Kutscher für das Paar und Hanne sowie das Gepäck. Christiane notiert sich den Preis; sie wird von nun an für den Haushalt verantwortlich sein und bald wissen müssen, was wie viel kostet. Der Weg nach Athen führt durch weite Olivenhaine, sie passieren die antike Stadtmauer, kommen am Tempel des Theseus vorbei (heute: Hephaistion) und rollen über die Hauptstraße Odo Ermou ins Zentrum. Hier macht sich bei Christiane leise Enttäuschung breit: „Entlang der Straße, die immer schlechter wurde, kleine Häuser ohne die geringste Besonderheit, gar nichts von einer Hauptstadt, nur viele Menschen." Die Lüths beziehen ein Appartement im Hôtel de Londres, wo sie vorerst bleiben, bis sie eine eigene Wohnung gefunden haben.

Pastor Lüth macht alsbald seinen Antrittsbesuch am Hof. Christiane berichtet von seinen ersten Eindrücken: „Er ist entzückt!" Amalie sei schön und liebenswürdig. Christiane aber meint schnippisch, dass es als Königin keine Kunst sei, diese Qualitäten aufzuweisen. „Ein schönes Kleid, das einem steht, ein Lächeln und ein paar freundliche Worte – damit gewinnst du alle Herzen!" Es kündigt sich an, dass Christiane kein gutes Verhältnis zur Königin aufbauen wird. Sie kritisiert später, dass Amalie ein zu offenes Ohr für den Hofklatsch habe, das gehöre sich nicht für jemanden in ihrer Position, aber gerade das mache ihr am meisten Spaß. Christianes Vorbehalte gegenüber der Königin sind vielleicht in der Tatsache begründet, dass ihr Mann als persönlicher Geistlicher ein recht enges Verhältnis zu ihr entwickeln wird. Spielt da möglicherweise etwas wie Eifersucht mit? Jedenfalls hat Lüth durch seine Arbeit Zugang zum Innersten des Hofes, was Christiane verwehrt ist.

Nach einer Woche im Hôtel de Londres finden die Lüths mit Hilfe von Frau von Nordenflycht eine eigene Bleibe. Die Hofdame schreibt: „Ich bin sehr bemüht, den Ankömmlingen eine gute und billige Wohnung zu verschaffen. Überhaupt möchte ich ihnen gern über die Schwierigkeiten weghelfen, die sich den Fremden hier zu Anfang aufdrängen und sie leicht verstimmen. Heute Abend werde ich das Ehepaar und die Schwester der Pastorsfrau bei mir sehen, um sie mit anderen Familien bekannt zu machen; hoffentlich gefallen sich die jungen Frauen gegenseitig, und dann werden die hier schon Eingebürgerten der neuen Athenerin wohl mit gutem Rat zur Einrichtung der kleinen Wirtschaft zu Hilfe kommen. Am schwersten wird es sein, für sie gute Dienstmädchen zu finden. Die Griechinnen verstehen nichts vom Hausdienst, deutsche Mädchen aber sind selten und arten leicht aus. So kann hier ein Mädchen nicht allein auf der Straße gehen; sie muss einen zuverlässigen schützenden Begleiter haben. Nun, ist sie hübsch und angenehm, so wird aus dem Schutzgeist bald ein Courmacher ..."

Für den Aufenthalt im Hotel verrechnet ihnen der Hotelier 300 Drachmen, was Christiane sehr teuer findet. Ihr neues Heim befindet sich diagonal gegenüber der Königsresidenz; sie werden dort nur ein Jahr wohnen.

Die erste Zeit war für die junge, unerfahrene Ehefrau sicher sehr schwierig, zumal sie schwanger war. Es galt einen Haushalt aufzubauen in einem Land, dessen Sprache, Sitten und Gebräuche ihr völlig fremd waren. Eine große Hilfe, physisch wie psychisch, war für Christiane nicht ihr Mann, sondern ihre etwas jüngere Schwester Hanne. Die beiden Frauen mussten herausfinden, welche Dinge – Lebensmittel wie Haushaltgegenstände – man in Athen wo und zu welchem Preis

Abb. 24: Straßenszene in Athen um 1860. Der orientalische Bazar, ein Überbleibsel aus der osmanischen Zeit, galt bei den europäischen Immigranten als schmutzig und ungesund.

kaufen konnte (Abb. 24). Humorvoll erzählt Christiane, wie sie zu Beginn ständig übers Ohr gehauen wurden, bis ein Angestellter des Hofes mit ihnen einkaufen ging. Was allerdings zur Folge hatte, dass die Preise noch einmal stiegen, weil die Händler glaubten, der Hof bezahle.

Christiane und Hanne lernten rasch Neugriechisch, vor allem Zahlen, Masse und Gewichte. „Wir mussten zu Beginn all unseren Mut zusammennehmen, um auf dem Markt einkaufen zu gehen." Erst später lesen wir, dass auch Lüth Einkäufe machte, in Griechenland traditionell sowieso eher Aufgabe der Männer oder der Angestellten. Er war spezialisiert auf „Leckerbissen" wie zum Beispiel einen Wildschweinkopf oder unbekanntes Geflügel, was die Frauen nicht zu kochen wussten. Christiane musste ihn bitten, nichts Überraschendes mehr einzukaufen, weder Geschenke noch irgendeinen

Hund oder Hasen. Immerhin organisierte er bald eine Koch- und Haushalthilfe, den Griechen Gregoris, denn die Familie wuchs rasch. Schon am 16. Dezember 1839 kam Tochter Damaris zur Welt. „Natürlich hätte Lüth lieber einen Jungen gehabt. Die armen Töchter! Nie sind sie willkommen", kommentiert Christiane die Reaktion ihres Mannes. Patin wurde die Königin Amalie, die es nie versäumen wird, Damaris zu beschenken. So wurden an Weihnachten 1842 „zwölf feine Leinenblusen, zwölf Paar Strümpfe, Stoff für zwei Kleider und guter Flanell für Unterwäsche" aus dem Palast überbracht, ein Jahr später folgten eine Puppe und Silberbesteck.

Eine Italienerin kam als weitere Haushalthilfe ins Haus, Christiane unterhielt sich mit ihr auf Französisch. Schwierig sei es gewesen, eine Amme für Damaris aufzutreiben. Die Griechinnen würden früh heiraten und bräuchten dann nicht mehr auswärts zu arbeiten. Schließlich fand sie eine Einheimische, deren Mann in der russischen Botschaft arbeitete. Sie war teuer, und Lüths konnten sie sich nur leisten, weil die Königin bezahlte. Die Amme hatte selber drei Kinder und wollte das Kleinste mit zur Arbeit nehmen. Bald nahm sie auch das mittlere mit, weil es nicht allein zu Haus bleiben könne. „Und alle müssen verköstigt werden", beschwert sich Christiane. Aber es wurde noch schlimmer: „Nach einem Monat wollte sie auch mit ihrem Ältesten bei uns übernachten. Und Lüth erlaubte ihnen alles. Unser Haus wurde zu ihrem Haus! Das Chaos herrschte, und der Koch kochte nur noch, was die Amme wollte." Es sei eine sehr schwierige Zeit für sie gewesen, schreibt Christiane im Nachhinein, und sie schwor sich, das nächste Kind selber zu stillen. Nikolaos kam ein Jahr später zur Welt, am 13. Dezember 1840, er war ein dicker, gesunder Junge. Für die Taufe schenkte ihm die Königin einen Silberbecher. Das zweite Mädchen, Jutta, wurde am 11. Juni 1843 frühzeitig geboren. Es war „ein schwächliches Wesen, es scheint nicht viel Leben in sich zu haben", notiert Christiane traurig. Es reichte ihm nur für ein Jahr. Der 1847 geborene Sohn Dionysios lebte immerhin drei Jahre. Bei seiner Taufe beklagt sich Christiane: „Alle, die kamen, uns zu beglückwünschen, waren Griechen. Von den Deutschen erwies uns niemand die Ehre, obwohl wir sie alle eingeladen hatten." Was da wohl dahinter steckte? Christiane konnte recht boshaft sein. Über Frau Riedel, deren Mann königlicher Gartenarchitekt war, schreibt sie in ihrem Tagebuch: „Die Riedels erschienen zum Neujahrsbesuch in ihrem besten Staat, aber so geschmacklos angezogen. Sie trug ein Kleid aus dicker, brauner Seide, das ihr zu eng war. Darüber hatte sie einen schwarzseidenen Mantel geworfen, der ihr von den Schultern hing. Dazu trug sie eine schwarze Haube aus Atlas, geschmückt mit einer knallroten Feder und einer ebenso roten Kordel. Ihre Strümpfe waren dann griechisch mit braunen und weißen Fransen, dazu breitgetretene Schuhe mit Absätzen! Sie glich einem Pfau!" Möglicherweise machte Christiane aus ihren Meinungen auch öffentlich kein Hehl, was sicher nicht überall goutiert wurde.

Zu den Pflichten einer Pfarrfrau gehörten Einladungen. Christiane servierte dann üppige Mahlzeiten wie zum Beispiel: Suppe – Koteletts mit Salat – Makkaroniauflauf – Pute mit Kartoffeln oder gefüllter Hase – Quittenmus – Käse – Mandeln mit Maulbeeren und Honig, Joghurt – eine Platte mit Granatapfelkernen in der Mitte, darum herum Aprikosen, Pfirsiche und rote, gelbe wie grüne Trauben. „Das machte Eindruck", berichtet sie stolz.

Pfarrer Lüth hatte mit seiner Anstellung bei der Königin vermutlich einen anständigen, wenn auch keinen großartigen Lohn. Der Haushalt war nicht auf Rosen gebettet, und Christiane musste sparsam wirtschaften. Sie kannte mit der Zeit die Preise genau und regte sich auf, wenn ihr Mann etwas überzahlte oder leichtsinnig Geld ausgab. Vor allem seine teuren, aber oft erfolglosen Jagdausflüge waren ihr ein Dorn im Auge.

Alltag im Pfarrhaus

„Solche Forschungen finde ich hochinteressant."

Abends wurde im Haushalt der Lüths gerne laut vorgelesen und diskutiert, zum Beispiel über François-René Chateaubriands „Geist des Christentums". Dieser Bestseller der französischen Romantik war 1844 gerade erst ins Deutsche übersetzt worden, also brandneu. Ein anderes Mal waren Texte von Wilhelm Hauff an der Reihe. Christiane fand sie selber sehr gut, aber sie war mit dem Schriftsteller nicht einverstanden, wenn er behauptete, Goethe sei vom Christentum stärker beeinflusst als Schiller. Lüth erboste das, „und er schickte mich zu Bett". Anderntags behauptete er, das Gedicht Schillers „Die Götter Griechenlands" sei unchristlich. Christiane fragt sich in ihrem Tagebuch, welcher der beiden wohl eher die Jugend vergifte, Schiller mit diesem Gedicht oder Goethe mit seinem „Wilhelm Meister"?

Christiane las gern und viel, neben Zeitungen – ausländischen wie griechischen – christliche Literatur und anderes. Kannte sie gar die emanzipatorischen Schriften der Ida Hahn-Hahn und traf diese in Athen? Jedenfalls schreibt sie einmal bei einem Besuch über die verlobte Tochter des Hauses: „Beim Anblick der jungen Frau fiel mir die Bemerkung von Ida Hahn-Hahn ein: Man könne leicht die Fähigkeiten einer Hausfrau an der Art und Weise erkennen, wie diese ihre Ellbogen bewege. Und dieses Mädchen bewegt seine Ellbogen sehr schnell!"

Die adlige Mecklenburgerin **Ida Hahn-Hahn** gehörte zu den wenigen Frauen des 19. Jahrhunderts, die sich als Reiseschriftstellerinnen einen Namen machen konnten. Sie war erfolgreich und beliebt, wurde aber als emanzipierte Frau auch heftig angegriffen. Dennoch standen ihr als Gräfin die großen Häuser Deutschlands offen. So besuchte sie 1843 in Oldenburg die Stiefmutter Amalies, die Großherzogin Cäcilie, die von Hahn-Hahns Reiseberichten begeistert war. Es ist nicht bekannt, ob sie auch deren frühe Romane gelesen hatte, in denen die Autorin dezidiert gesellschaftskritische und emanzipatorische Ansichten vertrat. Auch zum neuen Griechenland hatte Hahn-Hahn eine differenzierte und kluge Meinung.

Ida Hahn-Hahn reiste 1843 in den Orient. Im März 1844 traf sie aus Kairo kommend im Piräus ein. Aus ihren „Orientalischen Briefen" geht hervor, dass es ihr in Athen nicht gefallen hat. Sie traf keine Landsleute und scheint keine Audienz im Palast erhalten zu haben, der eigentlich adligen Reisenden fast immer offen stand. Allerdings erwähnt sie die traurigen Augen des Königs. Hat sie ihn also doch gesehen? Sie schreibt:

„Aus dem Licht der ungesitteten Welt trat ich in das Zwielicht europäischer Kultur- und Zivilisationsbestrebungen zurück, mit denen man von Anfang an das unglückselige Griechenland ruiniert hat. Ob es ein andres Schicksal verdient hätte? Tüchtige Menschen und tüchtige Völker machen sich ihr Schicksal so zurecht, wie sie es brauchen. Aber Griechenland hat wohl nie das gehabt, was es gebraucht hätte. Europa gefiel sich in einem ganz kindisch unüberlegten Enthusiasmus für die Befreiung des Landstrichs, den man jetzt Königreich Griechenland nennt, während Millionen von Griechen türkische Untertanen geblieben sind; und diesen kleinen Landstrich betrachtet Europa wie eine wilde Schöne, die man in einer Pension zur Bildung stutzen müsse, wofür sie sich bei ihren hohen Gönnern höchst dankbar zu zeigen, und willfährig den Gemahl anzunehmen habe, den sie ihr wählten. Dieser Gemahl ist der König Otto. Gott segne ihn! Seine traurigen Augen erzählen sein Schicksal: Er ist nicht glücklich und macht nicht glücklich. Kein europäischer Fürst könnte das! Ein Palikarenkönig griechischer Religion, eroberungslustig, mit eiserner Faust unumschränkt regierend – das wäre ein König für Griechenland – aber freilich keiner für Europa. So ein gewiss unbändiges Wesen in seiner Nachbarschaft zu haben, ist dem wohlerzogenen Europa mit seiner Schulmeisterdespotie ein Gräuel, denn es könnte seine Berechnungen über den Haufen werfen, und die Vorteile, worauf es sich spitzt, könnten ihm entgehen. Jetzt hat es die Formen seiner dem Verfall zueilenden Kultur auf Menschen, Sitten, Zustände, Ansichten geimpft, welche noch eine steigende Kultur gekannt haben; auf ein Volk, das roh ist wie die Deutschen vor vierhundert Jahren, geldgierig und eigensüchtig, wie man es wird durch lange Sklaverei, intelligent und intrigant, wie das nun einmal im griechischen Blut zu liegen scheint. Doch haben mir die Griechen keineswegs missfallen, im Gegenteil! Sie bestechen, weil sie schön aussehen, gut sprechen, die angeborenen guten

Manieren der Völker des Südens und überdies etwas Ritterliches im Benehmen gegen Frauen haben. Etwas ist allen griechischen Physiognomien eigen, nämlich zweifelnde Augen. Ich hatte gehört, sie sehen listig und lauernd aus – das fand ich selten. Ich glaube, man braucht ein halbes Leben, ehe man dem Griechen Vertrauen einflößt – eine natürliche Folge der byzantinischen Verderbtheit und der sklavischen Heuchelei, die sie treiben mussten.
Zwei schöne sonnige Morgen verbrachte ich zwischen den Tempeln der Akropolis, in denen eine Götterwelt nicht untergegangen, sondern verklärt ist. Adel und Weisheit bezeichnen den Charakter der griechischen Architektur. Sie hat nicht die unerhörte Majestät der ägyptischen, nicht den sehnsüchtigen Schwung der christlich-gotischen, nicht die verzaubernde Phantasie der arabischen; sie hat von dem allen das Nötige, aber zur höchsten Harmonie durch Weisheit abgeklärt, und ist daher der Vollendung am nächsten. So bauten edle Menschen für edle Götter; und das ist auch ganz naturgemäß: Edle Menschen haben immer edle Götter. (Stark gekürzt und adaptiert aus: Projekt Gutenberg-DE)

Die Pastorsfrau liest nicht nur gerne, sie schreibt selber. Ihr Tagebuch, ihre Briefe und Reiseberichte zeugen von einem wachen, gebildeten Geist, von einer aufmerksamen Beobachterin, die aber Unangenehmes durchaus unterschlagen kann. Die Trunksucht ihres Mannes beispielsweise, die sie sicher schwer belastete, findet all die Jahre keinen Niederschlag in ihren persönlichen Schriften. Christiane verfasst auch Gedichte, ist stolz auf ihre lyrischen Fähigkeiten und hart im Urteilen über Elaborate anderer. So übergab ihr ein Bayer einmal ein Gedicht, das sie in ihrem Tagebuch mit der Bemerkung abtut: „Einen größeren Blödsinn habe ich noch nie gehört. Ich bezweifle, dass irgendwer das lesen wird. Der Dichter hat auch die einfachsten Regeln der Metrik durcheinandergebracht!" 1847 schreibt sie in ihrem Tagebuch stolz, dass im dänischen „Borgervennen" („Freund des Bürgers") ein von ihr verfasstes Gedicht über einen Ausflug nach Korinth erschienen sei. Der Text blieb leider unauffindbar; es ist nicht ausgeschlossen, dass sie ihn unter einem Pseudonym publiziert hat.

Angeregt durch den deutschen Theologen und Handschriftenforscher Konstantin von Tischendorf, der 1844 Athen besuchte, entwickelten die Lüths ein Interesse für alte Manuskripte, und auch Christiane fing an, mit Begeisterung theologische Handschriften zu transkribieren und zu übersetzen, was für eine Frau der damaligen Zeit doch eher ungewöhnlich war. „Solche Forschungen finde ich hochinteressant", kommentiert sie in ihrem Tagebuch. Tischendorf, damals noch keine dreißig Jahre alt, scheint die zwei Jahre jüngere Christiane ziemlich beeindruckt zu haben. Mit ihm unterhält sie sich blendend. Er sei nicht nur sehr belesen, sondern auch sehr liebenswert und leutselig. Über alte Handschriften könne er ebenso gut diskutieren wie über weibliche Beschäftigungen, das sei eher selten für studierte Männer.

Tischendorf wurde auch auf Familienwanderungen mitgenommen. Er schenkte Christiane deswegen einen Hirtenstab, sie revanchierte sich mit einer antiken Münze, die auf der einen Seite die Göttin Athena und auf der anderen eine Eule zeigte. „Sie gefiel ihm sehr gut. Wir haben dann lange über Schellings Philosophie diskutiert, die ich nicht leiden kann, weil ich nichts von ihrem Geist verstehe. Er hingegen kann das. Wir sind aber übereingekommen, dass sie doch viel Geschwätz enthält."

Asmus Lüth liebte die Jagd, sie war sein bevorzugter Zeitvertreib, dem er allein oder in Gesellschaft nachging. Allerdings war dieses Vergnügen kostspielig. Ging er allein, musste er ein Pferd mieten, für eine Gesellschaft war ein Wagen nötig. Christiane beklagte sich häufig über diese Kosten, die offenbar in keinem Verhältnis zum Ertrag standen, denn oft hatte Lüth kein Jagdglück, oder er brachte Kleinwild nach Hause, das es billiger auf dem Markt zu kaufen gab. Nur widerwillig bereitete Christiane die Tiere zu. Es gab dann zum Beispiel Ente oder ein anderes Geflügel, gefüllten Hasen, als Beilage Pilaw oder neapolitanische Makkaroni, zum Dessert Früchte wie Aprikosen, Zwetschgen, Trauben oder hausgemachten Käse oder Joghurt mit Honig.

Eines Tages verabredet sich Lüth mit dem Philosophen Karl Gustav von Eckenbrecher und dessen ganzer Familie zu einem Jagdausflug. Christiane ärgert sich, weil sie dann in aller Frühe aufstehen muss. Familie von Eckenbrecher erscheint zum Frühstück, es ist noch dunkel, die Kinder rennen laut im Haus herum, der Philosoph erzählt die ganze Illias vor und zurück und seine Theorien zum hölzernen Pferd, er redet und redet. Mittlerweile ist die Sonne aufgegangen, „und alle Waldschnepfen und Hasen sind von weniger belesenen Jägern längst geschossen worden; wir dürfen dann noch alle Bücher wegräumen, die von Eckenbrecher gebraucht hat!"

Die beiden Schwestern, Christiane und Hanne, scheinen sich gut verstanden zu haben. Sie teilten sich den Haushalt, arbeiteten zuweilen hart, um den Patriarchen zufriedenzustellen, mokierten sich dann aber auch gerne gemeinsam über ihn. Oft schildert Christiane lustige Vorkommnisse in der Familie, mit den Kindern, den Haustieren. Einmal berichtet sie über verschwundene Weinflaschen: „Als Hanne heute in den Keller hinunterstieg, sah sie verwundert, dass schon wieder eine Flasche Wein fehlte. Dass die Mäuse Käse und Butter fressen, wenn wir weg sind, das verstehe ich ja, aber dass sie eine volle Flasche abtransportieren, das ist unmöglich. Wir haben die übrigen Flaschen heraufgeholt, um sie vor den Mäusen zu retten, die offenbar den Wein so lieben!" Vermutlich wusste die Hausherrin sehr wohl, wer die Flaschen hatte verschwinden lassen ...

Athen und die Dänen: Märchendichter und Architekten

„Alle Dänen sind gute, besonnene Menschen."

Christiane blieb mit ihrer Heimat Dänemark verbunden. Sie verfolgte die Politik, die Rangeleien um Schleswig-Holstein, den Zankapfel zwischen Deutschland und Dänemark, der schon zu kriegerischen Auseinandersetzungen zwischen diesen beiden Ländern geführt hatte. 1848, beim Tod des dänischen Königs Christian VIII., trauerte sie als treue Monarchistin aufrichtig. Vermutlich hielt sie auch öffentlich mit ihrer prodänischen Meinung nicht hinter dem Berg, was die ständigen kleinen Sticheleien der antidänischen Amalie erklären könnte, die Christiane verärgert kolportiert.

Athen zählte um 1840 rund 4.000 Fremde, ein knappes Viertel waren Bayern, die am Hof oder im Militär dienten; Dänen gab es nur sehr wenige. Die bekanntesten sind die Architektenbrüder Theophil und Hans Christian Hansen, die beide längere Zeit in Athen lebten, sowie der Märchendichter Hans Christian Andersen, der nur kurz in Griechenland weilte.

Die Brüder Hansen nahmen intensiv am Familienleben der Lüths teil; Hans Christian liebte vor allem die Kinder. Christiane bezeichnet ihn als einen „guten, besonnenen Menschen", als jemanden mit vielerlei Kenntnissen, der aber auch praktische Arbeiten erledigen konnte, „wie alle Dänen".

Die **Gebrüder Hansen**, Hans Christian (1803–1883) und Theophil (1813–1891), waren Architekten, die ihren klassizistischen Stil an der griechischen Antike orientierten. Sie lebten und arbeiteten zeitweise in Athen. Hans Christian restaurierte den Nike-Tempel auf der Akropolis und erbaute das Hauptgebäude der Athener Universität. Das Grabmal der Hofdame Julie von Nordenflycht – und vermutlich weitere Grabmäler – tragen seine Handschrift. Ob tatsächlich auch die erste anglikanische Kirche von ihm stammt, wie Christiane schreibt, darüber streitet die Forschung. Sein Bruder Theophil baute die Athener Sternwarte auf dem Nymphenhügel und einen weiteren Teil der Universität, die sogenannte Akademie. Beide waren als Dänen gern gesehene Gäste im Hause Lüth. König Otto schätzte sie als Architekten, während die Oldenburgerin Amalie sie als Dänen ablehnte. Allerdings musste sie zugeben, dass die neue Sternwarte, bezahlt vom vermögenden Auslandgriechen Georgios Sina, in der Tat „ein Schmuckstück" sei; sie vermied es aber, den Architekten namentlich zu nennen.

Auch Hans Christian Andersen empfingen die Lüths gerne. 1841 unternahm der Däne, für seine Märchen damals erst in seinem Heimatland bekannt, eine ausgedehnte Orientreise, die ihn bis nach Konstantinopel führen sollte. Athen erreichte er im März desselben Jahres, und selbstverständlich stattete er seinen Landsleuten mehrere Besuche ab. Eine Audienz bei Königin Amalie stand ebenfalls auf dem Programm.

Christiane schreibt über ihn: „Solang Andersen in Athen weilte, besuchte er uns oft. Sein Deutsch ist eine Katastrophe. Es ist offensichtlich, dass er nicht das geringste Sprachtalent hat. Man hat mich deshalb gebeten, einige seiner Märchen ins Deutsche zu übersetzen, und ich habe mich mit großem Eifer an die Arbeit gemacht. Es wurde aber nichts daraus. Lüth kam dazwischen und wollte die Übersetzungen selber machen. So blieb alles liegen. Andersen war amüsant und lachte viel. Er liebte die Kinder, vor allem Damaris hatte es ihm angetan. Für sie schnitt er Figuren aus Papier aus. Als er aber unserer schönen griechischen Amme ansichtig wurde, interessierte er sich plötzlich viel mehr für den kleinen Nikolaki. Eines Tages nahm Lüth den Dichter mit auf ein Volksfest. Dort gab es ganz viele schöne Griechinnen. Aber als jemand auf einem Kamel auftauchte, interessierte das Andersen doch viel mehr.

Am 2. April hatte er Geburtstag. Professor Ross lud ihn am Morgen zu sich nach Hause ein, wo einige Rhapsoden auf ihn warteten. Sie sangen in Begleitung einer Mandoline Lieder über den Freiheitskampf, Ross übersetzte. Am Abend ging das Geburtstagsfest bei uns weiter. Zwei Musiker spielten auf, und unsere kokette Amme und weitere junge Leute tanzten dazu. Am Schluss sang Andersen auch selbst, er hatte aber keine schöne Stimme.

Eines Tages machten wir einen Ausflug auf den Pentelikon, weil Andersen die Ebene von Marathon von oben sehen wollte. Aber beim ersten antiken Steinbruch machte er schlapp und wollte nicht mehr weiter; wir haben die Ebene also nicht gesehen. Kurz bevor er weiterreiste, wurde er doch noch von der Königin empfangen. Er wunderte sich sehr, dass sie keines seiner Werke kannte. Aber es gibt davon noch gar keine deutschen Übersetzungen, und Dänisch kann die Königin nicht. Sie fand ihn übrigens hässlich, allerdings strahle sein Gesicht etwas sehr Intelligentes aus.

Kurz vor der Abreise erschien der Dichter noch einmal bei uns und trug dabei einen hohen roten Fez mit blauer Quaste. Stolz stellte er sich vor den Spiegel und sagte: ‚Steht der mir nicht gut?' Ich verstehe ja, dass ein Mensch, der so großartige Märchen schreiben kann, mit sich selbst und mit Gott, der ihm diese Fähigkeit gegeben hat, zufrieden ist. Ich verstehe aber nicht, dass ein so hässlicher Mensch mit seinem Äußeren so zufrieden sein kann, dass er vor dem Spiegel stolziert. Er ist über alle Massen eitel. Und diese Eigenschaft hat ihn zum Ziel vieler Spötteleien gemacht."

Über seine Athener Erlebnisse berichtet der Dichter 1853 in „Griechenland und der Orient. Eine märchenhafte Reise": „Ich kam an meinem Geburtstag zu Professor Ross. Die Rhapsoden setzten sich, indem sie das linke Bein auf das rechte legten; der eine hatte seine venezianische Mandoline auf dem Schoss, der andere spielte die Violine. Beide waren in griechischer, blauer Kleidung und trugen einen roten Fez auf dem Kopf. Sie begannen mit einem Klagegesang, die Stimmen kreuzten sich eigentümlich, halb leise und klagend, es war, als weine eine ganze Nation. Es hatte etwas Erschütterndes, Herzergreifendes. Abends Nationaltänze bei Pfarrer Lüth. Die Tänzer waren aus dem Volke, die Rhapsoden ließen Mandoline und Violine erklingen. Das Kindermädchen im Hause, eine Griechin von Kea, die sehr hübsch war, hatte ihren besten Putz angelegt, der Turban stand ihr besonders gut zu dem dunklen Haar; sie begann mit zweien von den Männern einen in ihrer Heimat gebräuchlichen Tanz. Etwas Lieblicheres kann man nicht sehen."

Andersen äußert sich auch zum Königspaar: „Während meines hiesigen Aufenthaltes hatte ich die Ehre, dem König und der Königin vorgestellt zu werden. Die junge, höchst liebenswürdige Königin soll in ihrer Heimat Oldenburg zu weiblicher Genügsamkeit erzogen worden sein; zufrieden zog sie hier in das dürftige Schloss, und das Volk begrüßte sie mit Jubel und Freude. Es ist ein höchst bescheidenes Gebäude, welches der König bewohnt, ein mit einigen Sträuchern gezierter Rasenplatz erstreckt sich davor; hier zieht täglich die Hauptwache auf, mit Musik aus: „Die Stumme", „Scaramuccia" und „Elisir d'amore". Im Schloss sind die Zimmer klein, aber gemütlich. Der König in griechischer Tracht, die Königin in fränkischer Kleidung empfingen mich beide zugleich. Er sieht sehr jung, aber etwas blass und leidend aus. Die Königin ist jung und schön. Am meisten sprach sie von meiner bevorstehenden Reise nach Konstantinopel. Es ist kein Glück, in Griechenland zu herrschen. Wie viele Sorgen belasten nicht des Königs Herz für dieses Volk und Land! Ich liebe die Griechen nicht; die Türken gefallen mir weit besser, sie sind ehrlich und gutmütig."

Den von Christiane zuvor beschriebenen Ausflug sieht Andersen in einem etwas anderen Licht: „Bei schönem Wetter machten wir einen Ausflug nach den Marmorbrüchen des Pentelikon. Der Weg ging zwischen Gestrüpp und Sträuchern hindurch, wo einige Knaben Kühe und Schafe hüteten. Ringsum krochen große Schildkröten. Es war eine mühevolle Wanderung, immer aufwärts über große Steinblöcke, durch Gestrüpp und Dornen, aber den Rücken des Pentelikon mussten wir besteigen. Oben stand ein Hirte, er lehnte sich auf seinen langen Stab und sah hinab in das graue Tal. Es ist die Ebene von Marathon." Laut Christiane war der eitle Dichter aber gar nie auf dem Pentelikon gewesen ...

Athens Umgebung
„Diese herrliche Landschaft!“

War die Dänin zu Beginn ihres Aufenthalts in Griechenland von der Kargheit der sie umgebenden Natur enttäuscht, entdeckte sie mit der Zeit deren herbe Schönheit. Christiane war in einer überaus grünen Landschaft mit Wiesen und Wäldern, viel Nebel und Regen aufgewachsen, die zur griechischen Umwelt in starkem Gegensatz stand. Sie hatte erwartet, in den Süden zu kommen, in eine Art Dschungel, voll mit tropischen Gewächsen. „Ich lag aber völlig daneben. Der Hymettos zum Beispiel hat auf der Seite, wo man ihn von Athen aus sieht, überhaupt keine Vegetation. Die Felder sind völlig dürr, die Erde steinhart von der Hitze. Die Olivenhaine mit den verwachsenen, knorrigen Bäumen und ihren aschefarbigen Blättern bieten keinerlei Erfrischung, die Weingärten sind staubig. Was für ein hoffnungsloser Anblick!“ An all das müsse sich das Auge erst gewöhnen. Aber: Habe man einmal die Enttäuschung überwunden und interessiere sich für die Geschichte, die Vergangenheit des Landes, für die Altertümer und was davon noch zu sehen sei, dann gebe es, laut Christiane, viele schöne Dinge zu entdecken.

Die Familie Lüth unternahm ausgedehnte Wanderungen in die Umgebung Athens, erklomm dabei auch die umliegenden Berge und scheute sich nicht vor schweißtreibenden, wenn nicht gar gefährlichen Besteigungen. Wenn man bedenkt, welche Kleidung die Frauen dazu tragen mussten ...

Beliebt ist bei ihnen die Exkursion auf den Pentelikon, die sie sowohl mit dem Theologen Konstantin von Tischendorf als auch mit dem Dichter Hans Christian Andersen machen. Christiane ist begeistert: „Die Aussicht war sagenhaft! Die Bucht von Marathon, das tiefblaue Meer, die Insel Euböa, die Stadt Athen und die umgebenden Dörfer, der Piräus, die Bucht von Eleusis. Mit andern Worten: Noch nie habe ich einen derartigen Weitblick gehabt. Wir waren vollkommen alleine dort oben. Unter uns spielte ein Hirte melancholische Weisen auf seiner Flöte. Wie gehen mir die Griechen auf die Nerven, die es vorziehen, in der Stadt zu leben, sich in den Kafenions zu versammeln, um dort über Politik zu diskutieren, über den König und über das Land. Warum bleiben sie nicht auf diesen wunderbaren Hochebenen und bestellen die Erde zum Nutzen des Landes? Jeden Tag hätten sie diese herrliche Landschaft vor Augen!“

Familie Lüth und die Athener Gesellschaft

„Wir hatten Kontakt mit vielen Griechen."

Als Angestellte des Hofes gehörten die Lüths zur besseren Gesellschaft Athens, aber nicht zur Oberschicht. Nur gelegentlich wurden sie zu Hofbällen gebeten. Zu Anlässen von Irene Prokesch von Osten, die in Athen so etwas wie einen exklusiven Salon führte, waren sie nicht eingeladen; Anton Prokesch von Osten war Österreichs Botschafter in Athen, seine Frau stammte aus einer Musikerfamilie und spielte hervorragend Klavier.

Kontakte pflegten sie besonders zu anderen Protestanten, die meist aus Norddeutschland oder Dänemark stammten; man besuchte sich gegenseitig. Beziehungen zu Katholiken – also zu fast alle Bayern – waren hingegen eher spärlich, Mischehen immer problematisch. Das sollte die Familie Lüth am eigenen Leib erfahren. Hanne, die etwas jüngere Schwester Christianes, verliebte sich 1841 in den Privatsekretär des Königs, einen Friedrich Graf, an und für sich eine gute Partie. Aber: „Obwohl ein anständiger Mensch, war er katholisch", schreibt Christiane. Warum genau und wie die Sache auseinander ging, verschweigt sie. „Bald trennten sie sich, worunter Graf sehr litt." Über die Gefühle ihrer Schwester Hanne verliert Christiane kein Wort, gibt lediglich zu, dass es für diese eine schwierige Zeit gewesen sei. Hanne sollte nach ihrer Rückkehr nach Deutschland den dänischen Architekten Laurits Winstrup heiraten, den sie in Athen kennengelernt hatte.

Besser erging es dem protestantischen Kammermädchen der Königin, Henriette Duncker, das den katholischen Lakaien der Königin, Xaver Stenzer, heiraten wollte, laut Christiane ein „sehr schöner Mann". Das Mädchen bat Lüth, die Zeremonie durchzuführen. Sie habe alle nötigen Papiere den Katholiken gegenüber unterschrieben, dass also die Kinder katholisch getauft werden müssen, wolle aber selber nicht katholisch werden. Lüth weigerte sich und erklärte ihr, es sei ein Fehler, die Kinder in einem Glauben erziehen zu müssen, der einem nicht gefalle. „Der Wahn ist kurz, die Reue lang", zitierte er Schiller. Die arme Duncker hatte einfach getan, was der Hofpriester Arneth von ihr verlangt hatte, und ohne wirklich hinzusehen unterschrieben. Nun wusste sie nicht mehr, was tun. Schließlich bat die Königin selber Lüth, die protestantische Heiratszeremonie ausnahmsweise zu vollziehen. Lüth gehorchte, sagte aber zu seiner Frau Christiane, das sei das erste und letzte Mal gewesen!

Während für die Katholiken in der Stadt eine Kirche zur Verfügung stand, in denen zwei Priester amteten, besaßen die Protestanten – bis zur Ankunft Lüths 1839 – weder ein Gotteshaus noch einen regulären Pfarrer. Bevor im neuen Königspalast eine Kapelle errichtet wurde, hielt Lüth seine Predigten im achteckigen Thron- und Ballsaal; Zugang hatten allerdings nur Deutsche. Die anglikanischen Engländer versammelten sich erst in einem Privathaus, bauten aber schon 1843 ihre eigene Kirche St. Paul in der Nähe des neuen Königspalastes. Auf eine evangelische Kirche musste Athen bis in die 1870er-Jahre warten.

Die Kontakte zu einheimischen Griechen gestalteten sich vielfältig. So pflegten die Lüths gute Verbindungen zum Philosophieprofessor Filippos Ioannou (1796–1880). Ioannou hatte in München studiert und dort den jungen Otto und dessen älteren Bruder Maximilian in Neugriechisch unterrichtet. Später war er in Oldenburg auch Amalies Lehrer für Neugriechisch gewesen. 1839 wurde er an die neugegründete Universität Athen berufen, wo er Philosophie und Philologie las. Asmus Lüth diskutierte mit ihm theologische Fragen und besuchte hin und wieder seine Vorlesungen. Auch Frau von Nordenflycht lernte bei ihm Neugriechisch. Gar kein Verständnis brachte der Grieche Ioannou für den Lateinunterricht bei Kindern auf, was Christiane aber ausdrücklich befürwortete. Ioannou ging später in die Politik und agierte als Gegner von Premierminister Koletti. „Die Hauptquelle aller Übel in Griechenland ist die politische Unreife des Volkes sowie sein absolutes Streben nach politischen Freiheiten", soll er einmal gesagt haben.

Auch mit Theologen und Klerikern anderer Religionen tauschten sich die Lüths regelmäßig aus. So verkehrten in ihrem Haus der alte Konstantinos Oikonomos, gemäß Christiane „der weiseste", sowie Theoklitos Farmakidis, „der liberalste" unter den Klerikern. Letzterer gehörte zusammen mit dem Archimandriten Misail Apostolidis und Konstantinos Kontogonis zu den drei Theologieprofessoren der Universität Athen.

Unter den Protestanten zählten zu Lüths Bekannten der amerikanische Geistliche John Hill, der zusammen mit seiner Frau in Athen eine Mädchenschule leitete, die sich zum Ziel gesetzt hatte, griechische Lehrerinnen auszubilden, und der Theologe Henry Leeves. Über Leeves berichtet Christiane, dass er seine drei blonden Töchter zwar zu Hofbällen mitnahm: „Dort dürfen sie alle offenen Tänze mittanzen, sobald Walzer oder andere – geschlossene – Tänze an der Reihe sind, zieht er sie in eine Ecke, von wo sie bloß zusehen dürfen."

Kaum persönlichen Kontakt hatten die Lüths mit dem katholischen Klerus. Besonders Arneth, der persönliche Geistliche König Ottos, war ihnen nicht sympathisch.

Lüths beschäftigten von Anfang an auch griechische Bedienstete, in der Regel Männer, welche den Einkauf und die Küche besorgten. Griechinnen waren kaum bereit, für Deutsche zu arbeiten. Dass man als Frau gegen Geld in einem fremden Haushalt Dienst tat, war in der griechischen Gesellschaft nicht vorgesehen. Auch Männer wollten nicht alle Arbeiten erledigen. So weigerte sich das Faktotum Jannis, Kleider zu waschen. Erst als Christiane ihm versprach, es niemandem zu verraten, schloss er sich dafür in der Küche ein. Sich mit Kindern zu beschäftigen, war dann aber nicht unter seiner Würde. So durfte der kleine Nikolaki bei Jannis sogar im Bett schlafen, und dieser sang ihm Wiegenlieder vor. „Jannis war uns sehr ergeben, ein guter Hausmann und Angestellter“, schreibt Christiane, „das hinderte ihn aber nicht, sich gelegentlich über uns lustig zu machen.“ Später soll er sich eine Schafherde zugelegt haben und Hirte geworden sein.

Die orthodoxe Kirche

„Keine Spiritualität, nur religiöse Zeremonien.“

Für Katholiken und Protestanten barg die griechisch-orthodoxe Kirche etliches an Merkwürdigkeiten. Besonders erschüttert war Christiane von der Meinung der Griechisch-Orthodoxen, nur sie selbst seien Christen. Katholiken und Protestanten waren in deren Augen ebenso Heiden wie Muslime und Juden. Berührt war die Pastorsgattin vom orthodoxen Osterfest, mindestens teilweise. Es war und ist das herausragende Ereignis im orthodoxen Jahresablauf. Als Lüths 1842 in Athen an der Hauptstraße wohnten, konnten sie die Karfreitagsprozession vom Balkon aus beobachten. Christiane schreibt: „Zuerst kommt eine Militärmusik, die leise einen Trauermarsch spielt. Ihr folgt eine Truppe Infanterie, in deren Mitte die Popen das geschmückte Epitaph tragen. Weitere Popen halten brennende Kerzen, wieder andere einen gläsernen, geschmacklos verzierten Kasten mit der Wachsfigur Christi, gefolgt von der Menschenmenge. Die Prozession bewegt sich in Richtung zum königlichen Palast, wo die Majestäten heraustreten und sich verneigen, kehrt um und nimmt den Weg zur Kirche. Weil es nun in Athen mehrere Kirchen gibt, gibt es auch mehrere Prozessionen, jede hat ihr eigenes Epitaph. Die Prozessionen begegnen sich, und dann wird lauthals debattiert, wer den am schönsten geschmückten hat. In der Kirche geht die Liturgie die ganze Nacht durch weiter.“ Besonders berührt war Christiane vom Moment, als im Dunkeln alle Kerzen angezündet wurden und das Licht erstrahlte: „Das war das Schönste von allem.“ Weniger schön findet sie das Flintenballern während der Ostertage: „Je mehr Lärm, desto grösser die Ehre für den Hausherrn.“

Christiane fehlt an der Orthodoxie am meisten die innere Einkehr, die Besinnlichkeit, sie kann dieser Religion, die ihrer Ansicht nach viel auf Äußerlichkeiten gibt, nicht viel abgewinnen. In ihren Augen gibt es „keine Spiritualität, nur religiöse Zeremonien“. Als guter Christ gelte man, wenn man sich richtig bekreuzige, die

Ikonen aller Heiligen zusammen und jeden an seinem Feiertag getrennt anbete, wenn man richtig faste, die zahlreichen Feste einhalte und der Kirche etwas zum Unterhalt der Öllämpchen gebe, die niemals ausgehen." Sie bemüht sich aber nicht, die Orthodoxie besser zu verstehen, obwohl zum Bekanntenkreis der Familie auch Popen gehören, mit denen sie freundschaftlich verkehrt.

Als Protestantin kritisiert sie auch heftig die vielen frommen Volksbräuche und den omnipräsenten Aberglauben. Ein Beispiel: „Auf der Pnyx westlich der Akropolis gibt es einen Felsabhang. Nach einer alten Gewohnheit muss jedes Mädchen, das heiraten will, am Vorabend der Hochzeit über diesen Abhang rutschen, wobei sie unter dem Rock nicht viel trägt. Auf diese Weise soll sie viele Kinder bekommen." Und vom Hinunterrutschen sei dieser Felsen tatsächlich schon ganz glänzend. Über solche Bräuche kann Christiane nur den Kopf schütteln.

Pfarrer Asmus Lüth

„Ständig ist er unzufrieden!"

Über die Herkunft von Asmus Heinrich Friedrich Lüth (1806–1859) wissen wir kaum mehr, als dass er aus Holstein stammt. Er hatte offenbar, laut einer Bemerkung Amalies, einen Bruder. Seine Frau Christiane behauptet einmal in ihrem Tagebuch, er habe seine Laufbahn als Schweinehirt bei seinem Vater begonnen. Ob das stimmt, oder ob es einer ihrer üblichen Nadelstiche ist, wissen wir nicht. Jedenfalls studierte er Philosophie und Theologie in Jena und Leipzig, laut Christiane zusammen mit Kronprinz Maximilian von Wittelsbach, dem Bruder von König Otto. Lüth selber scheint keine persönlichen Zeugnisse hinterlassen zu haben. Die Bemerkung eines Reisenden, er sei Pastor und ein bekannter Dichter, muss auf einer Verwechslung beruhen; der Name Lüth ist in Norddeutschland häufig, und Christiane erwähnt nie, dass ihr Mann schriftstellerisch tätig gewesen wäre.

Das bereits erwähnte Familienbild mit Christiane, Hanne und den beiden Kindern aus dem Jahr 1847 zeigt den Pastor stolz und selbstbewusst an einem Tischchen sitzend, am linken Arm hängt seine ängstlich blickende Tochter Damaris (Abb. 25). Lüth trägt einen schwarzen Anzug und ein weißes Hemd mit Stehkragen, nicht sein amtliches Pastorenkleid, das heißt keinen langen schwarzen Talar mit weißer Halskrause. Sein Blick ist in die Ferne gerichtet, der Gesichtsausdruck selbstzufrieden. Die dunklen Haare sind links gescheitelt und scheinen rechts etwas herunterzuhängen. Es ist nicht klar, ob er einen Backenbart trägt oder nicht.

Abb. 25: Asmus Lüth, der Mann von Christiane Lüth. Er trägt ein dunkles Kleid und ein weißes Hemd mit Stehkragen. Etwas abwesend blickt er in die Ferne, ein verhaltenes Lächeln spielt um seinen Mund.

Da es in Athen zuerst nur griechisch-orthodoxe Kirchen und Kapellen gab, weder ein katholisches noch ein protestantisches Gotteshaus, und der neue Palast mit einer Kapelle noch im Bau war, hielt Lüth seine erste Predigt Anfang September 1839 im achteckigen Tanzsaal. In Ermangelung einer Orgel besorgte ein Harmonium die musikalische Umrahmung. Über Lüths ersten Auftritt schreibt Amalie ihrem Vater: Lüth habe eine klare, helle Stimme, seine Erscheinung gefalle. Ihr erster Eindruck war also durchaus positiv, Pfarrer Lüth machte da noch eine gute Figur. Ihre Bemerkungen über ihn werden jedoch bald skeptischer, und schon wenige Monate später wünscht sie sich einen anderen Seelsorger. Nun tönt es so: „Lüth ist faul. Seit sieben Wochen hat er keine einzige Predigt mehr gehalten. Er will noch mehr Gehalt, obwohl er schon einen Zuschlag erhalten hat. Er benimmt sich so ungeschickt. Ständig ist er unzufrieden!"

Nach den ersten Unterredungen konstatiert die Königin, dass ihr Seelsorger offenbar mit Vorurteilen gegenüber den Griechen und Griechenland angereist ist, und das sei schlimm, weil man dann sowieso nur überall Fehler sehe. Sie werde ihm das austreiben müssen. „Denn der Grieche, der viel schlauer ist als wir, merkt sofort, wenn wir eine schlechte Meinung von ihm haben."

Wenige Monate später schreibt sie ihrem Vater, dass ihr Pastor sich noch immer nicht an seinen neuen Wirkungsort habe gewöhnen können. Er sei eigensinnig, ihm fehle die für sein Amt unabdingbare Bescheidenheit; so habe er sich eine Visitenkarte mit einem bombastischen Titel drucken lassen. „Er kennt die Menschen hier nicht. Das wäre an und für sich nicht schlimm. Aber er ist völlig davon überzeugt, sie zu kennen." Seit seiner Ankunft vor rund einem halben Jahr habe Lüth erst zweimal gepredigt mit der Begründung, es würden ihm zu wenige Leute zuhören. „Mit einem solchen Benehmen wird er das Zutrauen der Menschen hier nie gewinnen."

Laut der Königin könne Lüth auch mit Geld nicht umgehen. Trotz seines guten Gehalts, das auch für eine große Familie reichen sollte – so glaubt sie wenigstens – komme er damit nicht zurecht. Er habe bereits hohe Schulden, kaufe dennoch kostbare Bücher, gehe mit der ganzen Familie auf weite Reisen, suche Rat bei teuren Ärzten, statt den hofeigenen, kostenlosen Doktor Bernhard Röser zu konsultieren. Amalie ist auch nicht gut auf die Frau des Pastors zu sprechen. Christiane sei keine gute Hausfrau, ihre Wohnung sei ärmlich und schmutzig. Ob das stimmt, ist ungewiss, denn Amalie kann das nicht aus eigener Anschauung festgestellt haben, sie war nie bei Lüths zu Hause. Es könnte ihr so zugetragen worden sein. Weiterhin behauptet sie ihrem Vater gegenüber, es gefalle Christiane überhaupt nicht in Griechenland und deshalb helfe sie ihrem Mann auch nicht. Weil sie eine schlechte Hausfrau sei, koche sie oft nicht, Lüth sei hungrig, und das sei schlecht für seine Gesundheit.

Im Jahr 1840 zieht die Pfarrersfamilie in die Ermou-Straße, in eine billige Erdgeschosswohnung, was als ungesund gilt. Lüth schert das nicht. Auf die Warnungen von Frau von Plüskow hin meint er nur „Ja und Amen“, mit anderen Worten: Soll sie reden, ihm ist es egal. Bald darauf wird Christiane schwer krank und muss wochenlang das Bett hüten.

Schon im Herbst des nächsten Jahres will Lüth mit der ganzen Familie nach Jerusalem reisen, ein teures und gefährliches Unterfangen, insbesondere weil das jüngste Kind, die zarte Jutta, erst zwei Monate alt ist. In Jaffa herrsche gerade die Pest, regt sich Amalie in ihrem Brief nach Oldenburg auf. Aus dem Plan wird aber nichts, die Lüths fahren nie nach Jerusalem.

Währenddessen sinkt die Qualität von Lüths Predigten. Laut Amalie seien sie „schauderhaft, gar unchristlich“. Er wiederhole sich, schreie einerseits herum und beschuldige die Menschen auf eine schreckliche Art und Weise, andererseits scheine er während der Predigt wie zu schlafen. Manchmal habe sie das Gefühl, er sei depressiv oder verrückt!

Im Sommer 1844 bangt die Königin um die Inauguration ihrer neuen Palastkapelle und hofft inständig, dass Lüth diese mit Würde hinter sich bringt, was ihm dann offenbar gelingt. Die Einweihung sei schön, feierlich und ganz zufriedenstellend verlaufen, schreibt sie erleichtert ihrem Vater. Auch Christiane findet das. Es seien nicht nur viele Protestanten, sondern auch viele Katholiken und Griechen erschienen, sogar der katholische König Otto habe der Feier beigewohnt. Ein kleines Harmonium sorgte für die musikalische Umrahmung, für die Gläubigen gab es Kirchenstühle, für das Königspaar eine Loge gegenüber dem Altar.

Aber gegen Ende dieses Jahres spitzt sich die Lage zu, und Amalie nennt erstmals das Problem Lüths beim Namen: Er trinkt. Einmal habe er völlig betrunken eine Messe gehalten! Die Situation wird schlimm, der Skandal zieht immer weitere Kreise. Amalie schämt sich für ihren Seelsorger und will ihn loswerden. „Es wäre besser, wenn jemand ihm gut zureden würde, dass das Klima im Norden besser für ihn wäre." Sie bittet ihren Vater, für Lüth eine Stelle im Herzogtum Oldenburg zu finden und ihr einen anderen Pastor zu schicken, einen wahren, herzlichen Christenmenschen, einen frommen Mann, überzeugt von seinem Glauben, einfach und mit klarem Kopf. „Er muss meine Seele nähren, mich erhöhen, mir Stärke geben, meine inneren Saiten der Frömmigkeit zum Klingen bringen." Der Großherzog hat aber gerade niemanden zur Hand. Es ist nicht einfach, einen Pastor zu finden, der bereit ist, für mehrere Jahre allein oder mit Frau und Kindern in das unruhige Griechenland zu ziehen. Auch im Norden ist man über die Probleme der jungen Monarchie, die Unruhen im Land informiert.

Lüth bleibt also, die Klagen Amalies wiederholen sich, sein Zustand wird schlimmer. Er ist oft „krank", was Amalie aber lieber ist, da er so keinen Unsinn predigen kann. Hofdoktor Röser meint, ganz im Sinne der Königin, der Pastor könne im Süden nicht gesund werden; er vertrage die Hitze nicht und müsse in den Norden zurück, „dort ist der Wein auch nicht so stark".

Offenbar hält Lüth auch die neue Schlosskapelle nicht in Ordnung. So berichtet Christiane einmal, dass sich während einer Sonntagspredigt ein Hund in den Raum geschlichen und den Pastor angebellt habe. Noch schlimmer sei es mit dem Gejaule geworden, als die Orgel einsetzte. Die Königin habe sich furchtbar aufgeregt, Hunde seien schmutzig und hätten in der Schlosskapelle nichts zu suchen. Das habe wiederum die Plüskow amüsiert, die meinte, Ratten und Mäuse seien schmutziger, und davon habe es in der Kapelle ja immer jede Menge!

Im November 1848 schreibt Amalie ihrem Vater erstmals Klartext: „Lüth hat wieder ‚delirium tremens'. Erlöse mich von diesem Skandal! Mich, die Pfarrgemeinde und die Kirche! Was sollen auch die Griechen denken?" Es bleibt rätselhaft, weshalb der Grossherzog auf die unzähligen Bitten um einen anderen Pfarrer nicht eingeht, und warum Amalie nicht selber die Initiative ergreift. Offenbar ist es ihr nicht möglich, ihn selber zu entlassen und einen Ersatz zu suchen. Bezieht Pfarrer Lüth sein Gehalt aus Oldenburg und nicht aus der griechischen Staatskasse?

Nur wenige Tage später hält Lüth wieder eine gute Predigt zum Thema „Reue", und Amalie wünscht sich, dass er seine eigenen Worte beherzige. Er habe seinem Arzt sein Ehrenwort gegeben, keinen Tropfen Wein mehr zu trinken, und sie hofft, dass er auch die Kraft hat, dieses Ehrenwort zu halten. Dennoch will sie ihn weg haben. In Oldenburg könne er sein Wort besser halten als hier.

Lüths gute Vorsätze halten dem Alltag nicht lange stand. Amalies Verzweiflung wächst mit jedem Brief, den sie ihrem Vater schreibt: „Wie ist es möglich, dass ich Gottes Wort mit Freude und Ergriffenheit lauschen soll, das aus dem Munde eines Mannes kommt, der durch seine Schuld in diesen Zustand geraten ist und die verrücktesten Dinge erzählt? Ich halte es nicht mehr aus, hab' Erbarmen! Als ich ihn letzten Sonntag vor dem Altar stehen sah, hat meine Seele revoltiert, ich musste mit mir selber kämpfen, um nicht zu explodieren. Ich halte sie nicht mehr aus, diese monotonen, schwammigen Predigten! Er zerstört sich selber. Er verliert das Gedächtnis, das Urteilsvermögen, alles. Gib ihm irgendwo eine kleine Gemeinde, damit er sofort von hier verschwindet!"

Lüth war darüber hinaus auch noch undankbar. Amalie schreibt Mitte 1850, dass König Otto dem Pastor für sein Dienstjubiläum von zehn Jahren – trotz seines Benehmens – das silberne Kreuz verliehen habe. Lüth habe aber ihr gegenüber kein Wort der Freude oder des Dankes geäußert.

1851 verschlimmert sich Lüths Zustand weiter. Amalie beschwört ihren Vater, fleht. „Der Retsina fließt in seinen Adern. In Deutschland gibt es keinen Retsina. Und das Elend betrifft ja nicht nur unsere kleine Gemeinde, es hat hier auch viele Ausländer, für die ein fähiger Geistlicher predigen sollte."

Erstaunlicherweise scheint Lüth die Königin trotz dieser massiven Differenzen weiterhin als äußerst liebenswerte Frau zu betrachten. So rapportiert Christiane einmal, wie ihr Mann von einem Besuch im Palast seufzend nach Hause kommt und meint: „Ach, wäre sie doch meine Frau!" Christiane konnte es sich nicht verkneifen zu antworten: „Hätte doch Gott es gewollt, dass du sie hättest nehmen können!"

Auch in theologischer Hinsicht sind sich die Königin und ihr Hofpastor nicht immer einig, und dieser trägt die Konflikte offenbar in seine Predigten hinein. Amalie entrüstet sich gegenüber ihrem Vater, weil Lüth beispielsweise über das Thema „Was des Kaisers und was Gottes ist" predigt und versucht habe, einen Gegensatz zwischen Kaiser und Gott zu konstruieren.

Zudem verfasste Lüth eine handschriftliche Abhandlung über das Thema gemischtreligiöser Ehen in Griechenland, die ihm zwar den Doktor der Theologie der Universität Jena einbrachte (Doktor der Philosophie war er bereits), Amalie aber heftig erzürnte. Denn Lüth kritisiert darin die orthodoxe Kirche. Das sei politisch ganz und gar nicht opportun, er stehe ja in ihren Diensten. Sie verbietet ihm, die Schrift drucken zu lassen. „Sein gänzlicher Mangel an Diplomatie und Takt werden mir immer ein Rätsel bleiben."

Zwar kann Amalie der griechischen Orthodoxie nicht viel abgewinnen, als Königin der Griechen ist sie aber diplomatisch genug, dies niemanden merken zu lassen. So absolviert sie pflichtbewusst zum Beispiel die ganze Osterliturgie. Dass sie die Psalmen scheußlich findet und zweieinhalb Stunden Dauer unmöglich, vertraut sie nur ihrem Vater an.

Lüth ist schließlich bereit, nach Oldenburg zurückzureisen, sollte man ihm die Stelle des Superintendenten in Eutin anbieten, ein hohes Amt. Die Residenzstadt Eutin gehörte zum Fürstentum Lübeck und war damit als Enklave Teil des Großherzogtums Oldenburg. Amalie ist schockiert über diesen Mangel an Selbsteinschätzung: Lüth müsse sich mäßigen, sich in Bescheidenheit üben.

Der Vater hat endlich ein Einsehen und findet 1852 einen anderen Pfarrer, einen gewissen Hansen. Amalie weiß nicht, dass ihr Vater schwer krank ist und vermutlich andere Sorgen hat, als seiner Tochter einen neuen Pastor zu suchen. Er wird Ende Februar 1853 sterben.

Die letzte Osterfeier, die Lüth 1852 in Athen zelebriert, ist ein Desaster. „Gestern Karfreitag ging ich zur heiligen Kommunion. Das wunderbare Ereignis war überschattet von Lüths Zustand. Er predigte, verlor den Faden, zitterte dermaßen, dass ich ständig fürchtete, dass ihm die heiligen Geräte aus der Hand fallen würden. Er verwechselte deren Reihenfolge. Wir waren alle in Angst. Aber Gott half ihm, er schaffte es, und wir waren nicht gezwungen mitzuerleben, wie die ganze Messe in einer Katastrophe endete. Beim Vaterunser musste er einen Moment innehalten, um sich an die letzte Fürbitte zu erinnern. Und heute: der gleiche Zustand. Statt einer triumphalen, freudigen Predigt hielt er uns eine Trauermesse. Ständig hielt er inne, sprach sehr langsam, wie halbtot. Es war furchtbar. Dieser Mensch muss sehr krank sein.“

Amalie bittet ihren Vater dennoch, den Pfarrer nicht fallen zu lassen und ihm, wenn er dann nach Oldenburg zurückgekehrt sei, eine Stelle zu finden. König Otto werde ihm ein Jahressalär und die Rückreise bezahlen.

Frau von Nordenflycht schreibt bemerkenswert wenig über Pastor Lüth. Erst etwa ein halbes Jahr nach der Ankunft dieser für ihren Schützling Amalie doch so wichtigen Stütze informiert sie ihre Briefpartnerin wie immer etwas beschönigend: „Der Hofprediger hat uns schon manche wirklich vortreffliche Predigt gehalten. Im Ganzen wird die Kirche fleißig besucht, auch von Katholiken. Die Königin fehlt nie und bemerkt, wenn andere fehlen. Sie unterlässt es auch nie, dem Hofprediger Hinweise über die hier so höchst nötige Verträglichkeit zu geben und ihm möglichst Vorsicht und Ruhe in allen Fällen zu empfehlen.“ Nur zwischen den Zeilen kann die Empfängerin lesen, dass Lüth es offenbar hin und wieder an Vorsicht und Ruhe hat fehlen lassen.

Noch weniger zum Pfarrer und seinen Problemen erfährt man aus dem Tagebuch der Hofmeisterin Wilhelmine von Plüskow. Hin und wieder erwähnt sie eine gute Predigt, für Sonntag, 8. August 1847 gar eine besonders gute, für die Lüth extra aus seiner Sommerfrische Kesariani am Hymettos nach Athen heruntergekommen sei. Der Aufenthalt an der frischen Luft habe ihm offenbar zu neuen Ideen verholfen, bemerkt sie leicht ironisch. Das Ausmaß von Lüths Versagen und die Auswirkungen auf den Hof als Ganzes müssen aber auch ihr aufgefallen sein. Im Januar 1850 spricht sie kurz das wiederkehrende „Problem“ an, ohne es beim Wort zu nennen. Lüths Abgang Mitte 1852 ist ihr, die sonst das Kommen und Gehen am Hof in ihrem Tagebuch minutiös aufzeichnet, keine Silbe wert.

Asmus und Christiane – Szenen einer Ehe

„… zu gar nichts fähig!“

Die Ehe der Pfarrersleute scheint von Beginn weg geprägt von emotionaler Kälte, Härte und Indifferenz. Ob Christiane vor ihrer Heirat wusste, dass Asmus alkoholkrank war, oder ob „das Problem“ erst in Athen virulent wurde, ist uns nicht bekannt, es wird jedenfalls in ihren Tagebüchern nie auch nur andeutungsweise erwähnt. Vermutlich realisierte sie erst nach ihrer Heirat – als es zu spät war –, mit wem sie nun ihr Leben verbringen musste. Das könnte die Verbitterung erklären, die bisweilen aus den Sätzen in ihrem Tagebuch spricht, die Seitenhiebe, die sie austeilt. Christiane nennt ihren Mann nie beim Vornamen, immer ist er „Lüth“, ganz selten „mein Mann“ oder „Vater“; nie entschlüpft ihr ein zärtliches Wort, eine liebevolle, besorgte Bemerkung, wenn er zum Beispiel krank ist. Nicht nur zwischen den Zeilen kritisiert sie ihn, bisweilen scheint sie ihn sogar richtig gehasst zu haben.

Pfarrer Lüth verpasste offenbar keine Gelegenheit, seine Frau herabzusetzen und zu demütigen. Ihre intellektuellen Fähigkeiten scheint er nicht geschätzt zu haben. Oft schreibt Christiane, dass er ihr die Predigt diktierte, vorzugsweise nachts, weil er dann besser arbeiten konnte. Bei Beerdigungen, die der Hitze wegen immer bereits am Tag nach dem Tod stattfanden, war besonders speditives Arbeiten gefragt. Das brachte die Pfarrfrau oft in ein Dilemma, wenn zum Beispiel eines der Kinder krank war und dringend der Nachtruhe bedurfte. So trug sie bisweilen die anfällige Jutta im linken Arm und schrieb mit der rechten Hand, was Lüth ihr diktierte – „eine ziemlich unbequeme Schreibhaltung“, kommentiert sie ironisch.

Das Nachführen der Kirchenbücher erledigte das Ehepaar oft gemeinsam. Einmal erzürnte Christiane ihren Mann dabei derart, dass er sie bezichtigte „zu gar nichts fähig zu sein“. Um sich und ihn zu beruhigen, verzog sich Christiane in die Küche und fing an, Fische zu braten. „Meinen Platz nahm Hanne ein, aber auch sie machte –

angeblich – Fehler, der Streit ging wieder los, und Hanne kam in die Küche, um Fische zu braten. Lüth beschloss, die Arbeit alleine zu erledigen, da er ja der einzig fähige in diesem Haushalt sei. Aber er füllte bloß zwei Zeilen aus und schon stimmte alles nicht mehr. Er gab auf, kam in die Küche und aß vier Fische. Gott erlöse uns von diesem sündigen Leben!"

Lüth war ein jähzorniger Mensch. Seine Wutausbrüche richteten sich je nach Situation gegen Tiere, die er mit Stöcken schlug, gegen andere Menschen wie beispielsweise Angestellte, die er schüttelte, oder auch gegen die eigene Familie, die er mit merkwürdigen Ansinnen drangsalierte. Christiane beschreibt eine Episode im Jahr 1844: „Heute Abend waren wir eingeladen. Lüth hatte keine Lust, und so gingen Hanne und ich mit den Kindern alleine. Kaum waren wir bei den Gastgebern eingetroffen, kam unser Hausangestellter mit dem Befehl, sofort wieder nach Hause zurückzukehren. Wir waren also gezwungen, wieder zu gehen, was unsere Gastgeber erzürnte. Zuhause verlas uns Lüth eine ‚Verordnung', gemäß derer wir nie wieder auf die Berge wandern würden, es den Hunden verboten sei zu bellen und den Kindern zu spielen, laut zu lachen und zu weinen! Hanne und ich haben die Kinder sofort zu Bett gebracht, damit er nicht noch Gelegenheit erhalten sollte zu nörgeln. Schließlich besserte sich seine Laune wieder, so dass ich mich hinreißen ließ, lateinische Dialoge zu übersetzen. Ich schaffte das besser als er gedacht hatte und bewies damit meine Kenntnisse der alten Sprachen. Er diktierte mir darauf eine lange Litanei aus der Bibel – zur Übersetzung ins Neugriechische. Ich verstand aber kein Wort. Das hat ihn dann beruhigt, und er war wieder zufrieden."

Bei einer anderen Gelegenheit beschimpfte Lüth seine Frau, weil sie in einem Buch las. „Es sollte ihn doch freuen, wenn ich mich bilden will", findet sie. Dann habe er zu einem Vortrag darüber angesetzt, wie sie sich zu benehmen habe, während der Predigten, bei den Visiten in der Stadt, gegenüber den Angestellten, auf dem Land ...

Empathie war Lüth ein Fremdwort. Sein eigenes Wohlergehen ging immer vor. So schreibt Christiane einmal, als es ihrer jüngsten, kaum einjährigen Tochter schlecht ging: „Jutta war die ganze Nacht sehr unruhig, aber schließlich, gegen vier Uhr, gelang es uns beiden einzuschlafen. Um 5 jedoch weckte uns Lüth und sagte mir: ‚Du schnarchst!' Die arme Kleine hätte den Schlaf so nötig gehabt. Er hingegen schläft die ganze Nacht durch, manchmal auch den ganzen Tag, ohne dass jemand das Recht hätte, ihn zu wecken." Jutta verstarb wenige Wochen später.

Ein anderes Mal fühlte sich Lüth unwohl. Christiane spottet: „Er nahm ein Sodawasser und zwei Pillen. Er schwitzte, spuckte, gurgelte und fluchte. Ach, die angeblich so starken Männer, nichts halten sie aus, weder Sonne, noch Regen oder Wind.“ Ein paar Tage später ließ er sie wieder nicht schlafen: „Lüth weckte mich, weil er die Uhrzeit wissen wollte. Ich musste ihm ein frisches Nachthemd holen, dann wollte er eine Limonade; mit anderen Worten: Die ganze Nacht rannte ich hin und her. Ich weiß ja, dass Bewegung gut tut, aber auch der Schlaf ist ganz nützlich.“

Die junge Ehefrau stieß mit den ihr aufgebürdeten Pflichten oft an ihre Grenzen: „In diesem Haushalt gibt es nur Einen, der sich weder anstrengt noch irgendwelche Sorgen hat. Ich hingegen muss es schaffen, sowohl die kirchlichen wie die häuslichen Arbeiten zu erledigen. Es ist für mich überhaupt nicht einfach, gleichzeitig Pfarrer, Küster und Lehrer zu sein.“

Bedenkenlos lud Lüth auch Gäste zum Essen ein, ohne die Hausfrau vorher zu informieren. „Die Eingeladenen kamen, als wir gerade fertig gegessen hatten. Und so musste ich ein zweites Mal in die Küche und ihnen eine Mahlzeit zubereiten.“ Gern ließ er Christiane und Hanne auch mit Besuchern oder Bittstellern alleine, die eigentlich seinetwegen gekommen waren, und schlich sich davon. „Heute kam Lüth nach Hause und legte sich aufs Sofa um auszuruhen, seine Beine wickelte er in eine Decke. Vier Männer suchten ihn auf, und weil er sich der eingewickelten Beine wegen nicht rühren konnte, musste er sie anhören. Es ist auch Zeit, dass er sich mit den Kümmernissen seiner Schäfchen selber herumschlägt und das nicht immer uns überlässt.“

Ganz offensichtlich war Lüth mit seiner eigenen Ehefrau unzufrieden. Auf einer Inselreise zum Beispiel besuchten sie auf Rhodos ein Ehepaar, der Mann lag krank darnieder. Seine Frau hockte neben dem Bett und fächelte ihrem Mann mit einem Fächer beständig Luft zu. Lüth ließ sich zur Bemerkung hinreißen, „genau so sollten alle Frauen sein: ein Werkzeug für die Bequemlichkeit und Freude des Ehemannes“.

Auch mit den Kindern zeigte Lüth wenig Einfühlungsvermögen. Des Öfteren schreibt Christiane, wie zornig er wurde, wenn eines die lateinischen Fälle nicht herunterrattern konnte oder im Deutschen aktive mit passiven Verbformen verwechselte. Die Kinder konnten besser Dänisch als Deutsch, das sie nur mit ihrem Vater sprachen. Sie lernten es bei Christiane und Hanne, ebenso wie Französisch, beides Fächer, die in der Schule nicht gelehrt wurden; für das Neugriechische wurde der Student Aspridis beigezogen. „Sie lernen mit Leichtigkeit, man muss nur Geduld haben. Lüth allerdings kritisiert ständig meine Lernmethode. Ich glaube allerdings, solange sie gut lernen, ist es nicht so wichtig, dass ich nicht die Methode anwende, wie sie in den Lateinschulen üblich ist. Er selber hat ja nie Zeit, den Kindern zu helfen, behauptet aber, wenn er sich ihnen nur eine Stunde widmen würde, sie mehr lernen würden als mit mir in einem Monat! Das mag schon so sein, nur dass diese eine Stunde halt so selten ist!"

Später, als die Kinder schon größer waren und ein Klavier ins Haus gekommen war, gab Christiane ihnen auch Musikunterricht.

In der Sommerfrische

„Die Griechen leben sehr genügsam, das müssen wir jetzt auch."

Lüth war von einer Art „Umzugswahn" besessen. Jedes Jahr zwang er seine Familie umzuziehen, angeblich, weil er alle Stadtviertel von Athen kennenlernen wollte, ohne zu bedenken, was dieser ständige Tapetenwechsel für seine Frau bedeutete. „Mein Gott, es ist furchtbar, ständig umziehen zu müssen!", klagt sie. Nach der ungesunden Ermou-Straße zogen die Lüths 1841 an den Platz des Gymnasiums (heute Koumoundourou), in die sogenannte Burg neben dem Anwesen der Doukissa, einem stadtbekannten Original. Sie wohnten dort im ersten Stock, in einer Wohnung mit fünf Zimmern und – wie es damals üblich war – einer Küche im Hof. Im Erdgeschoss lebte der Bildhauer Christian Siegel. 1843 war kurz eine Wohnung an der Odo Voulis an der Reihe, und schließlich zogen die Lüths 1844 ins Haus des bayerischen Hofapothekers Sartori, wo sie am längsten blieben, nämlich bis zu ihrem Wegzug aus Athen 1852. Dieses Gebäude zwischen der Akademias- und der Panepistimiou-Straße steht heute nicht mehr. Der Grundriss – mindestens des Erdgeschosses – ist in der deutschen Übersetzung von Christiane Lüths Tagebuch ins Deutsche, welche die Evangelische Kirche Deutscher Sprache in Griechenland 2013 herausgegeben hat, publiziert. Durch eine Diele, rechts und links angeschlossen ein Kuh- und ein Pferdestall (Lüths hatten werden Pferde noch Kühe), passierte man eine Glastür und betrat den Privatbereich: Ein Hof, angeschlossen Schlafkammer und Wohnzimmer auf der einen Seite, Mägdekammer, Speisekammer und Küche auf der anderen. Den Hof schlossen wieder mehr offizielle Räume ab: Saal, Studierzimmer, Konfirmandenstube, zwei Gästekammern.

Zu dieser ständigen Umzieherei kam der ebenfalls jährliche Bezug einer Sommerfrische, wenn Hitze und Staub in der Stadt schier unerträglich waren. Häufig besuchten die Lüths das bei den Athenern wegen der guten Luft und der kalten Quelle beliebte ehemalige Kloster Kesariani (Abb. 26; S. 116) am Hymettos, das in einer schattigen Schlucht auf halbem Weg zum Gipfel des Berges liegt. Kesariani galt als eine Art Luftkurort; besonders kranke Kinder wurden gerne dort hinaufgebracht. Zudem galt die Quelle als wundertätig, was aber Christiane als zünftiger Protestantin nur einen zynischen Kommentar entlocken konnte.

Hier oben, nur zwei, allerdings mühsame und steile Wegstunden von Athen entfernt, vermietete ein halb verrückter Mönch die einstigen Zellen zu günstigen Preisen. Allerdings bestand die Unterkunft lediglich aus vier Wänden und einem Ziegeldach, durch welches der Himmel zu sehen war. Bettzeug, Möbel, Geschirr, alles musste selbst auf Eseln herbeigebracht werden, eine befahrbare Straße gab es erst in späteren Jahren. „Der umgekehrte Tisch auf dem Eselsrücken streckte alle Beine in die Luft, an einem hingen lebend zwei unserer Hühner, die lautstark gegen diese Behandlung protestierten", schreibt Christiane; auch die drei Jagdhunde der Lüths mussten mit. Sie selbst lief am Schluss der „komischen Karawane und sammelte ein, was von unserem Hausrat herunterfiel".

Ein kleiner Krämerladen versorgte die Sommerfrischler mit dem Nötigsten, Kaffee, Zucker, Teigwaren und Tomaten. „Die Griechen leben sehr genügsam, das müssen wir jetzt auch." Die Lüths verzichteten auf frisches Brot, Butter, Rahm und Milch. „Gekocht wird auf einem Treppenabsatz, wo alle vorbeikommen und ihre Nase in unsere Töpfe stecken oder gar ein wenig versuchen wollen!" Das Holz für die Kochstelle musste im Wald gesammelt werden.

Lüth hatte allerdings weiterhin seine Pflichten im Palast wahrzunehmen. Das heißt, am Sonntag ging er um vier Uhr morgens für die Predigt und am Mittwoch etwas später für die Audienz bei der Königin nach Athen hinunter und kam zum Tagesende wieder zurück. Sonntags begleitete ihn manchmal auch seine Frau, um der Predigt beizuwohnen, in der Regel blieb Christiane aber im Kloster, was die Mitbewohnerinnen befremdlich fanden. „Sie bemitleiden mich, weil ich allein zurückbleibe, aber das macht mir gar nichts aus."

Tagsüber beschäftigten sich die „Hotelgäste" mit Handarbeiten, sammelten Holz und Wildgemüse, suchten umliegende Klöster und Quellen auf, machten Wanderungen. Man besuchte sich gegenseitig in den Zellen oder bewirtete Gäste aus Athen, die – wenn sie es sich leisten konnten – zu Pferd heraufkamen. Es war ein ständiges Kommen und Gehen. Die vielen Kinder spielten im Klosterhof, Damaris und Nikolaki hatten daneben aber auch zu lernen; Christiane, Hanne und Lüth kümmerten sich in Kesariani selbst darum. Lüth frönte meist seiner Jagdleidenschaft und brachte hin und wieder Rebhühner oder andere Vögel, selten einen Hasen, meistens aber gar nichts zurück. Abends wurden Spiele für Groß und Klein veranstaltet, vorgelesen – zum Beispiel aus Homers Odyssee –, Musik gemacht, getanzt und natürlich gesungen.

Für den Sommer 1844 mietete Lüth in Ambelokipi, damals ein oberhalb Athens gelegenes Dorf (heute ein Stadtviertel), einen alten Turm aus der Türkenzeit. „Das Gebäude ist eigentlich schön", schreibt Christiane. „Der Turm steht in einem Garten mit einem riesigen Maulbeerbaum, darunter hat es Tische und Bänke. Dort essen und schreiben wir oder bügeln die Wäsche. Der Turm hat nur zwei Räume, die Küche ist nebenan. Wenn Lüth an den Nachmittagen nach Hause kommt, schließt er sofort alle Fenster. Wie sollen wir so an frische Landluft kommen?", fragt sich Christiane verärgert.

Hier in Ambelokipi feiert Christiane ihren 27. Geburtstag. „Wir saßen unter dem Maulbeerbaum, tranken Schokolade und aßen Sesamkringel. Ich erhielt Musseline für ein Kleid, französische Handschuhe, sechs Taschentücher und verschiedene Kleinigkeiten. Architekt Hansen kam aus der Stadt zum Gratulieren."

In anderen Sommern ging die Familie hinauf nach Maroussi bei Kifissia. Die einfache Bleibe beschreibt Christiane so: „Die Wohnung war in Ordnung. Sie hatte ein ausreichend weites Entree, ein großes Zimmer und ein kleines, die Küche war im Keller, hier herrschte unser Faktotum Jannis. Die Fenster hatten keine Scheiben, nur Fensterläden, die man mit eisernen Vorrichtungen schließen konnte. Hanne und Damaris schliefen im kleinen Zimmer, das Hausmädchen Berta hatte einen Schlafplatz im Entree. Das große Zimmer war unser Schlafzimmer, Esszimmer und Salon, dort standen zwei Diwane, die tagsüber als Sitzgelegenheiten dienten, nachts als Betten."

Um die Einkäufe in Athen zu erledigen, kauften die Lüths einen Esel. Und so zog Jannis jeweils los, um in der Stadt unten alles Nötige zu besorgen. Er brauchte dazu einen ganzen Tag, was sein Arbeitgeber übertrieben fand. Den Erklärungen Jannis' schenkte er keinen Glauben und wollte es selber wissen. „Er ritt also eines Morgens los, um am Mittag wieder zu Hause zu sein," schreibt Christiane. „Aber als er kam, war es schon Abend, und er kam ohne Esel. Lüth war sehr wütend und erzählte uns, der Esel sei in Athen geboren und aufgewachsen und habe die Stadt nicht wieder verlassen wollen. Als sie an der Palastbaustelle vorbeigeritten seien, habe das Tier umkehren wollen und so laut geschrien, dass alle Bauarbeiter herbeigeeilt seien und Lüth ausgelacht hätten. Er habe sich so blamiert. Endlich habe er den Esel mit Mühe aus der Stadt gebracht. Und vielleicht" – man spürt, wie Christiane sich über die Geschichte ihres Mannes amüsiert – „hatte der Esel plötzlich das Gefühl, dass es auf dem Land auch lustig sein kann. Er schlug mit den Hinterbeinen aus, warf dabei seinen Reiter ab und galoppierte mit einem Gewieher, das tönte wie ein sarkastisches Triumphgeschrei aus der Hölle, wieder Richtung Stadt. Lüth sammelte die am Boden liegenden Einkäufe ein und kam zu Fuß nach Hause." Jannis sei sehr zufrieden gewesen, als er die Geschichte hörte, erzählt Christiane. „Wir schickten ihn am anderen Tag los, den Esel wieder einzufangen." Dieser hatte es sich im Garten des österreichischen Botschafters Prokesch von Osten gemütlich gemacht, die Blumenbeete zerstört und alles gefressen, was er sich hatte einverleiben können. Der Gärtner war außer sich, aber Prokesch von Osten ließ die Geschichte auf sich beruhen, als er hörte, wem das Transportmittel gehörte.

Asmus Lüth – einerseits und andererseits

„Es war Lüths Pflicht, den Menschen zu helfen."

Asmus Lüth hatte auch gute Seiten. Im Tagebuch Christianes scheint immer wieder die Großzügigkeit durch, mit der er notleidenden Bittstellern zu helfen versuchte. Und von denen gab es in Athen eine ganze Menge. Griechenland galt zwar als Land, wo Milch und Honig fließen. „Bayern hat Griechenland einen König geschenkt, nun soll Griechenland den Bayern ein möglichst bequemes Leben schenken", glaubten viele gemäß Christiane. Diese Glücksritter und Schmarotzer aus ganz Europa versuchten, hier Geld zu machen, eine neue Existenz aufzubauen oder auch nur, irgendwie über die Runden zu kommen. Aber Griechenland war alles andere als ein Schlaraffenland. Nur wenigen gelang es, an die Honigtöpfe zu kommen, bezahlte Arbeit war Mangelware. Athen war zudem eine extrem teure Stadt, die selber nichts herstellte und alles – meist per Schiff – aus dem Ausland kommen lassen musste; das Handwerk lag darnieder, industrielle Produktionen steckten noch in den Kinderschuhen.

Viele dieser gestrandeten Existenzen suchten, nachdem sie in ihren Botschaften abgeblitzt waren, in ihrer Not den Priester oder Pfarrer auf. Und dieser half meistens aus, und sei es nur mit einem kleinen finanziellen Zustupf. Oder sie nisteten sich mit ihrer ganzen Familie gleich im Haushalt der Lüths ein, und es war dann die Aufgabe Christianes, die eigentlich ungebetenen Gäste wieder loszuwerden. Lüth konnte einer bedürftigen Person nichts abschlagen, entsprechend ließ er sich ausnützen – auszubaden hatte es dann aber seine Frau. Christiane beklagt sich in ihrem Tagebuch oft, dass diese Wohltätigkeit ihren Haushalt arg belastete.

Eine derartige Episode beschreibt sie detailliert: „Rund zwei Meilen von Athen entfernt hatte König Otto für seine deutschen Soldaten, die nicht nach Hause zurück wollten, ein Dorf errichten lassen – Heraklion. Jeder hatte ein kleines Haus erhalten und ein wenig Land, das er bewirtschaften konnte. Die meisten waren Katholiken, und für sie hatte man eine kleine Kirche gebaut. Die Deutschen kamen aber aus verschiedenen Landesteilen und hassten einander abgrundtief. Ständig wurde gestritten. Der schlimmste war ein Hannoveraner, leider ein Protestant. Es war Lüths Pflicht, sich um ihn zu kümmern. Der Mann war ein Grobian, ein Betrüger und Raufbold, der sich mit allen verkrachte. Es wurde so schlimm, dass man ihn ins Gefängnis warf. Lüth eilte von Pontius zu Pilatus, um ihn da wieder herauszuholen. Er schaffte es schließlich unter der Bedingung, dass der Querulant nicht wieder ins Dorf zurückkehren durfte. Lüth stellte ihn bei sich ein. Ein furchtbarer Mensch! Entweder war er betrunken oder aus anderen Gründen außer sich. Ich habe ihn nie in einem ruhigen Zustand gesehen. Jedes Mal, wenn er vom Markt zurückkam, war er äußerst erregt, schmiss die Einkäufe auf den Küchentisch, verschwand in seiner Kammer, um zu schlafen oder zu lesen. Seine Lektüre: ‚Napoleons Marsch durch Deutschland', ein Buch, das ihn noch viel mehr aufregte."

Auch Kinder wurden aufgenommen. So starb eines Tages in Athen eine bayerische Schauspielerin, und Lüth brachte deren drei Kinder nach Hause. Diese waren vollkommen verlaust, und das erste, was Christiane machen musste, war sie zu baden und ihnen die langen Haare abzuschneiden. Die Königin hörte von dem Elend und schickte Kleider. Zwei der Kinder konnten die Lüths zur Adoption vermitteln, das dritte, die sechsjährige Bertha, behielten sie bei sich.

Etliche Probleme hatten sie mit einem anderen Mädchen, mit der schönen, 16-jährigen Karoline Ruff, Tochter eines bayerischen Spezialisten für den Bau artesischer Brunnen, der 1839 seine Frau verloren hatte. Christiane versuchte vergeblich, Lüth davon abzubringen, sie aufzunehmen. Das Mädchen, oder besser die junge Frau, kam ins Haus. „Für Lüth bedeutet das ja keine Mühe, er hat mit ihr nichts weiter zu tun, alles bleibt an uns hängen!", beklagt sich Christiane einmal mehr. Das Mädchen wusste nichts mit sich anzufangen und langweilte sich in diesem Pfarrhaushalt schrecklich. „Es lebte nur auf, wenn die jungen bayerischen Offiziere mit ihren Pferden vor unseren Fenstern paradierten." Ein Jahr später durfte Karoline erstmals die heilige Kommunion empfangen. „Sie erschien, wie wenn nichts wäre, eine Rose in der Hand, ohne das übliche weiße Gewand", erzählt Christiane, „und anwesend war eine ganze Reihe von Offizieren, die sonst nie dem Gottesdienst beiwohnen, und die den Blick nicht von der jungen Frau reißen konnten." Es war so auffällig, dass sich sogar die Königin über dieses Benehmen beschwerte. Für Lüth war dies nun doch der Moment, die erwachsene Frau zu ihrem Vater zurückzuschicken.

In Athen gab es nach den Befreiungskriegen vorerst nur eine griechische Schule, in welche die Bayern ihre Kinder nicht schicken wollten. Es war Lüths Verdienst, eine erste deutsche Unterrichtsstätte ins Leben gerufen zu haben. Er hatte einen Soldaten ausfindig gemacht, der in Bayern auf dem Dorf als Lehrer tätig gewesen war. Er bekniete das Königspaar, Frau von Plüskow und andere vermögende Deutsche, eine Schule einzurichten und die Bezahlung des ersten Lehrers sicherzustellen. Es klappte. Die Schule wurde allerdings nach den Unruhen im Herbst 1843, als alle Bayern das Land verlassen mussten, wieder geschlossen, aber irgendwann später wieder eröffnet. Es scheint hingegen, dass die Kinder der Lüths die griechische Schule besuchten.

Lüth nahm seine Sprösslinge auch hin und wieder mit auf Spaziergänge durch Athen, um ihnen die Altertümer zu zeigen, oder er führte sie zur Königin in den Palast. Diese freute sich, die Kleinen zu sehen und unterhielt sich mit ihnen über ihre schulischen Fortschritte, besonders in der Mathematik, die sie sehr interessierte. Oft bat sie die Kinder, ihr etwas vorzusingen oder vorzutanzen, sie spielte mit ihnen. Besonders beeindruckte sie das Sprachtalent der beiden, die akzentfrei Neugriechisch sprachen und auch vor der groben Gassensprache nicht zurückschreckten.

Christiane und die Königin

„Am Hof wurden ständig Gerüchte kolportiert."

Die Verbindungen zwischen den Lüths und dem Hof waren ganz unterschiedlich. Während Asmus Lüth als Pastor jeden Mittwoch vor der Königin zu erscheinen hatte, um sie in ihren persönlichen religiösen Anliegen zu beraten und zu unterstützen, bekam Christiane die Majestäten nur selten zu Gesicht. Ihr loser Kontakt lief hauptsächlich über die beiden Oberhofdamen Frau von Nordenflycht bis 1839 und Frau von Plüskow ab 1840.

Julie von Nordenflycht war die erste Verbindung Christianes zum Hof. Sie beschreibt sie als ältere Dame, die von den Griechen als „Kindermädchen der Königin" bezeichnet wurde; 1839 war sie 52 Jahre alt. „Die Nordenflycht besuchte uns oft und half uns sehr bei der Wohnungssuche. Sie machte uns auch mit den Deutschen in Athen bekannt, lud uns zum Tee ein." Nicht nur das: Sie nahm Christiane auch mit auf Kutschenfahrten in die Stadt und die Umgebung, „so dass ich lernte, mich in Athen zurechtzufinden und dabei eine Menge neuer Dinge sah". Allerdings gefiel es Christiane nicht, dass stets mindestens ein deutscher Lakai mitfuhr, der ihren Gesprächen zuhörte und alles weitertrug. „Am Hof wurde ständig gelästert." Das üble Geschwätz, das Gerede, die Verleumdungen, das alles ging nicht nur Christiane auf die Nerven. Auch Frau von Nordenflycht beklagte sich darüber bei ihrer Brieffreundin.

Die Hofdame hatte in Athen zusammen mit ein paar deutschen Frauen einen karitativen Verein gegründet und versuchte, auch Griechinnen zum Mitmachen zu bewegen. Die Versammlungen, schreibt sie, fanden anfänglich im alten Palast statt, später erreichte sie, dass „einige Griechinnen sich bereit erklärten, die Gesellschaft auch in ihren Häusern zu haben. Das wird ihnen ganz neu sein, da sie unsere Art Geselligkeit gar nicht kennen". Sie habe im Übrigen auch die Frau des Hofpredigers darin eingeführt. Christiane erwähnt diesen Frauenverein allerdings mit keinem Wort.

Die Lüths waren kaum zwei Wochen in Athen, als Frau von Nordenflycht sich bei Christiane erkundigte, wann sie am Hof der Königin präsentiert werden wolle. Christiane wollte überhaupt nicht. Die Oberhofmeisterin machte ihr aber klar, dass das nicht angehe, und so meldete sich Christiane pflichtschuldigst für eine Audienz bei Amalie an. Auch die erste Einladung zu einem Fest am Hof – es war der Namenstag der Königin – wollte Christiane zuerst ausschlagen, sie war im achten Monat schwanger. „Ich hatte überhaupt keine Lust zu gehen." Wieder musste Frau von Nordenflycht Druck ausüben, denn Christiane sollte jetzt dem König vorgestellt werden. Die Präsentation fand noch im alten, achteckigen Saal statt. „Alle Eingeladenen standen herum und glotzen mich, das neu angekommene Wesen, an. Der König fragte mich nach dem Klima in Dänemark und ob wir gut gereist seien usw. Er war sehr höflich, etwas schwerhörig, eher hübsch, schien aber ziemlich müde zu sein." Die Pastorsgattin wurde auch mehreren Griechinnen vorgestellt, die alle Französisch sprachen. „Es war dann nicht einfach, ihnen auszuweichen." Christiane sollte erst später Französisch lernen. Sie bewundert einerseits die verschiedenen Inseltrachten der Frauen, findet aber respektlos, es würden nur gerade die Masken fehlen und das Ganze wäre ein Karnevalsumzug. „Die Königin amüsierte sich über mein Staunen und meinte: ‚Nicht wahr, so etwas gibt es nicht in Dänemark?' Ich musste zugeben, dass sie Recht hatte."

Zu Frau von Plüskow, die Ende 1839 nach Griechenland kommt, um Frau von Nordenflycht als Oberhofmeisterin abzulösen, hat Christiane etwas mehr Kontakt. Sie empfindet sie aber als sehr streng und von finsterem Aussehen.

Frau von Plüskow kümmerte sich, wie schon ihre Vorgängerin, um die Unterbringung der ausländischen Familien in Athen, um ihre Nöte und Sorgen. Die ständigen Umzüge der Lüths, die in der Stadt bereits Gesprächsstoff waren, beobachtete sie mit Misstrauen, was den Pastor aber nicht kümmerte.

Sie übernahm 1843 die Patenschaft der zweiten Tochter Jutta. Diese familiäre Verbindung hinderte sie aber nicht, den Pastor zu maßregeln, wenn er es ihrer Meinung nach an Ehrerbietung hatte fehlen lassen. So schreibt Christiane über eine Begebenheit 1847, als der Pastor nicht, wie es die Hofetikette vorsah, zur Begrüßung der Majestäten erschienen war, als sie von einer viertägigen Reise zurückkehrten. Prompt tat Frau von Plüskow ihren Unwillen über diesen Fauxpas kund. Eine Woche später erschien sie aber zu Besuch bei den Lüths, brachte deutsche Zeitungen und war „die Liebenswürdigkeit in Person“. Sie empfahl Lüth, da er ja eine Stelle in Deutschland suche, sich selber um die Kenntnis von Vakanzen zu bemühen, um sich dort zu bewerben; er könne sich nicht länger auf den Hof verlassen, um eine andere Anstellung zu finden. Hier sprach sicher die Königin aus ihr.

Im Herbst des gleichen Jahres bat Frau von Plüskow Christiane, mit ihr zusammen einen Spaziergang durch den wunderschönen königlichen Garten zu machen „um ein paar Mäuler zu stopfen“. Der Umgang mit der Frau des Pastors diente offenbar dem Hof zur Beruhigung des Volkes. Es wundert nicht, dass Amalies kostspielige Parkgestaltung den Athenern ein Dorn im Auge war, vor allem die geplanten Wasserspiele stießen in einer Stadt mit akutem Wassermangel auf großes Unverständnis.

Als Deutsche hielt Frau von Plüskow, wie auch die Königin, wenig von den Dänen. So kritisierte sie eines Tages den frisch inthronisierten König Friedrich VII., weil er in seiner Jugend ein sorgloses, bequemes Leben geführt habe. Süffisant gibt Christiane die Antwort des Dänen Hans Christian Hansen auf diesen Affront wieder: „Es ist besser, er hat das getan als er jung war und nicht im Alter wie der bayerische König Ludwig I.!“ Ludwig war da gerade in den Skandal mit Lola Montez verwickelt und hatte abdanken müssen. Das habe Hansen gut gesagt, lobt Christiane voller Genugtuung. Für den Skandal selber interessiert sie sich wenig und notiert lediglich, dass der bayerische König die Residenzstadt München wohl bald werde verlassen müssen. Er behaupte, Lola sei eine französische Aristokratin, aber Christiane „wusste“, dass sie lediglich die Tochter einer französischen Tänzerin und eines Engländers war. Mit einer moralischen Verurteilung hält sie sich aber zurück.

Lola Montez (1821–1861). Der Skandal, der München erregte, schlug sich 1847 auch in den Athener Zeitungen nieder. Immerhin war Ludwig I. der Vater des griechischen Monarchen Otto und somit der Schwiegervater Amalies. Die Griechen kannten Ludwig I. auch persönlich, hatte er doch seinen Sohn in Griechenland in den 30er-Jahren besucht. In München probten, nach der heftig bekämpften Erhebung der Lola Montez in den Adelsstand, die Studenten den Aufstand. Die Unruhen weiteten sich aus. 1848 musste Ludwig seine Maitresse gegen seinen Willen ausweisen, etwas später dankte er zu Gunsten des ältesten Sohnes Maximilian ab.

Lola Montez, eine erfolgreiche Kunstfigur, war die Tochter eines schottischen Offiziers und einer irischen Adligen und hieß eigentlich Eliza Gilbert. Nach ihrer Affäre mit König Ludwig I. tourte sie als mittelmäßige Sängerin, Tänzerin und schließlich als geachtete Lektorin durch Amerika, Australien, Europa und wieder durch Amerika. Sie mied jedoch Griechenland, wo sie von Otto I., dem Sohn Ludwigs, wohl kaum mit offenen Armen empfangen worden wäre.

Die „Affäre Lola Montez" wühlte auch die Schwiegertochter Ludwigs, Amalie, auf. Sie liebte ihren Schwiegervater, der sie mit offenen Armen in die Familie aufgenommen hatte. „Es ist unglaublich traurig, dass er in diesem Alter seine Pflichten als König, als Gatte und Vater vergisst, dass er völlig vergisst, was die Nachwelt über ihn sagen wird. Alle seine Minister sind zurückgetreten. Mich schaudert!" Amalie hatte kein Verständnis dafür, dass Ludwig seiner Lola Montez gar einen aristokratischen Titel verlieh, damit sie in der Münchner Gesellschaft nicht mehr geschnitten werden durfte. „Wäre ich dort, ich würde ihm die Augen öffnen, ihm die Wahrheit sagen, ohne zu zögern. Denn offenbar ist da niemand, der ihn berät, niemand, der es wagt, ihm einen Rat zu erteilen." Sie bedauerte ihre Schwiegermutter Therese, die den ganzen Skandal zu erdulden hatte. „Ich frage mich, ob es die Pflicht der Gattin ist, Derartiges so ruhig zu ertragen? Meinem Gefühl widerspricht es." Amalie wäre offenbar nicht bereit gewesen, ihrem Otto einen solchen Skandal durchgehen zu lassen. Es bestand aber auch nie die Gefahr: König Otto scheint keine Affären gehabt zu haben, sein Glück war seine Amalie.

Die erste Audienz bei der Königin fiel für Christiane offenbar erfreulich aus, war sie doch gegenüber dem Hof und ganz besonders gegenüber Amalie zuvor skeptisch eingestellt gewesen, vielleicht vor allem, nachdem ihr Mann die Königin als „schön, anmutig und liebenswürdig" geschildert hatte. War sie etwa eifersüchtig? Sie findet Amalie dann selber „klein, hübsch, eine wunderbare Erscheinung!" Aber natürlich hatte sie auch etwas auszusetzen: Ihr Benehmen sei so lebhaft, dass es „beinahe übertrieben" sei; und ständig singe sie das Lob Griechenlands. Bei späteren Audienzen erwähnt Christiane fast immer, dass die Königin hübsch angezogen sei, dass sie sich mit den Kindern der Lüths gut unterhalten könne, dass sie freundlich sei, heiter, und viel rede. „Sie erwähnte voller Bewunderung, dass ich es in Nafplio geschafft hatte, den Palamidi zu besteigen, und dass ich es wagte, auf starrköpfigen Maultieren zu reiten. Ich ließ sie reden..."

Von Anfang an beklagt Christiane sich über die brodelnde Gerüchteküche im Palast, bei der Amalie – laut Christiane – gerne mitmachte. Die Königin interessiere sich auch für die unbedeutendsten Kleinigkeiten. „Alles, was ihr von den Lakaien, den Kammerfrauen und den Angestellten zugetragen wird, ist ihr ein Leckerbissen. Das gehört sich nicht für eine Person in dieser hohen Stellung." Dass die Königin 1839 Patin von Lüths erster Tochter Damaris wurde, war wohl eher den Konventionen geschuldet als einer gegenseitigen Sympathie. Diese Patenschaft war wohl der Grund, weshalb die Königin Christiane gelegentlich in den Palast einlud, sei es zu einem Tee oder zu einer Tanzveranstaltung. Bei der Taufe Damaris', die bei Lüth zu Hause stattfand, erschien sie selbstverständlich nicht selber, sondern ließ sich durch ihre Oberhofmeisterin Frau von Plüskow vertreten.

Amalie – und auch Otto – liebte Kinder und beschäftigte sich ausgiebig mit den Lüth'schen Sprösslingen, wenn man sie in den Palast brachte. Sie plauderte mit ihnen auf Deutsch, und die Kinder, deren Muttersprache Dänisch war, antworteten problemlos in dieser Sprache, notiert Christiane stolz. Sie durften den Majestäten vortanzen oder vorsingen, was besonders Amalie sehr gut gefiel, und wurden von beiden geküsst, wenn sie kamen und gingen. Christiane lästert: „Vermutlich erregt sich Lüth über den königlichen Kuss, den sein Sohn erhalten hat!" Erstaunlicherweise erwähnt Amalie, obwohl sie den Kindern der Lüths viel Sympathie entgegenbringt und Patin von Damaris ist, diese in den Briefen an ihren Vater nie. Es sind eben doch nur die Kinder eines Angestellten.

Auch wenn Christiane den allgemeinen Hofklatsch kritisiert, notiert sie in ihrem Tagebuch bisweilen, was in der Stadt so von den Majestäten herumerzählt wird. Und natürlich hat sie oft eine pointierte Meinung dazu. So gibt sie im Oktober 1847 wieder, was die Königin angeblich über ihre Kammerfrauen gesagt habe: „Die eine sei ihr sympathisch, die andere hingegen nicht, weil diese ihre Stellung ausnutze. Sie habe sich mittlerweile viel Wissen angeeignet, und es wäre besser, sie würde als Gouvernante in einen Haushalt gehen. – Aber genau deswegen", meint Christiane, „ist sie Amalie nicht sympathisch. Die Königin beneidet sie, wie sie alle beneidet, besonders alle Frauen, die mehr wissen als sie." Einmal schreibt Christiane genüsslich, dass Lüth der Königin ein Gedicht Ovids über den Parnass zitiert habe, als sie von dem Berg redeten, „aber natürlich hat sie kein Wort verstanden!" Amalie konnte nicht Lateinisch.

Da Asmus Lüth jede Woche bei der Königin zu erscheinen hatte, war er über vieles, was im Palast geschah, auf dem Laufenden. Und anscheinend kannte der Pastor kein Amtsgeheimnis und plauderte mit seiner Frau über die sicher vertraulichen Inhalte dieser Gespräche. So bemerkt Christiane einmal, dass die Königin laut Lüth doch tatsächlich an die Seelenwanderung glaube. Sie behaupte sich zu erinnern, dass sie vor ihrer Geburt ein Hündchen gewesen sei! Der Gartenarchitekt Riedel, der auch dabei war, habe das gebilligt, während der König und Frau von Plüskow versucht hätten, ihr diese Ideen auszutreiben. Amalie sei tatsächlich abergläubisch und setze sich laut Christiane nie an einen Tisch mit dreizehn Personen.

Offenbar liebte es die Königin – sicher aus politischen Gründen –, gegen Dänemark und die Dänen zu sticheln. Christiane beklagt sich oft darüber und glaubt, dass die Königin alles Dänische verabscheut, also auch sie und beispielsweise die dänischen Gebrüder Hansen. „Die Königin sprach sehr beleidigend über die Völker des Nordens, die ihrer Meinung nach unkultiviert und den Südländern an Bildung unterlegen seien." Oder: „Heute fand die Königin nichts Schlechtes mehr über die Dänen zu sagen, außer dass sie blondes Haar haben und eine bleiche Haut." Aber das habe dann doch noch gesagt sein müssen ...

Gelegentlich, aber eher selten, wurden die Lüths an einen der zahllosen Bälle eingeladen, die der Hof in der Wintersaison veranstaltete. Christiane schreibt über einen dieser Anlässe im neuen Schloss: „Die Tanzerei fand im obersten Stockwerk statt, so dass wir hundert Marmorstufen hinaufzusteigen hatten. Es hatte unglaublich viele Leute: Offiziere und Kadetten der russischen, französischen und englischen Fregatten, alte Freiheitskämpfer und junge Offiziere in Fustanellas, Türken mit Orden an der Brust, Damen in goldbesticktem Samt und junge Sylphiden, gekleidet nach der letzten Pariser Mode und eng geschnürt, um ihre Zierlichkeit zu betonen. Alle hofften auf ein Lächeln der Majestäten. Es war sehr heiß. Jemand öffnete die Fenster, der Luftzug blies die Kerzen aus. Ich redete mit Bekannten, grüßte von weitem mit einem Kopfnicken diejenigen, denen ich mich nicht nähern konnte. Um Mitternacht verließen wir den Ball ‚auf französisch', schlichen uns unauffällig vor den Musikanten durch und kehrten nach Hause zurück. Es war der erste Ball im neuen Palast."

Christiane tanzte gerne und offenbar gut. Einmal beklagt sie sich, dass Lüth sie gezwungen habe, den Hofball zu verlassen, weil es sich für eine Pfarrfrau nicht gehöre, während der Fastenzeit zu tanzen. Von der Nachbarin hörte sie dann, dass bis um 1 Uhr getanzt worden sei, und etliche nach ihr gefragt hätten, weil sie mit ihr hätten tanzen wollen. „Denn ich bin eine der wenigen Damen, die gut tanzen können."

Familie Lüth und die Monarchie

„Was für ein erbärmlicher König!“

Als Asmus und Christiane Lüth 1839 nach Athen kamen, war der König erst seit vier Jahren in Amt und Würden und seit drei Jahren verheiratet. Was Asmus Lüth von ihm hielt, wissen wir nicht. Als persönlicher Pastor der Königin hatte er mit dem katholischen Otto wohl nicht viel zu tun, auch wenn er ihm im Palast sicher oft begegnet ist. Christiane hingegen traf den König fast nur bei formellen Anlässen wie Audienzen, Bällen oder Kirchgängen. Sie hielt nicht besonders viel von ihm. Seine immer gleiche Konversation, die stets gleichen Fragen gingen ihr auf die Nerven. Besonders seine Trägheit und seinen Mangel an Entschlusskraft fand sie problematisch; sie seien nicht hilfreich, „um ein unruhiges Volk wie die Griechen zu regieren“. Statt Akten zu unterzeichnen, habe er die unangenehme Gewohnheit, deren Grammatikfehler zu korrigieren, denn Griechisch könne er sehr gut, kolportiert sie den Hofklatsch. Allerdings bleibe deswegen vieles liegen, statt dass es in Kraft gesetzt werden könne. Ganz allgemein sei er unfähig, Beschlüsse zu fassen, geschweige denn solche auszuführen. Seine Unentschlossenheit sei eigentlich „reine Feigheit“.

Sie kritisiert auch heftig sein Äußeres, als sie ihn erstmals in der Fustanella sieht: „Mein Gott, was für ein erbärmlicher König! So dünn und schon voller Runzeln. Und dieser griechische Faltenrock steht ihm gar nicht!“

Auch der Franzose Edmond About, der Anfang der 50er-Jahre in Athen weilte, fand keine schmeichelhaften Worte beim Anblick des Königs: „Er sieht älter aus als seine 39 Jahre, ist lang und dünn, gezeichnet von seinen Fieberanfällen, wirkt er debil. Sein Gesicht ist bleich und müde, seine Augen erloschen. Er ist leidend und traurig.“

Von den ausbleibenden politischen Entscheidungen des Königs waren die Lüths direkt betroffen. Eine war beispielsweise die dringend notwendige Einrichtung einer Witwen- und Waisenrente für die Hinterbliebenen der im Befreiungskampf Gefallenen, vor allem der ausländischen Philhellenen, die ohne finanziellen Rückhalt in Griechenland gestrandet waren. Sie klopften in ihrer Not an die Tür des Pfarrers. 1847 ereifert sich Christiane: „Seit seiner Thronbesteigung bearbeitet der König dieses Anliegen!“ Mit einer solchen Institution würde die elende Bettelei endlich ein Ende finden, „eine Schande ist das“.

Der in einer lieblosen Ehe lebenden Pfarrersfrau fielen aber auch Ottos positive Seiten auf, zum Beispiel, dass er seine Amalie offensichtlich liebte. So notiert sie einmal, dass die Abwesenheit der

Königin, die mehrere Monate auf Kur in Ems weilte, ihn etwas aus der Bahn warf. „Er wusste nicht mehr, was er tun sollte. Oft ging er in ihr Zimmer, saß da eine Weile, spielte auf ihrem Klavier – was sie nie tat – und fing dann sogar an, Musikstunden zu nehmen." Obwohl er schwerhörig war, was auch die Konversation mit ihm nicht erleichterte. Überhaupt war das Konversieren mit den Majestäten eine schwierige Sache, über die sich Christiane gerne mokierte. So schreibt sie einmal, Amalie habe sich ihr gegenüber beleidigend über die Völker des Nordens geäußert, die im Vergleich zu denen des Südens unkultiviert seien. Die Dänin Christiane konnte sich gegenüber der Königin nicht gut gegen diese Provokation wehren, aber dann „beendete Otto dieses ungemein interessante Gespräch, indem er mir die Frage stellte: ‚Erhalten Sie regelmäßig Briefe aus Dänemark?' Was für ein gutmütiges Wesen!" Es könne Otto aber auch passieren, dass er völlig unpassende Fragen stelle wie beispielsweise, ob in Dänemark auch Neujahr gefeiert werde.

Christiane kann den königlichen Einladungen sowieso nicht viel abgewinnen. So schreibt sie einmal über ein Konzert: „Wir zogen unsere besten Kleider an und gingen in den Palast. Frau von Plüskow kam ganz in Schwarz, wie eine Krähe, und begrüßte uns freundlich. Bald darauf erschienen der König und die Königin. Was für ein bedauernswerter Mann! So schwach und zerknittert! Es ist das erste Mal, dass ich ihn von so nah in der Fustanella sehe. Die steht ihm überhaupt nicht! Auf den Bällen trägt er immer eine Uniform, die mit Watte ausgestopft ist. Das Königspaar machte ein wenig Konversation, sagte dasselbe wie immer. Wir gingen alle in den Konzertsaal, setzten uns, und die Sänger begannen mit ihrem Vortrag. Die Griechen gähnten, ohne es zu verstecken, die Griechinnen beklagten sich über die Hitze. Bei jeder Pause hörte man, wie die Königin zum König sagte: ‚Sehr schön' und wie Otto brav antwortete, ‚Ja, sehr schön'."

Ein anderes Mal sang die Sopranistin Origari im Palast das schöne Lied „Die Nonnen", das Ludwig I. von Bayern komponiert haben soll. Otto sei sehr bewegt gewesen, er habe sich so laut schnäuzen müssen, dass es im ganzen Saal widerhallt habe. „Der Arme hat Heimweh", bedauert ihn Christiane, „ein Gefühl, das ich mit ihm teile."

Die Naivität des Königspaars, seine Gutgläubigkeit und blinde Liebe zu Hellas erschütterten Christiane bisweilen. So behauptete Amalie gegenüber Christiane, die Ereignisse vom September 1843 seien für Otto wie aus heiterem Himmel gekommen. „Das ist doch überhaupt nicht wahr, wir alle wussten ja schon einen Monat vorher, was passieren würde, aber Otto glaubte es einfach nicht." Es sei für den König aus Bayern offenbar unvorstellbar gewesen, dass sich sein geliebtes griechisches Volk gegen ihn erheben würde.

Den 3. September 1843 erlebten die Lüths hautnah von ihrer Wohnung aus. Lautes Geschrei auf der Straße weckte sie. Der weite Platz vor dem Palast sei voller Menschen gewesen, Zivilpersonen und Militär. Alle schrien: „Es lebe die Verfassung!“ Das sei etwas beunruhigend gewesen. Dann habe man sogar Kanonen auf den Platz gebracht und sie gegen den Königspalast gerichtet, die Lunten bereit. Das Volk sei außer sich gewesen und habe den Abzug aller Deutschen verlangt. Es habe bis am Mittag gedauert, bis sich der König entschlossen habe, die Verfassung zu unterschreiben und sich die Lage etwas beruhigte.

Die unblutige Revolution weckte – ähnlich wie bei Amalie – Christianes Interesse für die Politik, ist doch die Lage auch für ihre Familie plötzlich bedrohlich geworden. Christiane ist verunsichert und traut der Sache nicht. Sie rechnet jeden Moment damit, alles einpacken und abreisen zu müssen. Für Wochen bleibt das Leben in Athen auf Sparflamme. Lüth liest keine Messen mehr, nur wenige Menschen getrauen sich auf die Straßen, Bälle und Diners im Palast werden ausgesetzt.

Die Einberufung der Nationalversammlung ist in Athen ein Großereignis, weshalb auch die Lüths dabei sind. Christiane schreibt: „Es war ein Vergnügen, mitanzusehen und zu hören, wie die Herren über die öffentlichen Interessen verhandelten. Der Präsident saß erhöht und läutete eine Glocke, wenn der Lärm überhandnahm. So wurde zum Beispiel darüber abgestimmt, ob die Parlamentarier ein Honorar erhalten sollten oder nicht. Zwei Kontrahenten gerieten sich darüber in die Haare und stürzten aus dem Saal, während ihre langen Säbel überall anschlugen. Diese Menschen können sehr gut Reden halten, und sie verwenden dabei viele schöne Worte.“

Anfang Februar findet dann der Karneval wie üblich und ohne Zwischenfälle statt. Zusammen mit ganz Athen pilgert man zum Olympieion-Tempel, sitzt im Freien, speist, singt und tanzt. Auch das Königspaar nimmt unter einem mit Lorbeerzweigen geschmückten Baldachin teil. Das Leben scheint sich normalisiert zu haben.

Der Eid des Königs auf die neue Verfassung erfolgte im März, unter den Zuschauern war auch das Ehepaar Lüth. Frau von Plüskow hatte ihm eine Einladung zukommen lassen, was eine Ehre war. Christiane schreibt: „Der Eid fand um zwei Uhr statt, wir waren schon um ein Uhr dort, uns wurde sogar ein Sitzplatz zugewiesen. Zuerst erschien die Königin mit ihren Hofdamen. Sie kamen, wie eine Reihe farbenfroher Tulpen, durch die hintere Türe und setzten sich in der Galerie. Dann kam der König, leistete seinen Eid unter Hochrufen, dann verschwanden beide wieder. Um besser sehen zu können, war ich auf meinen Stuhl gestiegen, verlor aber das Gleichgewicht und fiel auf den Rücken eines dicken Kerls vor mir, der so laut ‚vivat‘ brüllte, als wolle er die Mauern von Jericho zum Einstürzen bringen!“

Einen der ersten Beschlüsse des neuen Parlaments bekamen die Lüths unmittelbar zu spüren: die Entfernung aller Ausländer aus dem Staatsdienst. Beamter konnte in Zukunft nur noch ein Grieche werden. Christiane schreibt, dass daraufhin etliche Deutsche im Pfarrhaus vorstellig wurden, um Geld für die Rückreise zu erbitten. Asmus Lüth blieb verschont, weil er kein Staatsangestellter war, sondern direkt der Königin unterstand.

Es folgen die Unruhen des Jahres 1848, die auch an den Lüths nicht unbemerkt vorüber gingen. Das Gären im Volk, in der Stadt wie im Umland, beunruhigten nicht nur den König, der „sehr bleich", und die Königin, die sehr „nervös" seien. Man verlange in den Straßen, dass Otto abdanke. Wenn er das aber nicht wolle, müsse man die Hilfe Englands in Anspruch nehmen. Lüth ging in den Palast, um mehr über die Situation in Erfahrung zu bringen. Aber Frau von Plüskow beantwortete seine Fragen diplomatisch: „Ihre Majestät der König weiß sehr wohl, was zu tun ist." Die Unruhen hielten an, das Militär war in Alarmbereitschaft, und Lüths beobachteten sorgenvoll das Geschehen, lasen eifrig die Zeitungen. Man befürchtete allgemein, dass die Griechen auf den Geschmack kommen und wie in anderen europäischen Ländern die Monarchie abschaffen und den König absetzen könnten. „Wir durchleben eine fürchterliche Zeit!", meinte Christiane.

Das Tagebuch der Pastorsfrau endet im April des Jahres 1848, ohne dass bekannt ist, ob sie es weitergeführt hat oder nicht. Die befürchteten Ereignisse traten nicht ein, Otto und Amalie blieben – vorläufig – auf dem Thron, und auch Asmus Lüth behielt – vorläufig – seine Stelle als persönlicher Pastor der Königin.

Die Rückkehr

„Nach fünf Jahren müssen wir an die Rückkehr nach Deutschland denken."

Es war wohl Christiane, die nach fünf Jahren Aufenthalt in Griechenland erstmals fand, dass es nun genug sei. „Die politische Situation ist unruhig. Wir müssen auch an die Erziehung der Kinder denken und an unsere Zukunft." Sie drängte ihren Mann, Amalie zu bitten, ihrem Vater nach Oldenburg zu schreiben, damit dieser ihn nach Deutschland zurückrufe. Lüth hingegen war der Meinung, dass die Königin nicht ohne ihn sein könne und sehr betrübt wäre, würde sie ihren Pastor verlieren. Und nicht wenige bestärkten ihn in dieser Ansicht, allerdings nur – wie Christiane wusste –, um ihm zu schmeicheln. In

Tat und Wahrheit war ja das Gegenteil der Fall, und Christiane und Amalie waren ausnahmsweise, ohne es voneinander zu wissen und aus unterschiedlichen Gründen, der gleichen Meinung. Christiane: „Ich kann nicht verstehen, wie solche Schmeicheleien einen Menschen so erblinden lassen können."

Einige Wochen später behauptete Lüth nach einer Unterredung mit der Königin erneut, er glaube, sie wolle ihm nicht mitteilen, ob sie von ihrem Vater Neuigkeiten habe, aus Angst, ihn zu verlieren. „Für ihn ist es wohl leichter, an so etwas zu glauben", kommentiert Christiane trocken.

Erst Anfang 1852 war es dann so weit. Lüth erhielt eine Stelle in Rensefeld nahe Lübeck, die er annahm, obwohl sie in keiner Hinsicht seinen Wünschen und ehrgeizigen Zielen entsprach. Mit dem Segen der sicher sehr erleichterten Königin und mit einem vollen Jahresgehalt des Königs konnte die Familie Lüth am 11. Mai, nach über zwölf Jahren, endlich nach Deutschland zurückreisen.

Hanne Lüth beschreibt in ihrem Tagebuch den bewegenden Abschied: „Wir sagten all unseren Nachbarn, deren Tränen reichlich flossen, Lebewohl, so dass uns das Herz noch schwerer fiel. Am Quai war fast unsere ganze Gemeinde versammelt, viele Deutsche hielten Reden, weinten."

Mit Dampfer, Kutsche und Zug ging die Reise über Triest, Ljubljana, Graz, Wien, Prag, Dresden und Leipzig. Unterwegs wurden viele Bekannte aus Athen besucht, nach 14 Tagen erreichten sie Lübeck.

Ende 1852 schreibt der Pastor seiner ehemaligen Arbeitgeberin nach Athen, dass das heimische Klima seine Gesundheit wieder ganz hergestellt und er bereits eine Taufe durchgeführt habe. Sein wiedergefundenes Glück kann er aber nicht mehr lange genießen, schon 1859 stirbt Asmus Lüth.

Abb. 2: Oldenburg, Stadtschloss und Residenz. Hier, mitten in der Stadt Oldenburg, verbrachte Amalie ihre Kindheit und Jugendjahre.

Abb. 4: Das nahe Oldenburg gelegene Schloss Rastede diente als etwas kleinere, aber ebenfalls von einem Park umgebene Sommerresidenz. Hier pflegte man fern von den Regierungsgeschäften das familiäre Beisammensein mit Spaziergängen und Kutschenfahrten in der Natur, mit gemeinsamem Lesen und Musizieren und empfing Gäste, wie die Reiseschriftstellerin Ida Hahn-Hahn oder den dänischen Märchendichter Hans Christian Andersen.

Abb. 3: Schloss Eutin, ein weit entfernter Landsitz der Familie von Oldenburg, diente als Sommerresidenz und im Herbst als Jagdschloss. Das Anwesen lag in einem großen Park und war von Wäldern und Seen umgeben.

Abb. 5: Die 18-jährige Amalie von Oldenburg. Das Porträt des Münchner Hofmalers Joseph Karl Stieler entstand 1836/37 anlässlich der Vermählung mit Otto von Wittelsbach.

Abb. 6: Otto von Wittelsbach wurde 1832 zum König von Griechenland ernannt. Zu diesem Anlass malte Joseph Karl Stieler wohl dieses Porträt. Möglicherweise zirkulierten Kopien des Bildes auf den deutschen Fürstenhöfen, wo Otto auf Brautschau ging.

Abb. 7: Das kostbar getäferte Prunkzimmer im Schloss Oldenburg wurde 1836 extra für den Empfang des griechischen Königs gebaut und kann heute noch besichtigt werden.

Abb. 8: Der „weiße Marmorsaal" im Schloss Oldenburg, wo Amalie und Otto im November 1836 getraut worden sind, hat unverändert die Zeiten überdauert.

Abb. 9: Glanzvoller Einzug der Neuvermählten im Februar 1837 in Athen.
Das griechische Volk begrüßt seine junge Königin enthusiastisch. (Litho F. Wolf, 1837)

Abb. 11: Die erste, bescheidene Residenz des Königspaars am Klafthmonos-Platz.
Sie war für Amalies Bedürfnis nach opulenten, rauschenden Ballnächten von Anfang an zu klein.
Während das Gebäude rechts, erbaut 1834, heute kaum verändert ist, wurde die Fassade
des Annexhauses links (nicht im Bild) im 19. und 20. Jahrhundert stark umgebaut.

Abb. 15: Als einer der ersten reiste der Bruder von König Otto, Kronprinz Maximilian, 1833 nach Griechenland.
Hier besuchen die beiden Brüder mit ihrem Gefolge Megara, ein westlich von Athen gelegenes Zentrum des griechischen Freiheitskampfes. Sie stehen oben an der Treppe vor dem Eingang der Ruine.

Abb. 17: Der von Amalie entworfene Gartenplan. Der Königin schwebt eine großzügige Anlage vor, ähnlich den Schlossparks in ihrer oldenburgischen Heimat. Sie leitet den Bau mit strenger Hand, lässt zahlreiche Gewächse importieren und schreckt auch nicht vor dem Transport ausgewachsener Palmen zurück. (Aquarellierte Zeichnung, um 1850)

Abb. 18: Amalies Schlossgarten, heute „Nationalgarten" genannt, eine der wenigen grünen Oasen des Molochs Athen.

Abb. 21: Das von Amalie errichtete erste Gewächshaus in Griechenland steht noch heute. Hier wurden Setzlinge gezogen, welche die Königin im ganzen Land günstig verkaufte oder verschenken ließ. Es war ihr ein Anliegen, Griechenland grüner zu machen.

Abb. 19: Das Lustschlösschen „Pyrgos Vasilissis" (Turm der Königin) befindet sich heute in einem Vorort Athens. Das verspielte Gebäude steht in krassem Gegensatz zum kasernenartigen neuen Stadtpalast und dient Amalie als Rückzugsort und Sommerfrische. Das Umland nutzt sie als landwirtschaftliches Experimentierfeld.

Abb. 20: Das Innere des Lustschlösschens war kostbar mit Holz ausgestattet und in den Farben Blau und Gold reich bemalt. Da Wirtschaftsräume fehlten, konnte dort nicht wirklich gewohnt werden.

Abb. 26: Das einstige Kloster Kesariani am Hymettos: Noch heute wegen der Lage im Wald, der Quelle und der frischen Luft ein beliebter Ausflugsort der Athener. Die Familie Lüth verbrachte hier viele Sommerwochen.

Abb. 30: Rosa Katerina Botsaris, die Tochter des Freiheitskämpfers Markos Botsaris, war die erste griechische Hofdame von Königin Amalie. Sie blieb sechs Jahre im Amt und fiel dann in Ungnade. König Ludwig I. ließ sie für seine „Schönheitsgalerie" in München durch den Maler Stieler verewigen. (Kopie)

Abb. 33: Die von einem österreichischen Exilgriechen finanzierte Athener Sternwarte (Nationales Observatorium) wurde 1842 bis1845 durch den dänischen Architekten Theophil Hansen erbaut.

Abb. 34: Die 1837 von König Otto I. gegründete Athener Universität. 1843 war das vom dänischen Architekten Christian Hansen entworfene Hauptgebäude bezugsbereit.

Abb. 39: Otto weist mit herrischer Geste auf Königin Amalie,
die offenbar den Argumenten der vor ihr stehenden griechischen Politiker,
möglichweise Minister des Parlaments, lauscht. Hinter ihr warten ihre Hofdamen.
Das Bild stellt wohl eine offizielle Audienz dar, bei der die Königin nicht nur einfach anwesend ist,
sondern erkennbar im Zentrum steht. (Litho 1854, nach einem Ölbild von 1847)

Abb. 41: Nach einem Aufstand müssen Otto und Amalie 1862 Griechenland verlassen.
Otto trägt die griechische Fustanella, Amalie im Boot scheint zu weinen.
Ein englisches Schiff bringt die Beiden nach Triest, von wo sie nach Bamberg weiterreisen.
Dort werden sie ihren Lebensabend verbringen. (Litho, 1862)

Menschen um Amalie und Christiane

Prinzessin Friederike von Oldenburg

„Wenigstens befolge ich treu die Vorschriften des Arztes.“

Weder Amalie noch Christiane waren Einzelkinder. Amalie hatte drei jüngere Geschwister, nämlich ihre Schwester Friederike und die zwei Halbbrüder Peter und Elimar. Friederike verbrachte 1842/43 fast ein ganzes Jahr in Athen, Halbbruder Peter 1851 nur wenige Wochen, bevor er weiter nach Konstantinopel reiste; Elimar, der erst 1844, also Jahre nach Amalies Abreise, in Oldenburg geboren worden war, kam nie nach Griechenland.

Christiane war das vierte von acht Kindern. Nur von der zwei Jahre jüngeren Hanne wissen wir Näheres, da sie Christiane nach Griechenland begleitet hat. Dass andere ihrer Geschwister nach Athen gereist wären, ist nicht bekannt.

Friederike kam 1820, zwei Jahre nach Amalie, zur Welt. Ihre Mutter war Erbprinzessin Adelheid, deren Schwester Ida, also die Tante der Mädchen, später ihre erste Stiefmutter wurde. Die zweite Stiefmutter, Großherzogin Cäcilie, trat in Friederikes Leben, als diese elf war.

Kindheit und Jugend Friederikes waren, abgesehen vom frühen Verlust der Mutter, überschattet von einer wohl angeborenen Rückgratverkrümmung, die einen unsicheren Gang zur Folge hatte. Mehr als drei Jahre, von ihrem 13. bis zu ihrem 16. Lebensjahr, musste sie deshalb in einem orthopädischen Institut in Lübeck verbringen, wo man mit brachial anmutenden Methoden versuchte, ihren verwachsenen Körper zu strecken und gerade zu biegen, was nichts anderes hieß, als ihn in eine heiratsfähige Form zu bringen. Das geschah hauptsächlich liegend. Das geplagte Mädchen schreibt aus Lübeck nach Hause: „Dienstag werde ich mich legen, um so bald nicht wieder aufzustehen ... vielleicht 3/4 Jahr liegen und werde diese ganze Zeit nicht gehen, laufen können.“ Konsequent wird mit speziellen Vorrichtungen und Apparaturen alles im Liegen durchgeführt: Essen, Schreiben, Handarbeiten. Auch nach der Behandlung musste Friederike Gymnastikübungen durchführen, eine Diät einhalten und nachts ein Korsett tragen. „Die Hoheit lässt sich kurz vor Schlafengehen die Korsett-Maschine anlegen. Dann lassen Sie sich auf Ihre harte Matratze mit dem Riemen in der horizontalen Rückenlage befestigen, um eine schiefe Lage im Schlafen zu verhindern", lauteten die Anweisungen des Arztes für ihre „Ferien" zuhause. Ob die Therapie erfolgreich war, lässt sich nicht sagen. Es gibt kaum Bilder der Prinzessin; und auch wenn es mehr gegeben hätte, man hätte wohl diesen körperlichen Makel tunlichst kaschiert.

Ein Mädchendoppelporträt mit Amalie, das im Schloss Eutin hängt, zeigt eine pummelige Friederike mit sieben Jahren ohne eigentümliche körperliche Merkmale. Auf einer Lithographie im Stadtmuseum Oldenburg, hergestellt um 1850, präsentiert sich die nun rund Dreißigjährige zwar mit leicht verkniffenem Ausdruck, aber in einwandfreier Haltung (Abb. 27). Die runden Schultern und vollen Arme deuten bereits die Korpulenz an, die sich auf einer späteren Fotografie nicht mehr verbergen lässt; Friederike ist da verheiratet und behäbige Gutsherrin in Pöls.

Abb. 27: Prinzessin Friederike von Oldenburg war die jüngere Schwester Amalies. Wegen eines unstatthaften Techtelmechtels musste sie Oldenburg verlassen. Als einziges Familienmitglied verbrachte sie deshalb viele Monate in Athen. (Litho Th. Hamacher, um 1850)

Der Druck auf die junge Frau, trotz ihrer körperlichen Mängel einen Mann zu finden, war beträchtlich, denn „da wir keine Klöster haben, so ist das Schicksal einer unverheirateten Prinzessin das unglücklichste, das sich denken lässt", schreibt ihr Vater der anderen Tochter Amalie nach Athen. Sei man jung und schön, könne man Ansprüche stellen, „aber hier ist alles das leider nicht der Fall", beklagt er sich. Dazu kam, dass Friederike einige ernsthafte und geeignete Heiratskandidaten ablehnte, weil sie sich ohne Liebe oder mindestens Zuneigung nicht vermählen wollte.

Nach der gemeinsam verbrachten Kindheit scheinen sich die beiden Schwestern durch den Lübecker Klinikaufenthalt ein wenig entfremdet zu haben. Friederikes Therapie endete just, als Amalie Oldenburg als zukünftige Königin von Griechenland am Arm von Otto verließ. Ihre Lebenswege trennten sich. Erst fünf Jahre später sollten sich die beiden in Athen wiedersehen, wo man Friederike sozusagen zur Beruhigung hinschickte. Denn während Amalie in Athen in ihre

Rolle hineinwuchs und am griechischen Hof glänzte, verhedderte sich Friederike in einer Mesalliance. Um ihr diese Flausen auszutreiben und vor allem, um einen Skandal zu vermeiden, schickte man sie 1842 möglichst weit weg – zu ihrer Schwester nach Griechenland.

Während sich Amalie über den Besuch aus der Heimat freut und ihrem Vater schreibt: „Für mich wäre es so herrlich. Was ich habe an Frohsinn, Lebensfreudigkeit, Gottesvertrauen, an Mitteilungsgabe, alles will ich ihr geben", scheint sich Friederikes Begeisterung in Grenzen zu halten. Da ihr Vater die Ortsveränderung aber anordnet, bleibt ihr nichts anderes übrig, als sich zu fügen.

Der Grund für die Entfernung Friederikes aus Oldenburg wird in der Korrespondenz zwischen Vater und Tochter nicht präzisiert. Es ist Christiane, die in ihrem Tagebuch am 5. April 1844 notiert, dass ein Doktor Sonnewald, den die Familie Lüth offenbar hin und wieder konsultierte, ihr erzählt habe, der Aufenthalt der Prinzessin Friederike in Athen sei eine Strafversetzung gewesen; die Prinzessin habe eine Liaison mit ihrem Musiklehrer gehabt. Gerücht oder Wahrheit? Wie auch immer, der Besuch in Athen hatte nur ein Ziel: „Wenn doch die Friederike bald einen Mann bekäme; es ist gar so schrecklich, eine Prinzessin, die unverheiratet bleibt, ich kann mir nichts Gräulicheres denken. Aber jetzt, wo sie so hübsch geworden ist, wird es kein Zweifel sein, dass sie nächstes Jahr heiratet." Amalies Wunsch sollte sich erst viele Jahre später und ganz ohne ihr Zutun erfüllen.

In Athen muss Friederike erst reiten lernen, um die exzessiven Ausritte ihrer Schwester mitmachen zu können. Sie besuchen zu Pferd verschiedene Klöster in der Umgebung. Die wilde Natur scheint ihr zu gefallen; später wird sie ihre Gemächer im Schloss Oldenburg vornehmlich mit Landschaftsbildern schmücken. Amalie stellt fest, dass ihre Schwester aufrechter reitet als dass sie steht. Zudem habe sich ihr Teint gebessert, sie litt offenbar auch unter Hautproblemen. Lange Empfänge, bei denen sie stehen muss, machen ihr große Mühe, weshalb Amalie ihren Mann Otto bittet, den üblichen „cercle", einen halbkreisförmigen Stehempfang, jeweils abzukürzen. Medizinisch betreut wird Friederike von Hofarzt Röser, der ihr einmal ein schmerzstillendes Mittel verabreicht, „worin ganz unbedeutend Opium war, den andern Morgen war ich angegriffen und so unwohl zu Mute, dass ich mein Bett aufsuchte und den ganzen Tag in einem betäubenden Schlaf lag. Ich schrieb es dem Pulver zu, doch Röser wollte dies nicht zugeben, gab er doch der Schwester die vierfache Portion, ohne dass sie das Geringste verspüre", schreibt sie nach Hause.

Friederike war es in Athen nicht wohl. Vermutlich fühlte sie sich als fünftes Rad am Wagen, neben der schönen, impulsiven Königin als kränkliches Mauerblümchen, das nach seinem Fauxpas wieder in die Spur gebracht werden sollte. Amalie ist sich dieser Aufgabe durchaus bewusst. „Von allen Seiten macht man mir Komplimente, wie sehr sich Friederike bei mir verschönert hat, da ihr Auftreten gewonnen und meine Erziehung angeschlagen hat." Sie lobt ihre Schwester, diese sei stets gut gelaunt, bescheiden und diskret, nie stelle sie Fragen, und „wenn sie Otto und mich im Gespräch vorfindet, zieht sie sich sofort zurück". Gleichzeitig muss sie zugeben, dass ihre Schwester oft leidend ist, erschöpft und mit der Kutsche zurückfährt, statt zu reiten. Dass sie schlecht schläft und Stiche in der Seite spürt. Amalie entgeht auch nicht, dass ihre Schwester unglücklich ist, und sie spürt, dass dies mit der Affäre in Oldenburg zusammenhängt, obwohl die beiden Schwestern offenbar nie direkt miteinander darüber reden.

Zuhause versuchen die Eltern unterdessen verzweifelt, die unangepasste Tochter zu verheiraten. Amalie schlägt sich – ausnahmsweise – auf die Seite ihrer Schwester und schreibt ihrem Vater, Doktor Röser glaube nicht, dass deren Zustand mit einer Verheiratung besser würde. „Ganz allgemein bin ich seiner Meinung. Ich glaube nicht, dass Friederike jemand anders glücklich machen kann, solange sie diese Geschichte nicht überwunden hat, diese Geschichte, von der einige glauben, dass sie eine Bagatelle gewesen sei. Das glaube ich nicht. Ich glaube, es war da eine Seelenverwandtschaft. Sonst wäre die Sache nach einem Jahr vorbei gewesen, und sie hätte sich anderen Dingen zugewandt. Aber ich beobachte sie genau. Seit fünf Monaten habe ich sie an meiner Seite. Ich weiß, dass ihr in Oldenburg die Dinge anders betrachtet, aber ihr tut Friederike unrecht. Ich rate ihr ständig, streng mit sich zu sein, die Gedanken an diese Sache zu verdrängen, sie zu überwinden, um bereit zu sein, euch zu gehorchen, wenn ihr mit einem bestimmten Wunsch an sie herantretet. Denn auch ich wünsche mir, dass sie heiratet." Amalie versucht also, ihre Schwester vor der Allmacht des Vaters in Schutz zu nehmen, ist aber grundsätzlich mit dem Ziel, eine Vermählung, einverstanden.

Friederike, die von dieser Korrespondenz nichts weiß, schreibt nach Hause: „Freilich bin ich sehr gerne und glücklich hier, aber ich muss fürchten, auf die Dauer lästig zu fallen, und das ist ein erdrückendes Gefühl." Sie sehnt sich nach ihrer Familie. Dort aber ist sie nicht erwünscht, weil sich bei der Stiefmutter Cäcilie eine Schwangerschaft ankündigt. Die erwachsene, unverheiratete Tochter ist da ein Störfaktor, den man aus dem Weg haben will. Friederike muss bleiben, wo sie ist.

In Griechenland spitzt sich unterdessen die politische Lage gefährlich zu, und nach der Revolution im September 1843 dringt Amalie selber auf eine rasche Rückkehr ihrer Schwester nach Oldenburg, da sie um deren Sicherheit bangt. Die Pfarrfrau Christiane erwirkt noch kurz vor der Abreise Friederikes eine Audienz bei ihr, um sie zu verabschieden. Sie schreibt am 9. September: „Die Prinzessin war sehr traurig und weinte, weil sie ihre Schwester in diesen unsicheren Zeiten verlassen musste. Ich weinte ein wenig mit ihr.“ Am nächsten Tag verlässt Friederike Griechenland.

Zuhause in Oldenburg erwartet die nun 23-Jährige der Heiratsantrag von Carl von Hessen-Philippsthal, einem Erbprinzen – eine gute Partie, wenn auch schon über 40 Jahre alt. Vater und Stiefmutter drängen. „Wir Eltern müssen wünschen, unsere Töchter vermählt zu sehen und ihren Beruf zu erfüllen. Vernunft-Heiraten sind immer sicherer als andere.“ Aber Friederike weigert sich standhaft, und Prinz Carl reist unverrichteter Dinge ab. Die Sache wirbelt wieder einigen Staub auf. Amalie bittet ihren Vater, auf Friederike nicht böse zu sein. Es sei besser, mit einer Heirat noch abzuwarten, im andern Fall sei ihre Schwester doch auf ewig unglücklich. Sie werde schon einen anderen finden. „Sie ist noch jung, wenn auch nicht hübsch, hat sie etwas überaus Bezauberndes und ausgezeichnete Fähigkeiten. Habt noch ein wenig Geduld!“

Nach dem Tod ihrer Stiefmutter Cäcilie im Folgejahr 1844 – sie starb kurz nach der Geburt Elimars – übernahm Friederike deren Rolle und Pflichten am Hof in Oldenburg und wurde zur engsten Begleiterin ihres Vaters. Sie bezog eine eigene Wohnung im Erdgeschoss des Schlosses. Noch erhaltene sogenannte „Zimmerbilder“, ein damals neues kunstgewerbliches Genre, zeigen, dass die ledige Prinzessin sowohl Sachbücher als auch Zeitungen las und mit ihrem Vater Billard spielte, alles damals nicht gerade weibliche Beschäftigungen. Sie hatte ein Klavier im Salon, und sie liebte Landschaftsdarstellungen, die sie – zusammen mit einem Porträt von Amalie – wohl an ihr Jahr in Griechenland erinnert haben dürften.

Es macht fast den Eindruck, als ob die Tochter nach Jahren des unterwürfigen Gehorsams eine ihr zusagende Aufgabe gefunden hatte und selber Entscheidungen traf. Die Meinung der Gesellschaft interessierte sie dabei nicht. Nach dem Tod ihres Vaters nämlich gab die im Volk sehr beliebte Friederike mit 35 Jahren dem Baron Maximilian von Washington das Jawort. Eine ungewöhnliche Ehe. Er war neun Jahre jünger als sie und als Erzieher ihres kleinen Stiefbruders Elimar, also als Angestellter, durchaus nicht standesgemäß. In der Welt des Hochadels war das einerseits ein Skandal, andererseits war man froh, dass die in mehrerer Hinsicht scheinbar missratene Tochter endlich doch noch eine Haube gefunden hatte. Die vergleichsweise bescheidene Hochzeit fand in der oldenburgischen Sommerresidenz Rastede statt, das Paar lebte dann auf Schloss Pöls in der Steiermark, das Friederike mit ihrem Erbe gekauft hatte. Man widmete sich dort ganz praktisch der Gutswirtschaft.

Friederike schenkte im fortgeschrittenen Alter überraschenderweise noch zwei Söhnen das Leben. „Die beiden Knaben sollen schöne, kräftige Kinder sein“, schreibt die kinderlose Amalie sicher nicht ohne Bitterkeit. Warum gelang ihr, die doch so robust, gesund und lebenstüchtig war, nicht, was ihre kränkliche Schwester offenbar problemlos schaffte?

Die gesellschaftlich unpassende Verbindung mit Maximilian war, anders als viele arrangierte Ehen in Adelskreisen, eine glückliche. Nichtsdestotrotz wurde sie auf oldenburgischen Stammtafeln unter den Teppich gekehrt. Friederike starb 1891, 16 Jahre nach Amalie, auf Schloss Pöls bei Graz.

Johanne Andrea Fischer, genannt Hanne

„Wie schön, dass jemand da ist, der die nötigen Arbeiten erledigt."

Von der 1819 geborenen Johanne Fischer wissen wir nur, was ihre Schwester Christiane über sie schreibt. Anders als Prinzessin Friederike von Oldenburg war sie „nur" die Tochter eines Oberförsters und hinterließ kaum Spuren in der Geschichte. Ihre Heirat mit dem dänischen Architekten Laurits Albert Winstrup verhalf ihr immerhin zu einer Notiz in dessen Wikipedia-Eintrag. Wir lesen dort, dass ihr Vater (und damit wohl auch der Vater von Christiane) Henrik Georg Frederik Fischer hieß und ihre Mutter (wohl auch die Mutter Christianes) Meta Elisabeth Pedersen. Sowohl die Mutter als auch eine weitere Schwester Clara korrespondierten mit Tochter und Schwester in Athen und schickten gelegentlich auch Kleider für die beiden Frauen und Christianes Kinder.

Abb. 28: Die zwei Jahre jüngere Schwester von Christiane, Johanne Andrea, genannt „Hanne", kam mit nach Athen und war der Familie eine sehr große Stütze. Sie lebte zurückgezogen; eine Bekanntschaft mit einem Katholiken wurde von Pastor Lüth unterbunden. Erst 1858, nach ihrer Rückkehr mit der Familie Lüth nach Norddeutschland, verheiratete sie sich.

Dank der schon erwähnten Familienaufnahme der Lüths in Athen (1847) können wir uns ein Bild von der jungen Frau machen (Abb. 28). Hanne steht dort als einzige der Erwachsenen, und zwar hinter ihrem Schwager und Pastor Asmus Lüth. Mit dem rechten Ellbogen stützt sie sich etwas steif auf eine Stuhllehne und umfasst die rechte Hand mit der linken. Sie blickt den Fotografen nicht an, sondern schaut rechts aus dem Bild.

Ihre Schultern sind der damaligen Mode entsprechend unbedeckt, eingefasst von einem breiten Spitzenvolant, ganz ähnlich wie beim Kleid der rechts vor ihr sitzenden Schwester. Die Unterarme sind wie bei Christiane nackt. Sie scheint keinerlei Schmuck zu tragen. Vermutlich haben die beiden Schwestern die gleiche, streng gescheitelte Frisur, das lässt sich nicht genau erkennen. Nur einmal erwähnt Christiane in ihrem Tagebuch, dass jemand gesagt habe, sie und ihre Schwester würden einander gleichen wie ein Ei dem andern. Hanne dürfte also auch blond gewesen sein.

Ob Hanne ebenfalls ein Tagebuch verfasst hat, ist unklar. Es existieren aber von ihrer Hand zahlreiche amüsante kleine Skizzen des –

Abb. 29: Hanne verewigte das Lüth'sche Familienleben in zahlreichen, amüsanten Szenen. Ihre Erläuterungen auf Griechisch oder Dänisch sind aber heute leider – da zerschnitten – kaum noch zu entziffern.

wie es oft scheint – turbulenten Lüth'schen Familienlebens (Abb. 29), die Christiane (oder eher einer ihrer Nachkommen) offenbar aus einem Heft herausgeschnitten und dem Tagebuch von Christiane beigefügt hat. Die Ausschnitte, publiziert in der griechischen Übersetzung der Tagebücher Christianes, beinhalten immer wieder auch Sätze auf Dänisch oder Griechisch (geschrieben von Christiane oder Hanne?), die durch das Herausschneiden zerstückelt wurden, und heute leider keinen Sinn mehr ergeben.

Hannes Skizzen zeigen alle Familienmitglieder. Es scheint, dass sie sich selber etwas größer und schlanker darstellt als Christiane, die kleiner und runder ist; Christianes Figur hat gern auch eine prominente Hakennase. Griechen treten stets mit Fustanella und Fez auf; Kinder, Hühner, Gänse, Hunde und Katzen beleben die Szenen.

Hanne galt in Athen als Familienmitglied der Lüths. Sie half ihrer Schwester im Haushalt, bei der Kinderpflege, später beim Unterrichten der Kinder und bei der Betreuung der Bittsteller, die im Pfarrhaus vorstellig wurden. Wie Christiane unterstützte auch sie Lüth in der Administration der Pfarrei, führte die Kirchenbücher nach. Offenbar kam die junge Frau anfangs kaum aus dem Haus. Christiane schreibt 1840 von einer Einladung der Frau des dänischen Botschafters, die Hanne explizit mit den Worten einlud: „Kommen Sie, damit Sie endlich einmal Ihre Ecke verlassen!" Später half sie auch außerhalb der Familie aus, wenn Not an der Frau war, bei einem Todesfall oder einer Geburt beispielsweise, und scheint sich in der Athener Gesellschaft ziemlich selbstständig bewegt zu haben.

1841 bahnte sich eine Bekanntschaft der jungen Frau mit dem katholischen Hofbeamten Friedrich Graf an, die aber seiner „falschen" Religion wegen unterbunden werden musste. Christiane schweigt sich über diese kurze Affäre aus. Sie lässt einzig verlauten, dass der Haussegen eine Weile schief hing. Möglicherweise wäre Hanne selber eine gemischtreligiöse Heirat eingegangen, aber im Pastorenhaushalt war das ein Ding der Unmöglichkeit.

Bereits 1844 verständigte sich Hanne problemlos auf Griechisch und besuchte griechische Theatervorstellungen. Sie war vielseitig begabt, konnte in einem deutschen Zirkel dem Vortrag eines Historikers lauschen, ein Werk Lord Byrons analysieren, mit den Kindern Lotto spielen oder ihnen bei den Hausaufgaben helfen; handkehrum konnte sie auch einmal zur Säge greifen, um die Beine des Kindertisches zu kürzen, was Christiane zur spitzen, auf ihren Mann gemünzten Bemerkung veranlasste: „Wie schön, dass jemand da ist, der die nötigen Arbeiten erledigt!"

Wie Christiane war Hanne gut zu Fuß, und mit den Kindern unternahm die Familie zahlreiche Wanderungen in die Berge rings um Athen: „Wir Frauen hatten dabei Rucksäcke am Rücken, gefüllt mit Feigen, Mandeln, Datteln und Flaschen mit Wasser, für andere sicher ein ungewohnter Anblick", schreibt Christiane. In der Tat war das zweckfreie Wandern in der Natur für Griechen völlig unverständlich.

Mit den Jahren gab es im Haushalt Lüth mehrere Angestellte: eine Haushälterin, den Koch und Einkäufer Jannis sowie einen Gärtner und eine Waschfrau, die bei Bedarf vorbeikamen. Das gab den beiden Frauen etwas Luft und mehr Freiheiten, vor allem dann, wenn der Hausherr für mehrere Tage auf die Jagd ging.

Wie Christiane liebte auch Hanne das Reisen. Beide genossen das unkomplizierte, einfache Leben auf dem Schiff, die abenteuerlichen Ausritte zu Pferd, Maultier oder Esel, ganz im Gegensatz zu Asmus Lüth, der überall den heimischen Komfort vermisste und immer etwas zum Nörgeln fand. Oft war es Hanne, die bei einem Sturm auf dem Meer, bei einem Unfall oder sonst bei einem unglücklichen Ereignis die Nerven nicht verlor und für Ruhe und Ordnung sorgte. Sie wurde auch weniger seekrank als der Rest der Familie.

Auf der Reise nach Epidauros im Jahr 1850 wurde die Familie Lüth von zwei Dänen begleitet: dem Philologen Christian Listov und dem Architekten Laurits Winstrup. Letzterer wollte vor allem antike Denkmäler besuchen, die er ausmaß und von denen er Zeichnungen und kleine Aquarelle anfertigte. Hanne und Laurits kamen sich auf dieser oder auf der nächsten Reise, die bis nach Ephesos führte, offenbar näher, ohne dass Christiane darüber etwas notiert hätte. 1858 jedenfalls – die Familie Lüth lebte seit wenigen Jahren wieder in der Heimat – heirateten Hanne und Laurits und ließen sich im dänischen Kolding nieder.

Den Tod von Asmus Lüth, der mit nur 53 Jahren 1859 starb, nahm Hanne zum Anlass, ihre Schwester und deren Kinder zu sich nach Kolding zu holen. 1878 reiste sie mit ihrem Mann noch einmal nach Griechenland, und nach seinem Tod besuchten die beiden Schwestern zusammen mit Christianes Tochter Damaris 1891 ein letztes Mal den Ort, wo sie offenbar glücklich waren.

Hanne starb 1910 im Alter von 91 Jahren vermutlich in Kolding.

Rosa Katerina Botsaris – die schönste Frau Griechenlands

„Leicht wie eine Feder, auf ihrem Pferd hinfliegend auf schmalem Felsensteig.“

Schon 1837 berichtet die Oberhofmeisterin Frau von Nordenflycht, dass die Königin sich mit dem Gedanken trage, eine griechische Hofdame einzustellen, „ein junges Mädchen, welches nur Griechisch rede und die Landestracht trage, ist von der Königin gewiss klug und richtig gedacht. Aber die Eifersucht der Familien untereinander ist so groß, dass die Wahl schwer fällt.“

Im Frühjahr 1838 ist es dann soweit, Amalie entscheidet sich für Katerina Botsaris (1819–1875), genannt Rosa (Abb. 30; S. 116). Sie schreibt ihrem Vater: „Es ist die jüngere Tochter des berühmten Freiheitskämpfers Markos Botsaris. Sie ist sechzehn Jahre alt, sehr schön, blond, was in Griechenland selten ist, sie hat reine Haut und schöne Farben im Gesicht. Ihre Mutter hätte es vorgezogen, wenn ich die ältere Tochter Vasiliki gewählt hätte, die könne Französisch. Aber diese ist – wenn ich mich nicht täusche – bereits zwanzig, und das ist in Griechenland schon ein wenig alt. Zudem scheint sie mir etwas altklug zu sein.“

Frau von Nordenflycht fällt die Aufgabe zu, die junge Frau in das Leben als Hofdame einzuführen. „Sie ist klug und anstellig. Gestern machte ich mit ihr einen Visitenkurs und sah, welche freudige Teilnahme es überall beim Volk erregte, sie neben mir im Hofwagen zu sehen. Aus Werkstätten und Boutiquen steckten die Griechen ihre Köpfe hervor und winkten. Nun ja, die erste griechische Hofdame der ersten Königin von Griechenland ist auch gewiss in ihrer Art eine interessante und angenehme Erscheinung. Die junge Dame selbst ist weit minder verlegen in ihrer neuen Situation als ich mir gedacht hätte, und bei den Besuchen zog sie, wo wir nicht angenommen wurden, ihre Karte so ruhig hervor und gab sie dem Diener mit einer Miene, als hätte sie das Visitenfahren schon jahrelang in den Straßen von Wien und Paris getrieben. Heute gehe ich mit ihr zum Diner beim englischen Gesandten, neugierig, wie sie sich da machen wird. Sie hat bereits angefangen, Französisch zu lernen; jetzt wäre noch ein guter Tanzmeister für sie nötig. Beim letzten Hofball war sie noch Zuschauerin."

Alle sind von dem frischen und einnehmenden Wesen begeistert. 1840 verliebte sich der Archäologe Ludwig Ross gar in die junge Hofdame, die ihre Herrschaften auf den Reisen begleitete, welche unter Ross' kundiger Führung stattfanden. Seine Werbung wurde jedoch schnöde zurückgewiesen. Die Familie Botsaris wollte von einer Verbindung mit einem Deutschen nichts wissen.

Auch Hans Christian Andersen war entzückt. Er begegnete Katerina auf einem Ausflug: „Auf dem Weg nebenan kam ein Zug europäisch gekleideter, reitender Damen und Herren; sie gehörten zum Hofstaat König Ottos; wir begrüßten uns, und sie verschwanden hinter den Hecken. Nun kam ein Nachtrab, ein junges Mädchen zu Pferde, ganz in griechischer Kleidung und mit rotem Fez auf dem kohlschwarzen Haar. Die königliche Stirn, die kecken, dunklen Augen und die kühne Haltung auf dem Pferde sagten uns, es sei ein echt hellenisches Weib, sie flog wie eine herrliche Erscheinung durch den Wald, wie die Königin der griechischen Elfen! Es war die Hofdame der Königin, Athens schönste Jungfrau."

Während der dänische Märchendichter die für Griechenland dunkle Erscheinung hervorhebt – angeblich hat Katerina kohlschwarzes Haar – beschreibt Amalie ihre Hofdame weniger märchenhaft als blond! Sie sei zudem „lebenslustig, intelligent, glücklich und verzaubert alle, scheint ein wenig naiv zu sein, ist aber auch ganz listig." Mit ihrer Gesundheit steht es allerdings nicht zum Besten. Frau von Nordenflycht meint schon bald, Katerina sei von zarter Gestalt, erwähnt hin und wieder, dass sie erkrankt sei und ihren Dienst nicht versehen könne. Amalie nimmt sie dann 1841 auf ihre Badereise nach Ems mit, da sie „gesundheitlich ein wenig angeschlagen" sei. Bei einem längeren Zwischenhalt in München hatte sie die Ehre, vom Maler Karl Josef Stieler für die Schönheitsgalerie Ludwigs I. im Schloss Nymphenburg porträtiert zu werden.

1843, nach der unblutigen Revolution, kühlt sich das Verhältnis zwischen Königin und griechischer Hofdame merklich ab. Amalie bezeichnet sie plötzlich als „große Heuchlerin", ja gar als Spionin. „Alles, was wir sagen, wird weitergegeben." Vermutlich ist der Verdacht Amalies nicht unbegründet, stammt Katerina doch aus einer alten Familie, die maßgeblich am Freiheitskampf 1821 beteiligt gewesen ist und sich nun durch die Monarchie um die Früchte ihres Kampfes betrogen sieht.

1844 erleidet die junge Frau auf einer Kutschenfahrt so etwas wie einen epileptischen Anfall, der die Königin in Angst und Schrecken versetzt, nicht etwa aus Sorge um ihre Hofdame, sondern um ihrer selbst wegen. Sie schreibt ihrem Vater unbarmherzig: „Anfang April hat mein Liebling Botsaris einen Anfall gehabt. Wir sind alle sehr erschrocken, ich bin schockiert. Doktor Röser hat keine Ahnung, was das sein könnte, aber einige Anzeichen deuten seiner Meinung nach auf Epilepsie. Ich darf mich auf keinen Fall anstecken lassen. Wenn sie wieder einen solchen Anfall hat, könnte das doch einen furchtbaren Unfall zur Folge haben. Dieser Gefahr muss ich ausweichen, ich will sie nicht mehr in meiner Nähe haben, sie muss weg. Das Ganze lässt sich auch nicht mehr verheimlichen, der Kutscher und die Pferdeknechte haben alles mitbekommen. Nur sie weiß von nichts, glaubt lediglich, eine kleine Ohnmacht gehabt zu haben, und will mich nicht verlassen. Natürlich bedaure ich sie sehr, muss sie nun ständig abwimmeln. Da ich nicht weiß, was ich tun soll, habe ich ihre Mutter rufen lassen. Man könnte sie verheiraten, es gäbe durchaus Interessenten, aber man müsste diesen Mann über die Sache aufklären. Die Familie will sie nun zuerst eine Weile nach Hause, nach Missolonghi, schicken. Gestern nun hat die Botsaris uns erklärt, dass sie, wenn sie keine Entschädigung für diese Reise erhält, nicht reisen könne. Wie wenn es nicht zu ihrem Besten wäre, dass wir ihr die Erlaubnis geben zu reisen. Zudem kostet diese Reise doch fast nichts. Darüber hinaus will sie drei Monate Vorauszahlung als Entschädigung. Angesichts von so viel Unverschämtheit fühlt man sich erstarrt. Viele an meiner Stelle hätten sie nach dem Vorfall in der Kutsche sofort entlassen. Ich habe sie behalten, sorge mich und tue, was ich kann, damit die Sache ihr selbst und ihrer Familie nicht schadet. Seit einer Woche nehme ich deswegen Strapazen auf mich. Aber statt zu danken, benimmt sie sich unmöglich. Früher war sie mir so sympathisch, ich war ihr so gut. Sie zahlt es mir mit Undankbarkeit zurück. Für eine Ehe ist sie jedenfalls völlig ungeeignet. Aber das muss derjenige wissen, der sie heiratet. Vielleicht kann er sie ja noch umerziehen, ich habe das nicht geschafft."

Die Königin fürchtet also irgendeine Ansteckung und will die Hofdame möglichst rasch loswerden. Sie hat nicht nur kein Verständnis dafür, dass Katerina sich gegen die aus ihrer Sicht unbegründete Entlassung wehrt, Amalie stellt sich selber ihrem Vater in Oldenburg gegenüber sogar als besonders verständnisvoll und großzügig dar.

Katerina reist schließlich zu ihrer Familie und kommt im Juni 1844 ein letztes Mal in den Palast zurück, wohl um ihre Sachen zu packen. Amalie findet, sie sähe schrecklich mitgenommen aus, ihr passe wohl der Bräutigam nicht, den man für sie ausgesucht habe: Prinz Georgios Karatzas, ein reicher Fanariote aus bestem Hause, General in der griechischen Armee, allerdings 17 Jahre älter. Die junge Frau muss sich fügen. Sie heiratet bald und lebt fortan im Piräus.

Frau von Plüskow besucht Katerina im Juni 1846: „Sie ist nun verheiratete Karatzas, trägt also einen Prinzessinnentitel. Allerdings hatte ich keinen guten Eindruck von ihr, sie schien krank, bleich und kraftlos."

Die Königin wird ihre erste griechische Hofdame in den Briefen an ihren Vater nur noch einmal erwähnen: 1847 schreibt sie kurz, dass diese einem zweiten Buben, Alexandros, das Leben geschenkt habe; zwei Jahre zuvor war Marcos auf die Welt gekommen. Zwei weitere Kinder verstarben früh.

Der Athener Hof und seine Frauen

„Ich brauche keine Wächter."

Die Organisation des Hofstaats in Athen folgte gemäß der Internetseite „graecogermanica.gr" dem bayerischen Modell: Oberhofmeisterin, Hofdamen, Ehrendamen, Kammerfrauen, Leinwandverwahrerin, Arbeiterinnen (Näherinnen, Waschfrauen, Mägde ...). Die Damen der ersten drei Hierarchiestufen stammten immer aus adligen Kreisen, ihre Wahl war politisch und keineswegs Amalie selbst überlassen, auch wenn man die Wünsche der Königin berücksichtigte. Besonders das Amt der Oberhofmeisterin war einflussreich. Es verlangte Intelligenz, Bildung, Gesundheit, körperliche Kraft und Ausdauer, Diplomatie sowie gutes Durchsetzungsvermögen. Sie harrte stets an der Seite der Königin aus, genehmigte – oder verhinderte – Audienzen und Besuche, war Ratgeberin, Assistentin und Vertraute in einer Person und hatte über die Königin durchaus Einfluss auch auf den König.

Als Oberhofmeisterin Amalies amtierte bis 1839 Frau von Nordenflycht. Ihre Ablösung durch Frau von Plüskow war für Amalie sicher ein sehr schwieriger Moment, war doch ihre betagte Erzieherin gleichzeitig ihre engste und einzige Vertraute. Auch zwischen den beiden Damen müssen sich die Zuständigkeiten wohl erst wieder neu eingependelt haben, und zu Beginn gab es durchaus Friktionen. Die Plüskow konnte offenbar ironisch sein, wofür die Nordenflycht kein Ohr hatte. Für letztere war es aber einerseits eine Erleichterung, die für sie zunehmend gesundheitlich schwierige und anstrengende Begleitung der Königin abzugeben – „ich sehne mich nach Ruhe; das Hofleben ist mir zuwider" –, anderseits muss es sich für sie wie eine Zurücksetzung angefühlt haben, obwohl ihr der neue Titel „Schlüsseldame“ zugesprochen wurde.

Amalie schreibt ihrem Vater bald, dass sie von der Neuen positiv eingenommen sei. Frau von Plüskow sei verschwiegen, ruhig und mache einen zufriedenen Eindruck. Manchmal sei sie allerdings auch zu eifrig und folge ihr überall hin. „Das ist nicht nötig! Ich brauche keine Wächter! Sie hält sich für unentbehrlich und oberwichtig!“ Sie, Amalie, könne auch nicht vor ihr weinen, ihr Blick trockne die Tränen sofort. Offenbar entbehrte Frau von Plüskow nicht einer gewissen Härte. Sie weigerte sich auch standhaft, reiten zu lernen oder im Meer zu baden, was Amalie sicher von ihr verlangt hat.

Abb. 31: Die Hofdamen von Königin Amalie. Bis auf die Oberhofmeisterin Wilhelmine von Plüskow und Elise Rennenkampff (vierte und dritte von links) tragen alle ihre jeweilige Inseltracht. Zweite von links: Eleni Botassi; dritte von rechts: Fotini Mavromichali. (Daguerreotypie Philibert Perraud, um 1847)

Hofdame bei Königin Amalie zu sein, war sicher nicht einfach (Abb. 31). Von den jungen Frauen, es waren in der Regel zwei, wurde verlangt, sich für ein paar Jahre zu verpflichten und während dieser Zeit nicht zu heiraten. Sie erhielten ein jährliches Gehalt, hatten freie Kost und Logis sowie ärztliche Versorgung und durften den königlichen Fuhrpark – Kutschen und Schiffe – sowie die Pferde benutzen. Ihre Aufgabe bestand hauptsächlich in ihrer Anwesenheit bei allen offiziellen und vielen inoffiziellen Anlässen. Sie hatten die Königin turnusmäßig zu begleiten, zu unterhalten und ihr in allen Lebenslagen beizustehen. Da sie auch die Funktion hatten, den Glanz der

Königin zu erhöhen, mussten sie gut aussehen und nebst einem tadellosen Benehmen auch ein gewinnendes Wesen zeigen.

Hierarchisch unter den Hofdamen amteten vier Ehrendamen, meist ältere verheiratete Griechinnen aus vornehmen Familien. Darunter folgten noch drei bürgerliche Kammerzofen, die sich vornehmlich um Garderobe und Schmuck der Königin kümmerten. Die Oberhofmeisterin und die Hofdamen hatten Anrecht auf je eine Kammerjungfer.

Um ihre Verbindungen nach Oldenburg nicht abreißen zu lassen, bestand Amalie bei den Hofdamen auf mindestens eine Frau aus ihrer Heimat; neben Katerina Botsaris war das die ersten Jahre ein Fräulein Johanna von Wiesenthau, später abgelöst von Elise Rennenkampff. Die Damen aus Oldenburg hatten auch immer die Pflicht, den Griechinnen die Hofetikette beizubringen. Diese „Erziehung“ verlief nicht immer problemlos. Die Nachfolgerin der Botsaris, Eleni Botassi, wusste sich nicht zu benehmen. In den Briefen Amalies, die erst voll des Lobes waren über die Neue, mehrten sich zunehmend Zweifel an der Wahl. Bezeichnete sie sie erst als intelligent, gutherzig und lebenslustig, ärgerte sie sich bald über Elenis Benehmen. Die junge Griechin fürchtete sich vor Pferden und wollte nicht reiten. Bei den Ausflügen ging sie immer zu Fuß nebenher, „und das muss natürlich aufhören!“, klagt Amalie ihrem Vater. Als Eleni schließlich doch reiten lernte, stellte sie sich ungeschickt an und fiel öfters vom Pferd. Eineinhalb Jahre nach ihrer Einstellung verguckte sie sich in einen Adjutanten des Königs, einen angesehenen Griechen aus gutem Hause, und machte aus ihrer Verliebtheit offenbar kein Hehl. Als Amalie die Affäre zu Ohren kam, beendete sie diese sofort. Kurz nach dieser Episode erregte die Botassi wieder Aufsehen, diesmal skandalträchtig: Sie erwartete ein Kind. Allerdings nicht von ihrem Adjutanten, sondern von jemandem weit unter ihrem Stand. Damit war sie für den Palast nicht mehr tragbar. Da sie aus freien Stücken ihren Dienst nicht quittieren wollte, musste sie dazu gezwungen werden. Auch die anschließende Heirat mit dem Kindsvater, einem Medizinstudenten, war nicht freiwillig. Die Botassi wusste, dass ihre Familie, die diesen Sprössling eines Kapitäns nicht als Schwiegersohn akzeptieren konnte, sie verstoßen würde.

Nur von der Oberhofdame von Plüskow erfahren wir, dass Eleni vor dieser Geschichte kurz nacheinander ihren Bruder, ihre geliebte Großmutter und ihre Schwester verloren hatte und deswegen vor Kummer erkrankte. Derart mitfühlende Regungen ihrer Umgebung gegenüber finden sich in Amalies Briefen nur selten. Vielleicht suchte die arme Hofdame den Trost, den sie am Hof nicht finden konnte, in den Armen eines Mannes, ohne die Folgen zu bedenken? Die Königin hatte während dieses Skandals lediglich die Reputation des Hofes vor Augen. Das weitere Schicksal der jungen Frau interessierte sie nicht. Sie berichtet noch kurz, dass das junge Paar nun ohne Geld auf einer weit entfernten Insel lebe.

Ebenfalls kein Glück hatte Amalie mit der Hofdame Fotini Mavromichali, die sechs Jahre, von 1844 bis 1850, im Amt war. Die junge Frau war sehr gut erzogen, hatte bei einer Amerikanerin Englisch und bei der Doukissa Plakentias Französisch gelernt. „Sie ist sehr taktvoll, höflich, einfach und heiter, hat ein gutes Herz. Sie ist hübsch und eine gute Reiterin", lautet Amalies Urteil. Fotinis' mächtige Familie stammte allerdings aus der Mani auf der Peloponnes, wo Blutrache an der Tagesordnung war. Darüber hinaus pflegten Teile dieser weitverzweigten Familie bei jeder sich bietenden Gelegenheit gegen den König und die Regierung den Aufstand zu proben. Nach einer erneut ausgebrochenen Fehde mit Mord und Totschlag musste die junge Hofdame, die mit der Sache nichts zu tun hatte, deren Mutter jedoch verhört wurde, den Hof verlassen. „Sie ist ja immerhin die Tochter eines Verdächtigen!", entrüstet sich Amalie.

Auch die Pfarrfrau Christiane kannte die diversen Hofdamen und liefert, obwohl sie ihnen wohl nur selten begegnete, ihre eigene Einschätzung: „Von den beiden jungen Hofdamen der Königin hat das Fräulein von Wiesenthau keine besondere Ausbildung. Sie ist katholisch, überhaupt nicht hübsch und kichert ständig. Die Griechin Katerina Botsaris hingegen ist sehr schön, aber ihr Benehmen ist alles andere als höflich. Sie ist hochnäsig und hasst alles Deutsche. Sie ist arm, doch ganz erfüllt vom Glanz ihres berühmten Vaters Markos Botsaris. Am Hof tut sie so, als verstünde sie kein Deutsch, so dass alle ohne Hemmungen vor ihr sprechen. Dann aber geht sie und bringt eine Menge politischer Informationen unter die Leute, was ihren Wohltätern, dem Königspaar, schadet."

Hierarchisch unter den Hof- und Ehrendamen arbeiteten zahlreiche Wäscherinnen, Näherinnen, Mägde, deren Namen samt einem Kürzestlebenslauf dank der Internetseite „graecogermanica.gr" zum Teil bekannt sind. Diese in der Regel deutschen Einwanderinnen suchten ihr Glück in Griechenland und fanden es hin und wieder in einer Heirat. Meist jedoch endete das Abenteuer aufgrund der ungenügenden Entlohnung im Prekariat, andere zogen es vor, wieder in ihre Heimat zurückzukehren.

Doktor Röser

„Es gibt nur wenige Menschen mit einem derart hervorragenden Charakter."

Der bayerische Arzt Bernhard Röser (1806–1868) gehörte zum Gefolge König Ottos und war mit ihm zusammen nach Griechenland gekommen. Er betreute den ganzen Hofstaat und nach ihrer Ankunft in Athen auch Königin Amalie. Otto hatte zwei weitere griechische Leibärzte, die sich aber nicht um die Hofangestellten kümmerten: die Doktoren Nikolaos Kostis und Ioannis Vouros. Auch die bayerischen Armeeärzte wurden gelegentlich beigezogen, sie galten aber als weniger qualifiziert.

Als Vertrauter der Königin war Röser immer der erste Arzt, der bei ihren Unpässlichkeiten konsultiert wurde. Sie mochte ihn und nannte ihn in ihren Briefen nach Hause gelegentlich zärtlich „Röslein“. Als er nach vielen Jahren Dienst im Königshaus einmal um Urlaub bat, um seine Familie zu besuchen und auch einmal selber eine Badekur zu machen, war Amalie untröstlich. „Da geht das einzige Wesen, mit dem ich frei reden kann“, meint sie. Und: „Es gibt nur wenige Menschen mit einem derart hervorragenden Charakter, trotz seiner paar Eigentümlichkeiten.“

Er war es, der 1846 – Amalie war schwer erkrankt – angeblich Spuren von Arsen in ihrem Wein entdeckt hatte. Dieser von der Hofdame von Plüskow in ihrem Tagebuch beschriebene Vergiftungsversuch wurde geheim gehalten und ist ansonsten nicht aktenkundig. Auch Amalie wurde nicht informiert.

Pastor Asmus Lüth standen – als persönlichem Geistlichen der Königin – die Dienste Rösers kostenlos zur Verfügung, ebenso seiner Familie. Die Lüths nahmen aber gelegentlich auch andere Ärzte in Anspruch, diese mussten sie allerdings selber bezahlen. Christiane beschreibt den Arzt so: „Doktor Röser ist ein besonderer Mensch. In seine Fähigkeiten haben wir vollstes Vertrauen, er kommt oft zu uns. Allerdings ist er etwas wunderlich, zerstreut, melancholisch und kehrt den frommen Katholiken allzu sehr hervor. Er kennt sich aus in der Musik, spielt aber immer das gleiche Stück – ‚Verschwunden sind alle Freuden‘ – mit Variationen; mal spielt er es sehr schön, mal fegt er wie ein Dämon über die Tasten des Klaviers.“

Bettina Schinàs, eine mit einem Griechen verheiratete Preußin, die 1834 bis 1835 in Athen weilte, machte ebenfalls Bekanntschaft mit Doktor Röser. Sie beschreibt ihn als „sehr herzlich und freundlich“; ihr Mann Konstantinos Schinàs doppelt nach und nennt Röser „gutherzig und ausgezeichnet“. Alle betonen seine Ruhe und Gelassenheit auch in schwierigen Situationen. Er war ein allseits beliebter Mensch, dessen Schrullen man mit Nachsicht belächelte.

Eine vermutlich typische Begebenheit, die sich 1838 in Ancona während der Rückreise der Königin aus Bern zutrug, schildert Frau von Nordenflycht ihrer Freundin in Oldenburg. Die Vertraute der Königin nennt den Arzt „unser guter, ewig zerstreuter Röser“: Die Reisegesellschaft hatte bereits das Schiff bestiegen. Man wartete eine Stunde auf den Doktor, bevor der Kapitän die Anker lichten ließ, bereit, den Saumseligen seinem Schicksal zu überlassen. Man war schon auf dem offenen Meer, als eine Barke in aller Hast hinter dem Schiff her gerudert kam – Röser hatte es doch noch geschafft!

Des Doktors Zerstreutheit war sprichwörtlich. So erzählte man sich in Athen, dass er, nachdem er einen Kranken in der Stadt besucht hatte, nicht mehr wusste, wo er sein Pferd angebunden hatte. Dass er ein neues Türschloss hatte anbringen lassen, mit dem Schlüssel fortging, aber vergessen hatte, die Tür abzuschließen. Dass er Knoten in sein Taschentuch machte und dann später herumfragte, wer dabei gewesen sei und wisse, warum er ihn gemacht hatte. Oder er verlangte ungestüm nach seinem Pferd, obwohl er schon darauf saß ... Auch Amalie berichtet gelegentlich ihrem Vater vom sonderbaren Gebaren ihres Arztes: „Wir waren auf einem Ausflug und ritten von Theben nach Livadia. Es begann zu regnen, und Röser wollte seinen Mantel überziehen. Nachdem er ihn endlich übergestreift hatte – wir waren unterdessen weitergeritten –, wendete er sein Pferd und ritt davon. Nach einer Stunde fragte ihn ein Hirte, wohin er denn wolle, ‚nach Livadia', war die Antwort. Da müsse er rechtsumkehrt machen, das sei die falsche Richtung!"

Röser nahm nicht nur an allen Expeditionen des Königspaars teil, er reiste auch gerne alleine, was bei seiner Zerstreutheit doch ein ziemliches Wagnis war. So notierte Amalie, welche die Abwesenheit ihres Arztes gar nicht schätzte, eine Reise über Smyrna und Beirut nach Jerusalem. Sie fürchtete um die Gesundheit ihres Arztes im Orient, wo Epidemien wie Pest und Cholera an der Tagesordnung waren.

Doktor Röser war es, der Christiane Lüth nach kaum einem Jahr in Griechenland einen Aufenthalt im Kloster Kesariani empfahl, als im heißen Sommer des Jahres 1840 ihr Mann und ihre Schwester Hanne gleichzeitig erkrankt waren. Asmus litt an Gastritis mit hohem Fieber, sie an der Ruhr. Die junge Christiane, zum zweiten Mal schwanger, hatte mit der nur wenige Monate alten Damaris schon alle Hände voll zu tun. Nun musste sie auch noch Hanne und den anspruchsvollen Gatten Tag und Nacht versorgen. Das ging über ihre Kräfte: „Nie habe ich mich so verlassen, so allein und einsam gefühlt. Ich sah nur noch schwarz rings um mich." Röser gab ihr den Rat, mit den Kranken nach Kesariani zu gehen. Christiane mietete ein Pferd und ritt zum Kloster hinauf. Dort mietete sie eine kleine Wohnung und holte die Kranken in die kühlere, gesündere Luft hinauf, wo beide genasen.

1842 impfte Doktor Röser den ganzen Hof gegen Pocken. Christiane schreibt, dass die Königin sich standhaft weigerte, weil sie sich vor dem Stich fürchtete. Röser bat Christiane mit dem kleinen Nikolaki in den Palast zu kommen, damit die Königin bei der Impfung des Buben zusehen konnte. Dieser ließ die Prozedur klaglos über sich ergehen. Es nützte aber nichts. „Die Königin hatte solche Angst, dass sich zuerst alle Hofdamen impfen lassen und ihrer Herrin dann von den erlittenen Schmerzen berichten mussten." Röser war außer sich wegen des Theaters. Die Hofdamen ließen sich also impfen „und es war lustig mitanzusehen, wie sie sich zuerst fürchteten und dann nur fragten: ‚ist das alles'?" Die Furcht Amalies vor dem kleinen Stich kontrastiert merkwürdig mit ihrem Mut und ihrer Waghalsigkeit, mit der sie ausritt. Auch Frau von Nordenflycht ließ sich impfen. Sie selbst schreibt darüber ihrer Brieffreundin nach Oldenburg ganz gelassen: „Alles hier im Palais ist geimpft worden; ich habe mich dem auch unterworfen. Für die gute Sache muss man schon einen Stich hinnehmen." Kein Wort über das zimperliche Gebaren ihres Schützlings! Und Amalie selbst? Natürlich erwähnt auch sie diese unrühmliche Episode ihrem Vater gegenüber mit keinem Wort.

Doktor Röser, der wohl um die Alkoholprobleme Asmus Lüths wusste, unterstützte 1845 dessen Bemühungen, nach Oldenburg zurückkehren zu dürfen. Er vertrat gegenüber der Königin die Meinung, es sei das Klima, das dem Pastor schade und ihn krank mache. Christiane beteuert in ihrem Tagebuch, dass Röser es aber persönlich sehr bedauern würde, „wenn wir Athen verlassen würden". Sie hingegen war beglückt und machte in Gedanken schon Pläne, wie die Rückreise verlaufen sollte, was sie mitnehmen, was zurücklassen wollten. Die Lüths hatten sich jedoch zu früh gefreut. Röser änderte seine Meinung und fand plötzlich, dass Lüth das griechische Klima sehr wohl ertragen könne. Warum der Arzt seine Meinung änderte, bleibt unklar. Die Rückkehr erfolgte erst viel später, 1852, und war wohl für Lüths ruinierte Leber definitiv zu spät.

Die meisten Behandlungen Rösers begannen mit dem Setzen von Blutegeln und mit Aderlass, es folgte gelegentlich eine sogenannte Moxibustion, eine alte, chinesische Reiztherapie; bei seinen Untersuchungen verwendete er – ganz modern – ein Hörrohr, eine frühe Version des Stethoskops; er verschrieb Rizinusöl, Chinin, Opium, Pfeilwurzel gegen Durchfall, Digitalis gegen Herzbeschwerden, Umschläge und Wickel, gesunde Bergluft und Meerbäder. Die praktische Christiane notiert in ihrem Tagebuch, dass die beiden letzteren nicht zusammenpassten, nachdem Röser ihrem Mann einen Aufenthalt in Kesariani oben und gleichzeitig Meerbäder empfohlen hatte.

Der Arzt soll auch eine erfolgreiche Behandlung gegen die Tollwut entwickelt haben. Er wirkte zudem gelegentlich als Dentist und zog wenn nötig Zähne. Zusammen mit einem Kollegen gründete er die erste Hebammenschule in Athen.

Ob sich Röser tatsächlich, wie ein Gerücht besagt, während der königlichen Reise nach Bern 1838 in der Schweiz verheiratet hat, bleibt ungewiss. In Athen wohnte er jedenfalls nicht im Schloss, sondern in einem Haus, das er von der Doukissa Plakentias, einem Athener Original, gemietet hatte – ein Indiz dafür, dass er verheiratet war. Nur ledige Hofangestellte, wie zum Beispiel der Priester Arneth, lebten im neuen, weitläufigen Palast. Allerdings schreibt Amalie 1840 in einem Brief an ihren Vater, dass Röser bei einer Reise nach Ems doch eine Frau finden könnte. 1842 vermeldet sie dann, dass er von einer Heirat nichts wissen wolle. Weder Amalie noch Frau von Plüskow erwähnen je eine Frau Röser, Christiane nur ein einziges Mal. Auch bei Empfängen, Geselligkeiten und Mahlzeiten, zu denen die Ehegattinnen geladen waren, kommt Röser offenbar immer allein.

Wie die Lüths hatte auch Röser das Recht, den königlichen Fuhrpark zu benutzen, weswegen es hin und wieder zu kleinen Auseinandersetzungen kam. So schreibt Christiane im August 1847, dass beide gleichzeitig ein Gesuch für die Yacht des Königs gestellt hatten. Da dieser wie immer keine Entscheidung treffen konnte, machte er den Vorschlag, dass Röser doch mit den Lüths zusammen verreisen solle. Christiane, die wusste, dass Röser gerade bei schlechter Gesundheit war, protestierte: „Unter keinen Umständen!“, und die Lüths informierten Röser, dass sie schon alles vorbereitet, alle Lebensmittel eingekauft hätten und am nächsten Tag abfahren würden. Die Sache ging hin und her, es wurde ein wenig intrigiert und gedroht, schließlich gewannen die Lüths und fuhren am 8. August auf ihre zweite Inselreise. Röser, wütend, verzichtete auf seine Exkursion.

Als Hofarzt, der alle kannte, wurde Röser nolens volens immer wieder in irgendwelchen Hofklatsch hineingezogen. So berichtet uns Christiane von folgender Begebenheit, über die man sich am Hof das Maul zerriss: „Röser ist außer sich über das Benehmen des Lehrers Kosmas in München, das nun ein juristisches Nachspiel haben wird. Vier Anklagen hängen an Kosmas, und er hat nun Röser geschrieben, dass dieser ihm eine ärztliche Bescheinigung ausstellen solle, dass er von seinem Großvater oder Urgroßvater eine ‚Schwäche‘ geerbt habe. Nur mit dieser Bescheinigung könne er die Klagen abwenden.“ Der Doktor, meint Christiane, „ist zwar genervt, aber er wird ihm sicher irgendeine Art von Papier ausstellen, um die Sache zu vertuschen, weil er selber ja diesen Kosmas für die Stelle empfohlen hatte. Kosmas muss ein ziemlich Unanständiger sein. Noch in der Reisekutsche habe er mit einem hübschen jüdischen Mädchen derart geflirtet, dass dessen Vater ihn verprügelt habe. Es wird nun seine sofortige Abberufung verlangt, ansonsten der Skandal weite Kreise ziehen werde. Ein wahrer Triumph für die katholische Geistlichkeit, die selber solche Dinge immer anprangert!“ Der letzte Satz Christianes lässt sich eigentlich nur ironisch verstehen. Offenbar war dieser Kosmas ein katholischer Geistlicher, und mit dem Katholizismus hatte sie als lutheranische Protestantin ihre Mühe. Sie kritisiert ihn oft als heuchlerisch, und dieser Kosmas bestätigte ihre Kritik aufs Treffendste.

Obwohl eigentlich Röser für die Gesundheit des Königs zuständig war, kümmerte sich Amalie auch gerne selbst um das Wohlergehen ihres Mannes. So schreibt Frau von Plüskow einmal, der Arzt habe bei Otto eine Art Tuberkulose festgestellt. Amalie wollte so etwas aber unter keinen Umständen hören und wurde sehr zornig, worauf die Hofdame mit dem Arzt schimpfen und ihm befehlen musste, der Königin so etwas nie wieder zu sagen. Frau von Plüskow hält aber sonst große Stücke auf Röser, sowohl fachlich als auch gesellschaftlich; mehrmals schreibt sie, dass dank ihm ein Abend vergnüglich abgelaufen sei; Röser konnte offenbar ganz amüsant sein.

Auch Christiane erwähnt eine Episode aus dem Königshaus: Amalie soll ihren kränkelnden Mann bekniet haben, zur Stärkung gekochte Gerste zu sich zu nehmen, und wurde dann wütend auf Röser, weil dieser ihre Ansicht nicht teilte, sondern seinem Kollegen Ioannis Vouros, bei dem der König in Behandlung war, ganz vertraute. Amalie war es nicht gewohnt, dass man ihr widersprach, Röser hatte da aber offenbar keine Hemmungen, was wiederum Christiane so bemerkenswert fand, dass sie die Begebenheit in ihrem Tagebuch notierte.

Röser durfte als Arzt offenbar den Majestäten aus gesundheitlichen Gründen etwas verbieten oder erlauben. Nicht immer entschied er im Sinne Amalies. Einmal, im Frühjahr 1847, hatte der Hof beschlossen, einen Ausflug nach Patras zu unternehmen, Amalie freute sich sehr. Weil aber Otto an einem hartnäckigen Katarrh litt, verbot Röser die kleine Reise zum Ärger Amalies, welche die Entscheidung ihres ansonsten geliebten Arztes als „hypochondrisch“ bezeichnete.

Röser war selbst wiederholt bettlägerig. Christiane schreibt einmal, er sei krank und habe innerhalb eines Monats 17 Aderlasse hinter sich gebracht, weil er glaubte, eine Lungenentzündung zu haben.

In Griechenland flammten im 19. Jahrhundert immer wieder schwere Epidemien auf, Typhus und Cholera waren todbringende Plagen, ebenso anhaltende Durchfallattacken, unter denen vor allem Kleinkinder stark litten. Häufig waren grippeähnliche Fieberschübe, vermutlich der ungewohnten Hitze geschuldete Hautausschläge, Masern, seltener Pocken oder die Pest, die 1837 das letzte Mal auf der Insel Poros ausbrach. Die unheilbare Lepra war auf dem Vormarsch, und vermutlich grassierte auch die Malaria, gegen die man vor der Entdeckung des Chinins nicht viel ausrichten konnte. Über die Lepra in Griechenland hielt Doktor Röser 1841 in Braunschweig – er begleitete Königin Amalie auf ihrer Kurreise nach Ems – einen Vortrag.

Während der Regierungszeit Ottos und Amalies brachen zweimal große Choleraepidemien aus: 1848 kam die Seuche mit Handelsschiffen aus der Türkei nach Skiathos, 1854 mit Besatzungstruppen aus England und Frankreich nach dem Piräus. Es gelang der griechischen Regierung mit rigorosen Absperrmaßnahmen, eine weitere Verbreitung zu verhindern. Die Unterbindung der Handelstätigkeit stieß allerdings vor allem im Piräus auf heftige Kritik der Kaufleute und Ladenbesitzer. Es gelang aber, die Hauptstadt vorerst zu verschonen, während sich die Krankheit auf verschiedenen Inseln, wo die seuchenpolizeilichen Anordnungen weniger streng gehandhabt wurden, weiter verbreitete. Nach einer offenbar verfrühten Aufhebung der strengen Maßnahmen im Piräus brach zwei Monate später die Krankheit auch in Athen aus; sie forderte viele Todesopfer und dauerte fünf Monate.

Viele Menschen verstarben an einfachen Krankheiten, die Kindersterblichkeit war hoch. Auch die Familie Lüth verlor zwei ihrer vier Sprösslinge, und Christiane berichtet oft von einem verstorbenen Säugling oder Kleinkind in ihrer Nachbarschaft. Der Tod war im Pfarrhaushalt allgegenwärtig. Das daraus resultierende Elend der Zurückbleibenden ebenfalls. Im Gegensatz zu den Griechen, die Rückhalt in ihren Familien fanden, waren die Witwen der Ausländer fern der Heimat ohne jede Ressource; Renten für Beamte oder Militärpersonal gab es, wenn überhaupt, nur ganz kleine.

Ein neues, von Stadtarchitekt Stauffert entworfenes ziviles Krankenhaus, 1836 mit Unterstützung der Königin gegründet, wurde erst 1842 eröffnet; ein Militärhospital, in dem auch das kranke Hofpersonal untergebracht wurde, gab es schon früher. Dieses große Gebäude – Weiler-Bau genannt – beherbergt heute die Administration des Akropolis Museum.

Im Piräus existierte für die mit dem Schiff Anreisenden eine Quarantänestation. 1847, noch vor den Choleraausbrüchen, plante Röser in weiser Voraussicht die Einrichtung einer weiteren solchen Station auf der Insel Ägina in einem ehemaligen Waisenhaus, das dafür groß genug war. Die laut Christiane „paranoide" Idee Rösers sei es, alle an Cholera Erkrankten mit Booten auf die Insel zu verfrachten. „Sollte ich je an Cholera erkranken, werde ich unter gar keinen Umständen auf diese Insel fahren", entrüstete sich Christiane; die Station wurde nie verwirklicht. Weder sie noch jemand aus ihrer Familie begab sich je in eines der beiden Athener Spitäler, die allgemein in einem schlechten Ruf standen. Wann immer man es sich leisten konnte, nahm man die Dienste von Privatärzten zu Hause in Anspruch.

Auch die nach bayerischem Vorbild gegründeten „Gebäranstalten" wurden nur ungern benutzt. Frauen aus intakten Familienverhältnissen zogen es vor, in der vertrauten häuslichen Umgebung zu entbinden. So auch Christiane. Nur ledige Frauen und Witwen fanden dort Zuflucht, weshalb diesen Anstalten bald etwas Anrüchiges anhaftete.

Doktor Röser verließ Griechenland zusammen mit seinem Dienstherrn gezwungenermaßen 1862. Er begleitete das Königspaar als Leibarzt nach Bamberg, wo dieses seinen Lebensabend verbrachte. 1866 – Röser war bereits sechzig Jahre alt und verstarb zwei Jahre später – wird die Geburt einer Tochter vermeldet, die von Amalie in ihrem Testament mit einer Jahresrente bedacht wurde. Der Arzt hatte in Deutschland nun doch geheiratet.

Familie Riedel

„Der Riedel benimmt sich schlimm."

Christiane erwähnt das Ehepaar Riedel – Eduard und Antonia – erstmals 1842. Sie gehörten, obwohl aus Bayern und katholisch, zum engeren Bekanntenkreis der Lüths, denn wie Pfarrer Lüth war auch Riedel als Gartenarchitekt ein Angestellter des Hofes, er leitete den Aufbau von Amalies Schlosspark. Wie immer schildert Christiane das junge Paar in ihren privaten Aufzeichnungen mit scharfer Feder. Antonia stamme aus einer sehr reichen Familie und sei ein ebenso wunderliches wie eigensinniges Geschöpf, das sich beim geringsten Anlass beleidigt fühle. Sie sei wie ein Vulkan, jederzeit bereit zu explodieren. Die Frau sei zwar schön, aber schlecht angezogen und ein verwöhntes Schleckmaul. „Und das passt gar nicht nach Athen, wo man mit wenig vorlieb nehmen muss und nur kaufen kann, was da ist." Und auch nach vier Jahren Athen spreche sie kein Wort Griechisch, kritisiert Christiane. Zudem sei sie abergläubisch und gehe nie in die Kirche, was von den Hofdamen und dem katholischen Priester Arneth sehr wohl bemerkt worden sei.

Auch Eduard Riedel war offenbar abergläubisch. Eines Tages paradierte er mit einem vierblättrigen Kleeblatt an seinem Revers herum, was ihm Glück bringen sollte; Christiane fand das lächerlich. Als Architekt beneide er die Gebrüder Hansen um die Gunst des Königs und fürchte ständig, von einem der beiden Architekten übervorteilt zu werden. Christiane als Dänin findet natürlich, dass die Brüder Hansen viel klüger und begabter sind als der Bayer. Und dieser, so glaubt sie, spüre das selber auch, obwohl er große Stücke auf seine eigenen Fähigkeiten halte.

Die Lüths pflegten diese Beziehung möglicherweise trotzdem, weil es in Athen nur wenige Familien derselben sozialen Schicht mit Kindern gab.

Eines Nachmittags sind die Lüths bei den Riedels eingeladen. „Es gab Schinken und Wein, wie es bei den Bayern so üblich ist", bemerkt Christiane spitz. Dann sei die Sprache wieder auf die Gebrüder Hansen gekommen, die, wie Riedel behauptete, von der Antike völlig durchdrungen seien; und das war durchaus negativ gemeint. Christiane regt sich in ihrem Tagebuch darüber auf: „Der Riedel benimmt sich zuhause so schlimm, und im Palast spielt er so erbärmlich den Unterwürfigen, wie man es sich kaum vorstellen kann!“ Dann sei er noch überaus unsensibel. So schoss er eines Tages laut Christiane auf eine Eule, die in der Nähe seines Hauses ihre traurigen Rufe ertönen ließ. Seine griechischen Nachbarn entsetzten sich furchtbar, denn die Eule gilt den Athenern als heiliges Tier. Der Nachtvogel ließ sich durch die bayerische Schießerei aber nicht stören und setzte zur Erleichterung der Griechen sein Klagen unbeirrt fort.

Offenbar unternehmen die beiden Familien mit den Kindern hin und wieder gemeinsame Ausflüge in die Umgebung und kommen sich näher. So tauschen sie Bücher untereinander aus, beispielsweise „Reise und Forschungen in Griechenland“ von Heinrich Ulrichs gegen „Reisen auf den griechischen Inseln des ägäischen Meeres“ von Ludwig Ross. Die Männer jagen oft miteinander in den Bergen und schwimmen im Sommer an der Küste.

An einem schönen Märztag des Jahres 1845 mieten die Familien zwei Wagen und beladen sie mit den Kindern, den Mägden, den Hunden, den Jagdgewehren und mehreren großen Picknickkörben. Ziel: das von Athen recht weit entfernte Parnitha-Gebirge. Mit von der Partie ist auch der Deutsch-Däne Christian Siegel, ein Bildhauer, der ein paar Jahre zuvor den fast zehn Meter langen sterbenden Löwen in Nafplion geschaffen hatte und später an der Königlichen Kunsthochschule lehren sollte. Auch er ist ein Hausfreund der Lüths. „Zu Beginn, es war noch dunkel, war die Straße ganz gut, und wir kamen rasch vorwärts. Erst als es dämmerte, bemerkten wir unsere zusammengewürfelte Kleidung: Frau Riedel war am schlimmsten. Bei so einem Ausflug ist es das Beste, abgenutzte Gewänder anzuziehen, weil es keine Wege gibt, und die Kleider früher oder später Schaden nehmen. Siegel war in seinem weißen Atelierkittel erschienen, auf dem Kopf saß eine runde Mütze, um den Hals baumelte eine Gourde mit Raki, und aus seinen alten Stiefeln guckten die Zehen. Der Weg hörte auf, wir spannten die Pferde aus und gingen zu Fuß zum nächsten Gasthof, wo wir die Kinder, Frau Riedel und die Dienstmädchen zurücklassen wollten. Es wäre nicht möglich gewesen, alle auf den Berg hinauf mitzuschleppen. Im Gasthof bestellten wir Kaffee. Sofort füllte sich der Raum mit Neugierigen, die auch zur Türe und zu den Fenstern hineingafften. Sie wollten wissen, warum wir auf den Berg hinauf wollten. Ob so viel Taktlosigkeit beschlossen wir, dass doch alle zusammen noch bis zum Kloster mitgehen sollten. Wir verteilten die Lebensmittel, so dass jeder etwas zu tragen hatte, und marschierten los. Die Menge folgte uns noch eine Weile, zerstreute sich dann aber, als wir zu laufen anfingen, um sie loszuwerden. Das Wetter war schön, die Landschaft ebenso, und die Kinder sprangen fröhlich hin und her. Siegel hatte den Korb mit dem Essen an seine doppelläufige

Flinte über die Schulter gehängt, so dass sie mit zwei schwarzen Löchern drohend die hinter ihm Gehenden anglotzte. Der Pfad führte in eine Schlucht hinein, wurde schmaler und steiler, die Sonne heißer. Frau Riedel, die an solche Ausflüge nicht gewöhnt war, fühlte sich nicht gut, ihr schwindelte, sie war einer Ohnmacht nahe und sagte, das sei das erste und letzte Mal, dass sie an einer solchen Wanderung teilnehmen würde. Es war allerdings nicht schlimmer als andere Male, wenn wir eine Exkursion in die Berge machten.

In der Tiefe der Schlucht plätscherte sehr pittoresk ein Bächlein, und ich wäre gerne Malerin gewesen, um die Szene in einem Bild festzuhalten. Auch unsere Gesellschaft hätte ich gerne gemalt – ein Haufen Karikaturen, große und kleine. Singend stiegen wir aufwärts, und das Echo der Berge ringsum antwortete uns. Nach zwei Stunden erreichten wir das kleine, über einem Abhang gebaute Kloster. Seine Kirche ist in eine Höhle hinein gebaut, in deren Tiefe eine klare Quelle entspringt. Die Mönche waren sehr freundlich und offerierten uns Honig, Marmelade, Kaffee und Raki, für die Männer Pfeifen. Wir trauten uns nicht, das Fleisch auszupacken, das wir mitgenommen hatten, denn die Mönche fasteten. Sie hätten nach unserem Fortgang das ganze Kloster ausräuchern müssen, um den bösen Geist wieder loszuwerden. Wir plauderten eine Weile und baten sie dann darum, einen Teil unserer Gruppe im Kloster zurücklassen zu dürfen. Die anderen – Hanne und ich, Siegel, Riedel und Lüth – machten sich an den Aufstieg. Noch galt es, mehrere gefährliche Schluchten zu durchqueren, nicht immer war klar, welche Richtung wir nehmen mussten, bevor wir die Festung oben erreichten. Ein wunderbarer Blick auf Athen hinunter bis zum Piräus und dem Meer belohnte uns. Sogar einige Inseln konnten wir sehen. Wir aßen den Proviant, den wir mitgenommen hatten. Der Abstieg war dann viel leichter, und bald erreichten wir das Kloster, wo die anderen warteten. Die Kinder hatten unterdessen ruhig gespielt und wollten jetzt nach Hause. Wieder Kaffee von den Mönchen, denen wir ein paar Münzen für die Kerzen der Muttergottes spendeten. Nun warfen die Berge kühle Schatten auf den Pfad, es war ein schöner Abstieg ohne Probleme. Sogar der vierjährige Nikolaki, der Jüngste unter uns, schaffte es, ohne dass wir ihn tragen mussten. Als wir die Ebene erreichten, erinnerten wir uns, dass wir beim Aufstieg gesagt hatten, hier würden wir beim Herunterkommen rennen. Also stellten wir uns in einer Reihe auf, zählten auf Drei und stürmten los, natürlich nur diejenigen, die noch Mut und Kraft hatten. Selbstverständlich gehörten Hanne und ich dazu.

Wieder beim Gasthof, war das Lamm am Spieß, das wir bestellt hatten, gerade fertig. Der Gastwirt schenkte Wein und Tsipouro ein. Abermals kamen viele Neugierige und fragten, wo wir gewesen seien und warum; sie bedauerten unsere zerrissenen Kleider. Wir setzten uns zu Tisch und aßen. Plötzlich hörten wir draußen großes

Geschrei, und zehn bis zwölf Männer stürmten in den Raum. Sie waren mit Pinienzweigen geschmückt. Zuerst dachte ich, wir seien in die Hände von Räubern gefallen. Aber man erklärte uns, die Männer würden den Abschluss der Arbeiten in den Reben feiern. Die Weinbauern sangen, tanzten und schlugen mit ihren Hacken wild auf den Boden, gleichzeitig forderten sie den Wirt auf, ihre Gläser zu füllen, was dieser auch umgehend erledigte. Schnell wurden sie geleert. Auch wir spendierten ihnen einige Becher, was mit großer Begeisterung aufgenommen wurde. Unsere Männer mussten mittrinken. Die Bauern waren sehr ausgelassen und sangen mit so furchtbaren Grimassen, dass unsere Jagdhunde sie mit lautem Gebell anfielen; wir mussten ihnen ständig Knochen vom Lamm hinwerfen, damit sie sich wieder beruhigten.

Wir verabschiedeten uns und bestiegen unsere Wagen unter Hochrufen der Bauern, die uns eine Weile begleiteten. Dann ging es steil bergab über Stock und Stein, ich befürchtete schon einen Unfall. Den Kindern der Riedels wurde es schlecht, sie mussten sich übergeben. Unsere zwei, an solche Ausflüge gewohnt, schliefen die ganze Strecke bis nach Hause."

Interessanterweise berichtet Amalie ihrem Vater von einem ganz ähnlichen Ausflug auf den Parnitha, den sie zwei bis drei Wochen später unternahm. Hatte ihr Pastor Lüth von dem gelungenen Unternehmen erzählt, und die Königin, als eigentliche Expertin für waghalsige Exkursionen, wollte nicht hintanstehen? Sie schreibt: „Es stimmt, es blies ein kalter Nordwind, aber der Himmel war so klar, seit fast zwei Monaten hatte es nicht geregnet, und es sah auch weiterhin nicht danach aus. Ich hatte am Vortag einen Trupp Reiter losgeschickt, die nach einem Weg suchen sollten, den wir zu Pferd bewältigen konnten. Um acht Uhr zogen wir los, aber als wir am Fuß des Gebirges angekommen waren, hatte sich der Himmel verdüstert, es hatte leicht zu regnen begonnen. Der Weg schlängelte sich zuerst durch Pinien, dann durch Tannenwald. Zu Beginn hatten wir schöne Ausblicke, obwohl die Wolken zunahmen. Schließlich hatte dichter Nebel die Bergspitze vollständig verhüllt. Wir beratschlagten, was zu tun sei und beschlossen, da es nun einmal der Plan war und wir schon so weit gekommen waren, den Berg zu besteigen, sei es auch nur, um einen Ausflug im Nebel zu machen. Die Aussicht würden wir halt ein anderes Mal genießen. Der Nebel nahm zu, und wir konnten kaum 200 Meter weit sehen. Rings um uns hatte es nun Schnee, hin und wieder fiel etwas Hagel, es war sehr kalt. Wir kamen an den großen Eisgruben der Stadt vorbei, die mit Tannenzweigen abgedeckt waren. Der Nebel wurde immer dichter, und es begann zu schneien. Ganz oben sahen wir gar nichts mehr und ließen uns die Aussicht beschreiben. Es schneite nun stürmisch. Der Abstieg zu Fuß, im Regen über felsige Abhänge, kostete uns zweieinhalb Stunden, aber wir waren alle sehr vergnügt. Beim Kloster erwartete uns heißer Kaffee und ein gebratenes Lamm, das war sehr angenehm, denn wir waren komplett durchfroren."

Es ist typisch für Amalie, dass sie die Exkursion trotz immer schlechter werdendem Wetter durchzog, ungeachtet der Gefahren, denen sie sich selbst, aber auch ihre ganze Begleitung, aussetzte. Es war nicht ihre Art aufzugeben, schon gar nicht etwas, das eine andere Frau vor ihr vollbracht hatte.

Die Arbeit Riedels als Architekt im königlichen Garten war vermutlich nicht einfach. Sowohl die Königin als auch die Hofdame von Plüskow hielten – im Gegensatz zu Otto – große Stücke auf den französischen Obergärtner François Louis Bareaud, der nach Meinung Riedels nicht wusste, was seine Arbeit war, und sich offenbar auch in die architektonischen Belange des Gartens einmischte. Gegen die Meinung der beiden Frauen, die vom Charme des Franzosen entzückt waren, war König Otto natürlich machtlos. Einmal fand Frau von Plüskow einen Gartenplan Riedels gar „lächerlich", was dieser ihr nie verziehen hat.

Doch eines Tages durfte Riedel mit dem Schiff vierzehn Palmen für den Schlossplatz von den Inseln abholen, was er als großen Vertrauensbeweis einschätzte. Anscheinend, so glaubte er, war der Stern Bareauds bei den Majestäten am Sinken, da der Gärtner Friedrich Schmidt die Reise begleiten sollte und nicht Bareaud. Christiane sieht das etwas anders. „Riedel, der Dickschädel, hat nicht begriffen, dass, weil er selbst bei diesem Auftrag die Führung übernehmen soll, Bareaud keinesfalls unter ihm arbeiten will; deshalb wurde Schmidt geschickt." Dennoch standen die Lüths gegen den Franzosen Bareaud auf Riedels Seite.

Aber nicht immer teilte Christiane Riedels Meinung. So schreibt sie einmal, dass der Gartenarchitekt mit der Planung des königlichen Parks beschäftigt sei und die Ruinen des Zeustempels dort einbeziehen wolle. Christiane findet das nicht in Ordnung. Das sei ein nationales Denkmal, und man dürfe unter keinen Umständen das Volk von seinen historischen Wurzeln trennen, da der zukünftige Park ja nicht allen offenstehe. „Aber offenbar kümmert das niemanden, und am Hof sind sowieso alle der Meinung, der König dürfe immer machen, was er wolle." Hört man da antiroyalistische Töne? Christiane findet, dass Parks und Gärten allen offenstehen sollen. Sie war jedoch falsch informiert: Der königliche Park war nach seiner Fertigstellung öffentlich, alle Athener und Athenerinnen durften sich theoretisch dort aufhalten. Allerdings nur zu bestimmten Zeiten, die ganz von Amalies Launen abhingen.

Nur von der Hofdame Frau von Plüskow erfahren wird, dass Riedel am 15. Februar 1849 von der Königin mit einem Orden ausgezeichnet wurde und sich dafür bei Amalie persönlich bedankte. Wofür er die Auszeichnung erhielt, muss offen bleiben. Es könnte sein, dass sie für den Entwurf eines Gartenplans war, den Amalie bei Riedel in Auftrag gegeben hatte, wie sie in einem Brief vom Januar desselben Jahres erwähnt.

Die Familie Riedel kehrte 1850 nach München zurück, wo Riedel als Hofarchitekt unter Leo von Klenze die Propyläen fertigstellte. Seine Karriere nahm Fahrt auf. Er wurde Professor, Hofbauinspektor und schließlich königlicher Hofbaudirektor. Sein wichtigstes Werk war wohl der Entwurf für Schloss Neuschwanstein. Riedel, 1813 in Bayreuth geboren, starb 1885 in Starnberg.

Der Archäologe und königliche Reisebegleiter Ludwig Ross

„Der Königin Amalia in tiefster Verehrung."

Ludwig Ross (1806–1859) war ein deutscher Archäologe und Philologe aus Schleswig-Holstein. Nach dem Studium in Kiel und wenigen Jahren als Hauslehrer in Kopenhagen reiste er 1832 nach Griechenland, wo er die Gunst des jungen Königs Otto I. gewann. Er wurde königlicher Beauftragter für Altertümer und hatte als erster die Aufsicht über die antiken Denkmäler in Griechenland. Ebenfalls als erster wurde er 1837 Professor für Archäologie an der von Otto neu gegründeten Universität in Athen. 1843 musste er dann aber unfreiwillig, wie alle Ausländer im Staatsdienst, Griechenland verlassen.

Ross gilt als Wegbereiter der archäologischen Feldforschung in Griechenland. Er „reinigte" die Akropolis von allen nicht-klassischen Spuren und ließ sämtliche römischen, venezianischen, fränkischen und byzantinischen Baureste entfernen. Allein die Ruinen der Antike ließ er stehen, was ihm heute von der modernen Forschung schwer angekreidet wird.

1843, nach seiner Entlassung, fuhr Ross nach Deutschland zurück, wurde Professor für klassische Archäologie in Halle, reiste jedoch immer wieder nach Griechenland, seiner zweiten Heimat. Dort unternahm er – auch mit dem Königspaar – insgesamt sechs offizielle Reisen. Nicht nur Altertümer waren dabei sein Ziel, er schrieb in seinen ausführlichen Berichten auch über das Brauchtum und die Menschen, denen er begegnete. Die Reportagen veröffentlichte er zuerst in verschiedenen deutschen Zeitungen, dann fasste er sie in mehreren Werken zusammen.

Den ersten Band seiner „Königs-Reisen" widmet er „Ihrer Majestät, der Königin Amalia von Griechenland, in tiefster Verehrung", den Vorspann richtet er dann an die „Allerdurchlauchtigste, Gnädigste Königin und Frau!" und im Vorwort hofft er, dass es, „wenn Griechenland einst ganz der Europäischen Gesittung mit ihren Bequemlichkeiten und ihrem Luxus anheimgefallen sein wird, selbst für spätere Leser nicht ohne Interesse sein mag zu erfahren, mit welcher ursprünglichen Einfachheit und Schlichtheit König Otto und Königin Amalie am rauschenden Bergquell unter dem Laubgezelte ihr Hoflager aufschlugen oder unter dem gastlichen Dache einer Bauernhütte vertrauensvoll, ohne Wachen und andere Vorkehrungen, bei ungeschlossenen Türen ihr Obdache nahmen."

Dass es sich bei diesen königlichen Unternehmungen nicht um Vergnügungsreisen, sondern um strapaziöse Expeditionen zur Erkundung des Landes handelte, lassen verschiedene Bemerkungen Ross' erahnen. So schreibt er zum Beispiel: „Erst um 7 Uhr konnte am folgenden Morgen wieder aufgebrochen werden." Oder: „Früh um 5 Uhr war die Königin, wie gewöhnlich, die erste im Sattel." Frühstück – gebratenes Lamm und saure Milch – gab es erst nach ein bis zwei Stunden Morgenritt. Dann ging es oft stundenlang steil bergauf und bergab, durch unwegsames Gebirge, über reißende Bäche. „Zur Linken gähnte schwarz und finster die Schlucht, zur Rechten hingen steile Felswände über den schmalen Weg." In den Dörfern wurden die Majestäten dafür mit Gesängen und Tänzen begrüßt, viel mehr konnten die bettelarmen Weiler den Durchreisenden gar nicht bieten. Das Nachtlager erreichte die Karawane, die oft über hundert Pferde umfasste, meist erst nachts. „Das Dörfchen bot nur drei aus Baumzweigen geflochtene und mit Schilf gedeckte Hütten dar, als Obdach für das königliche Paar, die Hofdamen und die Kammerfrauen." Die übrigen mussten im Freien nächtigen. Amalies Jugend und ihre robuste Gesundheit halfen ihr zweifellos, diese Strapazen unbeschadet zu überstehen. „Nach kurzer Rast für die keuchenden Pferde ging es noch drei Stunden im Mondenlicht weiter nach Korinth, wo man gegen Mitternacht anlangte; und als wir uns gegen 1 Uhr von der Tafel erhoben, bestimmte die unermüdliche Königin, dass sie am nächsten Morgen mit Sonnenaufgang auf Akrokorinth hinaufreiten wolle!" Amalie konnte offenbar nicht genug kriegen und forderte von ihrer Entourage, die nicht nur stundenlang zu Pferd sitzen musste, sondern noch zusätzliche Aufgaben und Pflichten hatte, rücksichtslos das Äußerste.

Für das Königspaar waren diese Unternehmungen wohl auch eine Möglichkeit, dem Hofzeremoniell und der permanenten Gängelung durch die drei Großmächte für kurze Zeit zu entfliehen. König Otto wollte zudem sein Land kennenlernen und seine Autorität durch persönliche Anwesenheit auch in entlegenen Landstrichen festigen.

Ross' Verhältnis zum Königspaar war herzlich. Besonders Amalie verstand sich sehr gut mit ihm, obwohl sie ihn in ihren Briefen an den Vater kaum je erwähnt. Oft im Palast zu Tisch geladen, fiel anderen Gästen auf, wie die beiden miteinander scherzten. So schreibt um 1840 ein anderer Archäologe, Carl Otfried Müller, er sei zum Diner eingeladen gewesen: „Die Gesellschaft war klein, nur die Hofdamen und wenige Kavaliere, Dr. Röser und Professor Ross, und eben dadurch recht ungeniert und heiter. Ich hatte die Ehre, neben der Königin zu sitzen; sie sprach immerfort von ihrer und unserer Reise und ließ sich mit ebenso viel Heiterkeit wie Anmut auf allerlei archäologische Fragen ein, wobei sie mit dem wackeren Ross manchen Scherz trieb. Ich nahm mich oft in Acht, auf irgendeine Frage dieser Art zu ernsthaft einzugehen, und so war mir vollkommen wohl bei dieser Konversation." Ganz ähnlich äußert sich auch sein Kollege Friedrich Gottlieb Welcker: „Man speiste erst um halb neun; mein Platz war neben der Königin. Beide Majestäten waren sehr munter und besonders sie voll Heiterkeit und Mutwillen, so liebenswürdig in ihrem Scherz über die griechischen Reisen und die archäologischen Fragen, in ihrem Aufziehen des Professors Ross und besonders auch in ihrer Laune und Lieblichkeit gegen den König."

Möglicherweise war Ross allgemein ein wenig überspannt, was die Neckereien Amalies erklären könnte. So schreibt Frau von Plüskow einmal, dass sie einen Brief von ihm erhalten habe, „sogar die Art und Weise, wie er ihn gefaltet hatte, war exzentrisch. Gott möge ihm helfen, sich zu ändern!"

Ross verkehrte auch mit der Familie Lüth, gehörte aber als deutscher Schleswig-Holsteiner nicht zu deren näherem Bekanntenkreis. Sie lud ihn, wie auch die Gebrüder Hansen und andere, zur Taufe sowohl ihrer Tochter Damaris als auch zu derjenigen ihres Sohnes Nikolaos ein. Die Lüths lasen seine Bücher und benutzten sie gerne als Reiseführer für die eigenen Exkursionen. Ross verkehrte eher in einer höheren Gesellschaftsschicht und besuchte, wie er selber schrieb, Salons: „Wenn nicht getanzt wurde, spielte man mit den jungen Mädchen Blindekuh und andere heitere Spiele, und auch der König geruhte gern daran teilzunehmen." Ross besuchte oft die Oper, wöchentlich einen deutschen Lesezirkel und war auch zu den regelmäßigen mittäglichen, von den europäischen Gesandten ausgerichteten Diners geladen und natürlich zu den offiziellen Bällen am Hof.

Waren seine sozialen Kontakte zu den Deutschen in Athen vielfältig, beschränkten sich seine Verbindungen zu Griechen auf die berufliche Ebene, wo eine gewisse Überheblichkeit gegenüber den weniger gebildeten Einheimischen ihn allerdings unbeliebt machte. Ein konkreter Versuch, in die griechische Gesellschaft aufgenommen zu werden, schlug fehl: Auf einer der Reisen mit den Majestäten verliebte sich Ross unklugerweise in die schöne junge Hofdame Katerina Botsaris. Obwohl Ross ein sowohl gut aussehender als auch gut situierter Mann war, fand seine Werbung bei der stolzen griechischen Familie kein Gehör. Er mochte viele Vorteile haben, als Deutscher gehörte er zur „Besatzungsmacht", ein unverzeihlicher Makel in den Augen der Familie des berühmten Freiheitskämpfers Markos Botsaris. 1843 musste er aus politischen Gründen Griechenland verlassen, wo er eigentlich seinen Ruhestand hatte genießen wollen. Dieser Affront sowie ein angebliches Rückenmarksleiden (eventuell Syphilis?), an dem er mit vierzig Jahren erkrankte, stürzten ihn in Depressionen. Er nahm schließlich eine Professur in Halle an, heiratete, die Ehe blieb jedoch kinderlos. 1859 setzte Ross seinem Leben in Halle ein Ende.

Amalie, die doch während den wagemutigen Exkursionen unter der Führung Ross' diesem ein wenig nähergekommen sein muss, verliert in ihrer Korrespondenz weder über die Geschichte mit ihrer Hofdame Botsaris noch über das traurige Ende des Archäologen, der sie tief verehrt hat, kein Wort.

Während Ross sich um die Archäologie große Verdienste erwarb – er führte als erster systematische Ausgrabungen auf der Akropolis durch, die nicht nur dem Einsammeln von Kunstobjekten dienten, sondern auch den Fundkontext berücksichtigten –, scheiterte er im Fach Philologie: Seine Herleitung der lateinischen Sprache aus dem Griechischen fand in der Wissenschaft kein Gehör.

Andreas Arneth, der katholische Amtskollege von Asmus Lüth

„Er gibt nie die kleinste Münze von seinem Geld."

So wie Königin Amalie über einen persönlichen Geistlichen verfügte, hatte auch der katholische Otto seinen eigenen Seelsorger: Andreas Arneth, ein Bayer mit schwedischen Wurzeln. Christiane hatte, im Gegensatz zu ihrem Mann, kaum Kontakt zu ihm. Lüth hingegen war gezwungen, mit seinem Gegenpart auszukommen, teilten sie sich doch – zuerst im achteckigen Saal, dann im neuen Palast – den Zeremonialraum. Beide waren auch oft gemeinsam bei den Majestäten zu Tisch geladen, wie die Oberhofdame von Plüskow in ihrem Tagebuch notiert.

Während Lüth auch die wenigen Protestanten außerhalb des Palastes betreute, war Arneth im Prinzip nur für die Katholiken des Hofes zuständig, nahm aber gelegentlich auch Taufen oder Hochzeiten in der Stadt vor, wo eine Kirche mit zwei Priestern für das Seelenheil der rund 2.000 Mitglieder sorgte. In ganz Hellas lebten damals – hauptsächlich auf einigen der Kykladen-Inseln – gegen 25.000 katholische Griechen.

Christiane hatte gegen alles Katholische eine grundsätzliche Abneigung, aus der sie keinen Hehl machte. Über Priester Arneth schreibt sie: „Er macht den Eindruck eines ruhigen, besonnenen Mannes. Aber: Er ist schleimig wie ein Aal und drückt sich, sobald er um seine Meinung gebeten wird." Besser versteht sie sich mit dem Gemeindepriester Konstantinos, der die Lüths auch hin und wieder besucht.

Zu Beginn des Jahres 1843 musste der König aus finanziellen Gründen seine Streitkräfte verkleinern und entließ im ganzen Land nicht nur viele Soldaten, sondern auch Arbeiter und Handwerker, die nach Athen geströmt waren, um dort Arbeit zu finden. Die Protestanten belagerten Lüth, die Katholiken jammerten bei Arneth, der sie „auf ganz unchristliche Art" abschüttelte, wie sich Christiane empört. „Er gibt nie auch die kleinste Münze von seinem Geld. Im Gegenteil: Er bereichert sich noch, weil er als Lediger das Recht hat, im Palast zu wohnen und von der Palastküche verpflegt wird, wofür er – wie man so hört – nur ganz wenig bezahlen muss. Für seine Kirche erbettelt er von allen Geschenke, aber selber gibt er nichts, der Arme." Es wurde auch gemunkelt, dass der Priester gern bei den Palastintrigen mitmischte und in politischen Angelegenheiten seine Fäden zog.

Eines Tages wurde Christiane gebeten, bei der Tochter des katholischen Bäckers von nebenan die Patenschaft zu übernehmen. Genüsslich schreibt sie, dass sie das gerne tue, wundert sich aber, dass Arneth offenbar nichts dagegen habe, eine Ketzerin wie sie als Patin eines katholischen Kindes zu akzeptieren! Die Taufe fand an einem Sonntag statt. „Arneth im Ornat empfing uns beim Kirchenportal. Er hielt eine Ansprache auf Deutsch, die recht gut war. Dann bestrich er die Lippen des Säuglings mit ein wenig Salz, was diesem gar nicht passte. Sobald wir uns dem Priester näherten, fiel stets ein Ende seiner Stola auf meine Hand. Ich musste an mich halten, um nicht laut aufzulachen. Alles war so gekünstelt. Meinen Namen verballhornte er von Christiana-Frederika zu Kastana-Fenderaka! Vier Knaben folgten uns mit dem Weihrauch, bei jedem zweiten Wort des Priesters ließen sie ein ‚Amen' fallen. Arneth salbte das Kind und fuhr dann mit der eigentlichen Taufe auf Lateinisch fort. Ich konnte problemlos folgen, denn er sprach langsam und klar. Jedes Mal, wenn er um Vergebung der Sünden bat, schaute er mich direkt an. Ich schaute zurück, in der Hand die große Altarkerze, die er mir zum Halten gegeben hatte." Christiane, an das karge Ritual in der lutherisch-reformierten Kirche gewöhnt, kann dem katholischen Brimborium nichts abgewinnen. Sie findet es zum Lachen.

Christiane schreibt nie, dass sie sich eine Predigt des katholischen Priesters angehört hätte. Die Oberhofdame Frau von Plüskow, auch eine Protestantin, hatte aber wohl die Pflicht, das Königspaar hin und wieder in die Kirche zu begleiten. Über eine Osterpredigt

Arneths meint sie: „Sie war zwar meisterhaft formuliert, konnte mich aber nicht berühren. Er sprach über den Korinther Brief 1.22.23." Eine Neujahrspredigt fand sie dann wiederum ganz gut. Im Gegensatz zur Pastorsfrau brachte sie dem Katholiken mindestens Respekt entgegen, ein Gefühl, das sie vermutlich für den protestantischen Pastor nicht hegte.

In ihren Briefen an den Vater erwähnt Amalie erstaunlicherweise den persönlichen Geistlichen ihres Mannes all die Jahre nur ein einziges Mal mit Namen, obwohl sie ihm oft begegnet sein muss, da er als lediger Angestellter im Palast wohnte und laut Frau von Plüskow häufig mit dem königlichen Paar speiste. Sie hat ihren Mann auch gelegentlich zu den katholischen Messen begleitet und unverblümt deren Inhalt kritisiert. So machte Arneth offenbar einmal, als die Sonntagspredigt auf den Geburtstag von Martin Luther fiel, einige abfällige Bemerkungen über den Reformator, was Königin Amalie veranlasste, laut zu ihrem griechischen Adjutanten zu sagen, Arneth solle, statt ohne ihre Genehmigung abzuschweifen, sich doch bitte an sein Thema „Die Beichte" halten. Es scheint, dass Amalie – wie Christiane – den katholischen Priester nicht mochte.

Ein Athener Original: die Doukissa Plakentias

„Reich, geschieden, weder Jüdin noch Christin."

Christiane schreibt erstmals über die Herzogin Sophie de Barbé Marbois-Lebrun, Duchesse de Plaisance (Herzogin von Piacenza/Doukissa Plakentias, 1785–1854), als die Familie Lüth 1842 an den Platz des Gymnasiums (heute Platia Koumoundourou) umzog. Dort hatte der Bildhauer Christian Siegel ein großes Haus gemietet, die Lüths übernahmen die fünf Zimmer im Obergeschoss. Die Doukissa, damals schon eine ältere, weißhaarige Dame, wohnte im Gebäude nebenan. Sie war zwar verheiratet, hatte ihren Mann aber in Frankreich zurückgelassen. „Eine merkwürdige Frau, reich, geschieden, weder Jüdin noch Christin. Sie hat einen eigenen Glauben erfunden, den sie schriftlich festgehalten hat. Das Papier hat sie vervielfältigt und verteilt es an die Menschen. Wir haben auch ein Exemplar erhalten. Die Herzogin hatte eine Tochter, die mit sechzehn Jahren verstorben ist. Sie hat sie einbalsamiert und bewahrt sie in einem gläsernen Sarg in Keller auf. Dorthin geht sie immer wieder und beweint ihr Kind. Sechs mächtige, weiße, haarige Hunde sind ihre ständigen Begleiter. Und wenn sie die Kutsche nimmt, sitzen immer zwei davon auf der Rückbank, die übrigen folgen zu Fuß. Sie trägt stets weiße Kleider und darüber einen weiten weißen Mantel mit Kapuze, unter der ihr bleiches Gesicht mit den schwarzen Augen hervorleuchtet. Vor langer Zeit habe eine Wahrsagerin ihr prophezeit, dass sie sterben werde, wenn ihr Haus fertig gebaut sei. Deshalb baut sie jetzt überall Häuser, lässt sie unvollendet stehen und vermietet sie. Eines hat sie Doktor Röser geschenkt, als er noch in ihrer Gunst stand. Bettlern gibt sie nie etwas – sie sei großzügig, aber Almosen verteile sie nicht. Mit Architekt Christian Hansen hat sie sich überworfen; eine Verständigung mit ihr sei nicht möglich, obwohl er nun ohne Arbeit dastehe, sagte er." Hansen hatte, wie alle im öffentlichen Dienst stehenden Ausländer, nach 1843 seine Stelle sowohl im Innenministerium als auch an der Universität verloren und musste sich mit Privataufträgen über Wasser halten. Offenbar arbeitete er kurzzeitig auch für die Herzogin.

Die Doukissa war eine Frau, die man als Besucher Athens nicht ignorieren konnte. Es zirkulierten zahlreiche wahre Geschichten, aber auch erfundene oder mindestens ausgeschmückte Gerüchte über sie. Fast alle Reisenden bemerkten sie, so auch Freiherr Joseph von Ow. Er begegnete ihr, als sie in einem verfallenen Kloster nahe Athen weilte, das offenbar ihr gehörte. „Die Herzogin nahm uns mit morgenländischer Gastfreundschaft auf. Ihr Hofstaat ist aus Griechen, Persern und Arabern zusammengesetzt. Einige noch unmündige Kinder sind in ihrer Umgebung. Alle haben Französisch gelernt, denn sie spricht keine andere Sprache!" Aber: „Ihre Sprache ist Musik! Ihre äußere Erscheinung ehrfurchtgebietend und geisterhaft." Sie sei Oberhofmeisterin am französischen Hof bei Kaiserin Marie Louise gewesen und habe ihm, von Ow, viel Denkwürdiges über Napoleon und seine Selbstherrlichkeit erzählt. Der Freiherr scheint die Doukissa bewundert zu haben. Laut der Oberhofdame Nordenflycht war er allerdings selber ziemlich überspannt und gehörte ihrer Meinung nach zu den exzentrischsten Menschen, die sie je gekannt habe.

Auch der Archäologe Friedrich Gottlieb Welcker machte die Bekanntschaft der Herzogin. Er notiert 1842, sie sei ein Original in der Art der Stanhope (Hester Stanhope, 1776–1839, eine englische Abenteurerin, die sich im Libanon niedergelassen hatte), lebe trotz beträchtlichem Vermögen ohne Luxus oder Komfort und bewahre ihre mit achtzehn Jahren verstorbene schöne Tochter in Weingeist auf. Der Poesie sei sie sehr zugetan und rezitiere freigebig und lebhaft.

Frau von Nordenflycht weiß noch zu berichten, dass die Doukissa mehrere Jahre im Orient zugebracht habe, wo ihre Tochter gestorben sei. Jeden Sonntag schließe sie sich mit der einbalsamierten Leiche ein. Sie hasse alle Deutschen, ausgenommen Doktor Röser, und halte über 20 Hunde. Sie trage nur weiße oder blaue Kleider „wie ein Sack nur auf den Schultern zusammengenäht und mit einem Gürtel befestigt".

Kurz vor ihrem Tod 1854 begegnet der französische Schriftsteller Edmond About der Doukissa. Er schreibt, sie sei die Tochter eines Ministers von Napoleon und am Pariser Hof für ihre Schönheit bewundert worden. Sie fröne einer Religion ohne Anhänger, die sich zwar dem Judentum annähere, aber doch etwas ganz Eigenes sei; dort sei sie gleichzeitig Priesterin und Prophetin. Ihre Exaltiertheit habe indes keinen Einfluss auf ihren Geist und ihre Urteilskraft. Sie habe einen Charakter wie nur wenige Männer, ihr Wille sei unerschütterlich, ihre Feindschaften gälten ewig. Als beste Freunde und Bewacher halte sie sechs Riesenhunde. Sie sei unermesslich reich, großzügig aber nur gegenüber anderen Vermögenden. Sie wohne allein und einsam in einem kaum möblierten Haus und meide die Gesellschaft.

Selbst die Königin kommt nicht umhin, ein paar Worte über die Frau zu verlieren. Sie sei vollkommen absonderlich, schreibt sie ihrem Vater 1842 und erzählt ihm die Geschichte mit der – bei ihr nun dreißigjährigen – Tochter im Weingeist im gläsernen Sarg. Laut Amalie hat die Herzogin den Narren an ihrer schönen Hofdame Botsaris gefressen und überhäuft diese mit Geschenken. Man munkelt, dass die Doukissa, wenn ihr plötzlich jemand nicht mehr sympathisch ist, was oft passiert, die meist sehr großzügigen Geschenke zurückverlangt; Verträge, die ihr nicht mehr passen, zerreißt sie einfach. Ihren weißen Pyrenäenhunden gibt sie vor ihren Gästen zu fressen, die ihrerseits nur noch erhalten, was die Hunde übriglassen. „Und natürlich hat sie etwas gegen den Hof, speziell gegen mich, sie kann mich nicht ausstehen, weiß Gott warum. Und selbstverständlich unterstützt sie politisch die Opposition, auch mit Geld." Amalie unterschlägt, dass die Herzogin auch anderes finanziell unterstützt, zum Beispiel höhere Schulen, was doch eigentlich eine Aufgabe der Königin wäre.

Amalie schreibt weiter, dass die Frau sich dem jüdischen Glauben zugewendet habe. Ihr Schloss sei so exzentrisch wie sie selber, gebaut im gotischen Stil aus pentelischem Marmor. Die Nebengebäude hingegen seien abscheulich, sähen mehr aus wie Getreidescheunen. Auf einem Berg wolle sie einen Altar bauen lassen und darunter begraben werden. „Ist das nicht alles völlig verrückt?"

1846 berichtet Amalie ihrem Vater über die Entführung der Herzogin. „Nach vier Stunden ließen die Entführer sie wieder frei. Sie waren sehr höflich, hatten gute Manieren." Die Königin glaubt, dass hinter der Entführung politische Motive steckten, mit anderen Worten: die Opposition.

Die Geschichte dieser Entführung warf in der Athener Gesellschaft hohe Wellen. Die Herzogin selber schilderte ihrem Mann in Frankreich in mehreren Briefen das für sie wohl traumatische Erlebnis: „Vorgestern, Sonntag, 4. Juni 1846, fuhr ich mit einigen Leuten, darunter Architekt Hansen, in Richtung des Pentelikon. Nicht weit vom Kloster begegneten wir einer Kutsche, die am Straßenrand stand, darin ein Polizist und drei weitere Männer. Was ist los?, fragte ich. ‚Banditen!', sagte meine Begleitung. ‚Die Herzogin muss zahlen!', sagte deren Anführer. Ich spürte sofort einen starken Schmerz in den Nieren, mein Mund trocknete aus, und ich verspürte heftigen Durst. Aber ich war ganz ruhig und bat um etwas Wasser. Einer der Banditen brachte mir einen Becher, und ich trank vom Brombeersaft, den ich mitgenommen hatte. Meine bleich gewordenen Begleiter zitterten vor Furcht. Ich fragte die Räuber, was sie wollten. Sie wollten, dass ich ein Papier unterschreibe, das ihnen viel Geld zusicherte, das sie später bei mir abholen wollten. ‚Unterschreiben Sie!', drängten meine Begleiter, ‚sonst bringen sie uns in Gefahr!' Ich aber rief: ‚Das ist unmöglich, soviel Geld hat nicht einmal der König!' Der Anführer antwortete ungerührt: ‚Ihr seid reicher als der König, hier ein Palast, dort ein Anwesen, Felder, Bauernhöfe, Dörfer...' Ich sagte ihm, er solle die Gebäude nehmen, Geld hätte ich keines; mein Vermögen sei in Frankreich. Zudem seien heute die Banken geschlossen, es sei Sonntag, auch mein Bankier könne kein Geld herbeizaubern. Der Anführer meinte, wenn ich mich weigerte zu unterschreiben, würden sie uns alle umbringen. Ich stieg aus der Kutsche, stand vor ihn hin und sagte: ‚Also, töten Sie mich, aber lassen Sie die anderen gehen!' Aber sie wollten nicht mein Leben, sie wollten mein Geld. Plötzlich kam ein Arbeiter des Wegs. Einer meiner Begleiter machte ihm ein Zeichen, und er begriff und machte sich so schnell wie möglich aus dem Staub. Der Anführer der Banditen hatte das Zeichen auch gesehen, riss meinen Begleiter zu Boden und wollte ihn schlagen. Ich wiederholte, dass sie mich töten, aber die anderen verschonen sollten. Schließlich gaben sie sich mit weniger Geld zufrieden, ich unterschrieb, und sie schickten eine Kutsche, das Geld zu holen. Unterdessen sah man in der Ebene unten etwa 20 Dorfbewohner im Anmarsch. Der Banditenanführer schickte jemanden, damit diese umkehrten, wenn nicht, würde man mich erschießen, aber die Dörfler ließen sich nicht beirren. Und die Banditen ergriffen zuletzt die Flucht. – Ich werde in Zukunft nur noch mit einem Begleitschutz auf den Pentelikon fahren, mindestens fünf Männer zu Pferd. Schick mir endlich die zwei Gewehre, die ich verlangt habe!"

„Eines ist klar", schreibt sie weiter, „die politische Opposition hat mit dieser ganzen Geschichte nichts zu tun. Anders verhält es sich mit den Mönchen des Pentelikon-Klosters. Einer ist mit den Banditen befreundet und versorgt sie mit Lebensmitteln. Das sollte in den Zeitungen stehen! – Man hat mir später gesagt, der Anführer heiße Pimbisis und sei Bandit geworden, um seiner Strafe zu entgehen. Er habe nämlich den Geliebten seiner Frau umgebracht. Nun werde er beschützt von Anhängern des Ministerpräsidenten Koletti und von einem ehemaligen Bürgermeister Athens, der mal bei uns zum Essen war. Ein weiterer Beschützer, der Besitzer des Klosters Kesariani, kam bei mir vorbei. Er erzählte mir, dass Pimbisis eine 16-jährige Tochter habe. Wenn ich sie in meine Obhut nehmen würde, wäre Pimbisis mir einen Gefallen schuldig. Na so was! Zwischen einer Mutter, die ihren Mann betrügt, und einem Mörder als Vater besteht wenig Hoffnung, dass jemand tugendhaft wird."

Ein Jahr nach diesem Ereignis schreibt Christiane, die mit ihrer Familie in der Sommerfrische Kesariani weilt: „Heute fuhr, von Gendarmen begleitet, die Doukissa mit drei Kutschen vor, alle voll mit Ausländern. Sie ließen sich im Klosterhof nieder, tranken Wasser und aßen ein paar gebratene Sardinen. Das war eine der für die Herzogin typischen, berühmten Verköstigungen, bei denen man vor Hunger umkommt!" Christiane wusste, dass die Gendarmen der Herzogin als Geleitschutz dienten, seit sie von Straßenräubern entführt worden war, die angeblich viel Lösegeld verlangt hatten.

Ende 1847 schreibt sie, dass ein heftiger Sturm das Haus der Doukissa in Flammen habe aufgehen lassen, und mit dem Haus verbrannte auch die einbalsamierte Leiche ihrer Tochter. „Wie immer war kein Wasser da und niemand, um zu helfen, nur diejenigen, die von der Gelegenheit profitieren wollten zu plündern. Die Doukissa flehte die Umstehenden an, ihre Tochter zu retten, aber niemand wagte sich in den Keller hinunter."

Hausbränden war man in Athen damals mehr oder weniger hilflos ausgeliefert; es gab zwei defekte Wasserpumpen, keine Wasserbehälter, um Löschwasser zu transportieren, und keine Geräte, um brennende Gebäude niederzureißen. Die Zeitungen berichteten vom Brand und von den Diebstählen. Sie prangerten auch die Ineffizienz der Stadtpolizei an, welche die Plünderungen nicht verhindert hatte. Die Königin hingegen kommentiert diese Feuersbrunst emotionslos, das Leid der Herzogin, die nicht nur ihr Haus, sondern auch ihre Tochter verloren hatte, erwähnt sie nicht. „Vieles konnte gerettet werden", meint sie zynisch.

Wenige Monate nach dem Brand hat Amalie offenbar eine Unterredung mit der Doukissa, vielleicht die erste? Die Herzogin hat nämlich ein Anliegen: Sie möchte an die Bälle im Königspalast eingeladen werden. Amalie hat nichts dagegen, im Gegenteil: „Ich freue mich auf ihren Auftritt, sie wird ihr übliches Gewand tragen, das wird lustig!" Leider schreibt Amalie nichts weiter darüber.

Georgios Aspridis – die studentische Hilfskraft

„Seine Schüler sind aufmerksam und folgsam."

Im Herbst des Jahres 1847 trat Georgios Aspridis ins Leben der Familie Lüth. Er stammte ursprünglich aus Zypern, seine Familie lebte jedoch auf der Insel Syros, und er selbst studierte in Athen. Vater Aspridis, ein Weinhändler, hielt den Sohn kurz, und als ihm Georgios' Studien zu lange dauerten, befahl er ihm, nach Hause zurückzukehren. Aber Georgios hatte am Leben in der Großstadt Gefallen gefunden. „Ich soll die Bücher sein lassen, nach Hause zurückkehren und dort

Wein verkaufen? Nie im Leben!“, klagte er der Familie Lüth. Vermutlich war es Asmus Lüth, der ihm eine Stelle als Neugriechischlehrer an der deutschen Schule verschaffte, bezahlt wurde er jedenfalls direkt von Königin Amalie. Er erhielt 25 Drachmen im Monat, so viel kostete ungefähr ein Paar Männerstiefel; rund 4 Drachmen gab die Familie Lüth für den Tagesbedarf an Lebensmitteln (Brot, Käse, Eier, Fleisch und Wein) aus.

Aspridis macht seine Sache zu Beginn sehr gut, Christiane lobt ihn, seine Schüler würden aufmerksam dem Unterricht folgen, obwohl er sehr streng sei. Sie ist so begeistert, dass sie ihn als Hauslehrer für die Pfarrkinder anstellt und hofft, dass er noch andere Privatschüler findet. Die Lüth'schen Kinder sind fleißig und lernbegierig. Nicht lange, und Aspridis nimmt sie als gute Beispiele in seine Schule mit. Der siebenjährige Nikolaki soll den Großen dort zeigen, was er alles bereits gelernt hat. Schon bald geht der Student im Hause Lüth ein und aus. Für seine Dienste erhält er 12 Drachmen im Monat, was aber laut Christiane für den Lebensunterhalt in Athen nicht ausreicht. Wenn sie sieht, dass er morgens nüchtern erscheint, um seine Lektionen zu halten, bietet sie ihm gelegentlich Brot und Kaffee an.

Die Eltern von Aspridis lassen jedoch nicht locker und schreiben dem Pfarrer, ihr Sohn müsse nach Hause zurückkehren, weil sie ihm kein Geld mehr schicken könnten. Asmus Lüth übernimmt es, dem Vater zu erklären, dass Georgios jetzt auf eigenen Füssen stehe und keine Unterstützung mehr benötige, zumal er weitere Privatschüler unterrichten könne, darunter auch Kinder von Hofangestellten. Allerdings verschweigt er, dass die Privatschüler kommen und gehen, wie es ihnen passt, so dass das Einkommen Aspridis' sehr unregelmäßig ausfällt.

Ein Zimmer zur Miete konnte er sich nicht leisten, und er bat Lüth, ihm im Palast eine Bleibe zu organisieren. Das wiederum überstieg Lüths Möglichkeiten, und der Pfarrer überlegte, ihn bei sich aufzunehmen. Christiane war dagegen, sie wollte nur noch Dänen bei sich zu Hause haben. Nach der anfänglichen Begeisterung ging ihr Aspridis' Anhänglichkeit nämlich schon bald auf die Nerven. Offenbar benutzte er Asmus Lüths Kamm, wenn er am Morgen bei Lüths erschien, was Christiane veranlasste, diesen zu verstecken, so dass Aspridis den Tag ungekämmt verbringen musste.

Einmal bat er Christiane um einen Vorschuss, was sie entrüstet zurückwies. „Letzten Monat verlangte er 80 Drachmen für die Lektionen, das reicht nun!“ Es gebe viele Familien in Athen, die mit weniger auskommen müssten. Zudem häuften sich die Klagen über seinen Unterricht, so dass Christiane ihn einmal damit konfrontierte. Er versprach Besserung, und eine Weile kehrte Ruhe ein. Doch Christiane selber war zunehmend unzufrieden mit seiner Arbeit. Eines Tages überraschte sie ihn, als er, statt die Kinder zu unterrichten, mit deren Zinnsoldaten und Kasperlefiguren spielte. Ein anderes Mal erwischte sie ihn, als er die Hausangestellte bat, seinen Rock zu flicken, und als es ihm zu langsam ging, forderte er sie noch auf, ihm einen Kaffee zu kochen. Christiane fand, dass der junge Mann etwas weit ging in der Auslegung seiner Pflichten.

Im März 1848, als in Europa Unruhen aufflammten, zeigte Student Aspridis viel Verständnis für die Anliegen der österreichischen Studenten, die ihren König hinausgeworfen hatten und eine Demokratie verlangten. „Er war sehr aufgeregt und durchaus bereit, hier das Gleiche zu fordern", berichtet Christiane. Er wolle eine Vereinigung zur Rettung des Vaterlandes gründen. „Aber solche Vereinigungen wollen jetzt viele, die meisten nur zu ihrem eigenen Wohl", mokiert sie sich.

Da Christianes Tagebuch im April 1848 endet, wissen wir nicht, ob Aspridis sich radikalisiert hat oder doch weiter den bescheideneren Weg des mehr oder weniger braven Hauslehrers gegangen ist.

Reisen im In- und Ausland

Königliche Expeditionen ins Landesinnere

„Es sind 60 Pferde mit Gepäck aufgebrochen, dazu kommen noch die Reitpferde."

Schon bevor Otto I. sich vermählte, hatte er ausgedehnte, bisweilen strapaziöse Expeditionen ins fast unberührte Landesinnere unternommen; ab 1838 begleitete ihn die Königin. Diese Reisen machte er nicht etwa zum Vergnügen oder zur Erholung von den Anstrengungen des Regierens, sie waren politisches Pflichtprogramm. Es ging um die Repräsentation der von den europäischen Mächten eingesetzten fremden Monarchie, um die Legitimierung des eigentlich Illegitimen und um den Versuch, Identität zu stiften, wo keine Identität vorhanden war. Die Griechen, jahrhundertelang unter osmanischer Herrschaft, kannten das Königtum und seine Funktionen nicht, sie kannten auch ihren neuen König nicht.

Otto versuchte einerseits durch sein persönliches Auftreten, der Monarchie ein Gesicht zu geben, andererseits sein Reich kennen zu lernen. Er verbrachte vor Ort immer viel Zeit in Audienzen mit den Beamten und den religiösen Würdenträgern, schlichtete Streit, sprach Recht und überprüfte die Umsetzung der in Athen getroffenen Anordnungen.

Der Handlungsbedarf auf dem Land war beträchtlich, die neu verteilten Aufgaben wurden nicht überall mit gleichem Eifer erledigt. „Es ist von großem Nutzen, wenn der König mit eigenen Augen sehen kann, wo so vieles nur auf dem Papier steht", erklärte Amalie ihrer Schwiegermutter in Bayern. Weitere Programmpunkte waren jeweils die Besichtigung von militärischen Einrichtungen, sozialen Institutionen und landwirtschaftlichen Anstalten. Entwicklung und Fortschritt wurden aufmerksam beobachtet, erste schüchterne Versuche der Industrialisierung bewundert, beispielsweise eine Salpeterfabrik hier, eine Seidenproduktion dort. So resümiert Amalie: „Die Reise hat mir große Freude gemacht, besonders da ich sehe, wie alles im Fortschreiten ist. Es ist freilich wahr, dass die Beamten viel zu wünschen übrig lassen und bei ihnen größere Strenge nötig ist, um sie in die gehörigen Schranken zu weisen. Die gemeinen Leute klagen viel über sie." Und Frau von Nordenflycht doppelt nach: „Es ist unglaublich, wie viele Missbräuche sich manche Beamte erlauben und wie Eigennutz, Partei und Familienhass noch herrschen. Dies gibt dem König so viel zu tun, dass er oft nicht zu Atem kommt."

Es war dem Königspaar ein Anliegen, mit der Bevölkerung in Kontakt zu treten, die Landschaft kennen zu lernen und auch die antiken und mythischen Stätten zu besuchen. Es scheute dabei keine Strapazen, denn das schwach besiedelte Landesinnere war einsam, wild und unzugänglich. Der Archäologe Ludwig Ross, der Hellas schon jahrelang erforscht hatte, diente dabei gern und oft als kundiger Führer. Seine Erlebnisse veröffentlichte er später in Deutschland; er schreibt: „Der Tross eines königlichen Reisezuges bestand immer aus mehreren Abteilungen. Voraus ging das schwere Gepäck, die Betten mit Matratzen und Sessel, die Zelte, das Tafel- und Küchengeschirr mit den Vorräten und Köchen. Diese schlugen in einem Hause, einer Hütte oder unter dem Schatten eines Baumes ihre Küche auf. Das Königspaar mit Gefolge, das sich meist noch durch ein starkes Geleit aus der Umgebung vergrößerte, bildete dann die Spitze des eigentlichen Zuges. Es folgten die für den täglichen Dienst erforderlichen Diener, Reitknechte und Ordonnanzen mit dem leichten Gepäck. Noch durchschnitt keine fahrbare Straße irgendeinen Teil des Landes, nur schmale Saumpfade wanden sich durch Steine und Gebüsch. Sämtliches Gepäck musste auf Pferden oder Maultieren fortgeschafft werden."

Die Landbevölkerung ist dem jugendlichen Königspaar gewogen, man setzt große Hoffnungen in den kaum erwachsenen Otto. Er und Amalie werden herzlich, bisweilen gar ungestüm empfangen. Amalie schreibt ihrem Vater: „Die Frauen rissen mich vor Freude beinah vom Pferd, jede wollte mir zuerst die Hand küssen, sie bewarfen mich mit Blumen und wohlriechendem Wasser. Einmal ging es mir dabei sehr schlimm: Eine Frau goss mir eine ganze Flasche Eau de Cologne ins Gesicht, während die Menge mich fast vom Pferd zog und ich mich bückte, und zwar ins Auge, ich hätte laut aufschreien mögen vor Schmerz."

Wirklich nahe kommt die Königin den Menschen aber nicht. Sie betrachtet die Bauern und Bäuerinnen, die Hirten und Hirtinnen mehr als pittoreske Staffage in der arkadischen Landschaft: „Die Leute auf dem Feld in ihrer malerischen Tracht beleben das Bild." Sie sieht zwar die bestickten Gewänder, die anmutigen Frauen mit den schönen Gesichtern, notiert auch die für sie seltsamen Gebräuche, macht sich jedoch keine weiteren Gedanken. Nur selten entschlüpft ihr eine Bemerkung über den Schmutz und die überall herrschende, bittere Armut. Wesentlich eloquenter beschreibt sie Landschaft und Natur, die ihr zur wahren Idylle geraten. Geradezu ekstatisch schwelgt sie: „Die Augen ruhen entzückt auf den schönen Bergen, die mit den verschiedensten Eichen bewachsen und durch Felswände unterbrochen ein herrliches Gemälde darbieten. Förmlich jubeln muss man und staunen über die Kraft der Natur". Sie sieht „die herrlichste Vegetation, unter jedem Stein sprudelt das Wasser hervor. Alles stand in Blüte, und unten das dunkelblaue Meer. Diese liebliche Gegend ist ein Garten, wie nie Menschen ihn schaffen können. Ach, die Schweiz ist nicht halb so schön!"

Amalie trifft also eine Auswahl, lässt das Unschöne weg. Die Ihren in Oldenburg sollen nicht wissen, wie rückständig und arm das Land ist. In Griechenland waren in der ersten Hälfte des 19. Jahrhunderts weite Landstriche – bedingt durch den Befreiungskrieg – öde, ohne Vegetation und unbebaut, die Siedlungen zerstört. Erst nach und nach wurden die Äcker wieder unter den Pflug genommen, die Dörfer bewohnt. Die deprimierende Armut widerspiegelt sich in den erbärmlichen Nachtlagern, die der Königin zur Verfügung gestellt werden, sicher im Bemühen, das Beste anzubieten, was man hatte. „In der Hütte legt man seine Matratze auf die Erde. Oft hatten unsere Zimmer keine Fenster, nur Läden, zuweilen regnete es durch, denn wir hatten nur ein schlechtes Dach über uns."

Aber allen Widrigkeiten zum Trotz: Amalie liebte diese strapaziösen Unternehmungen. Die junge Frau, von Oldenburg her an körperliche Aktivitäten gewohnt, fühlte sich am Hof in Athen vermutlich eingeengt durch die Etikette und ständig beobachtet von sämtlichen Diplomaten und Gesandten. Ihr Tagesablauf bot nur wenig Abwechslung. Besuche von Verwandten, der übliche adlige Reisezirkus in Europa, fanden kaum statt, und in Griechenland selbst gab es keine eigentliche Adelsschicht, mit der sie auf Augenhöhe hätte verkehren können. Auf den Ausflügen konnte sie freier aufatmen, sich ein wenig austoben und ihre überschüssigen Energien abbauen. Sie meint dazu: „Athen ist der Brutherd aller Intrigen, deshalb gehe ich gerne aufs Land. Dort schlägt mein Herz freudig, frei, leicht und zufrieden." Dort werde sie wieder jung, dort erlebe ihre Seele jubelnde Freude, dort sei alles Schönheit und Harmonie.

Die Altertümer, die sie unter kundiger Leitung des Archäologen Ross besucht, erwähnt sie in ihren Briefen kaum. Andere Reisende, wie zum Beispiel Reinhard von Dalwigk, der Amalies Halbbruder Peter auf dessen Reise durch Griechenland begleitet hat, ist zwar von der Natur und von den Denkmälern tief beeindruckt, er sieht jedoch mehr: „Das Betreten des Schauplatzes der großen Vergangenheit lässt die Erbärmlichkeit der Jetztzeit so tief und empfindlich fühlen, dass uns das Gefühl des Missbehagens kaum verlässt." Eine Bemerkung, die Amalie nie gemacht hätte.

Die Expeditionen, welche die abenteuerlustige Amalie so begeistern, beschreiben sowohl ihre Hofdame von Nordenflycht als auch der Archäologe Ross wesentlich nüchterner. Besonders Frau von Nordenflycht beklagte sich als ältere Dame über das stundenlange Balancieren auf dem Pferderücken, das sie ermüdete. Vor ihrer ersten Reise im Februar 1838 hatte sie noch enthusiastisch geklungen: „Mit frohem Herzen mache ich jetzt die Vorbereitungen zu einer Reise, welche für das Königspaar und das ganze Hofpersonal eine sehr angenehme Erholung sein wird." Aber sie war bereits lange genug in Griechenland und wusste: „Manche Unbequemlichkeit wird nicht zu vermeiden sein." Schon die Anreise mit dem kleinen Dampfschiff vom Piräus über Poros nach Nafplion hatte es in sich: „Alles wurde seekrank. Beide Majestäten waren höchst unwohl – sämtliche Dienerschaft krümmte und wand sich –. zuweilen hielt ich mich aufrecht, zuweilen kauerte ich mich in eine Ecke, bis der Anfall vorbei war." In Nafplion wurde der König mit Kanonendonner, Glockengeläut und Hurrarufen empfangen; Ehrenpforten und Bogengänge aus Myrte und Lorbeer mussten durchschritten werden, junge Mädchen überreichten Kränze aus Olivenzeigen, am Abend Tanz. „Der Ball dauerte bis 2 Uhr – sechs Stunden waren wir nicht zum Sitzen gekommen." Zu Pferd ging es dann am nächsten Tag weiter Richtung Sparta. Neun Stunden bergauf, bergab, durch reißende Bäche, hoch angeschwollene Flüsse, meist im Regen. Sobald jedoch das Wetter besser wurde, konnte auch die Hofdame der Natur viel abgewinnen: „Durch reizendes Land zu einem sehr elenden Nachtquartier mit düsteren, feuchten Räumen, so unheimlich, dass ich die ganze Nacht kein Auge zutun konnte, Fenster und Türen gestatten der Zugluft freiesten Eingang." Über einen Monat war die ganze Gesellschaft auf dem Peloponnes unterwegs.

Im April des Folgejahrs 1839 ging es bis zur türkischen Grenze in den gebirgigen Norden nach Rumelien, einem Landstrich, der laut Nordenflycht im Vergleich zum Peloponnes kaum „zivilisiert und organisiert" ist. „Die Wege werden als schrecklich geschildert. Meine Reisegarderobe besteht aus einem Reitkleid, einem Reisekleid, das ich mir in Bern gekauft habe, einem Foulardkleid und zwei seidenen Überröcken nebst zwei Strohhüten. Dies alles nebst Wäsche in einen Korb gepackt. Morgen früh wird in fünf Wagen abgefahren, sechs Stunden weit." Bereits vor den Wagen war der Tross aufgebrochen – 60 Pferde zuzüglich der Reitpferde. Nachdem die ganze Gesellschaft die Wagen verlassen und auf die Pferde umgestiegen war, schreibt die Oberhofdame: „Ich reite auf einem Sattel, wie man sie in der Schweiz hat, der eine Art Stuhl und recht bequem ist, der mir aber nicht erlaubt, mit fortzukommen, wenn es schnell geht. Mein Pferd ließ sich aber nicht halten, wenn es die anderen im Galopp vor sich sah. Das war aber nicht zum Aushalten, ich bekam solches Seitenstechen. Ich werde morgen versuchen, auf einem englischen Sattel zu reiten." Wie erwartet sind die Unterkünfte schlimm. „Ich sitze in einem großen, wüsten, von Rauch geschwärzten Zimmer, in den dicken Mauern sind Schießscharten angebracht, dass der Wind recht frei durchstreichen kann, an drei Seiten Öffnungen ohne Scheiben, nur Holzläden. Die Decke hat keinen Gipsüberzug, sondern durch Balken und Holzgeflecht sieht man das Tageslicht." Aber: „Die Königin befindet sich vortrefflich. Diese Art zu reisen, macht ihr viel Vergnügen. Nun, sie ist zwanzig Jahre alt und Königin von Griechenland ...". Amalie beschönigt: „Fremde sollen in diese Gegenden kommen, und sie werden nicht mehr immer Italien und die Schweiz im Munde führen."

Aber dort, im unwirtlichen Gebirge, geschah es dann: Frau von Nordenflycht stürzt vom Pferd und bricht sich über dem Knöchel das Bein. In einer mühseligen Reise wird sie in elf Stunden an die Küste hinuntertransportiert, wo sie drei Wochen in Missolonghi bettlägerig auf ihre Genesung warten muss. Die Majestäten setzen ihre Reise wie geplant fort.

Und 1840 ging es gleich weiter, obwohl sich Frau von Nordenflycht noch nicht ganz von ihrem Unfall erholt hatte. „Ich leugne nicht, dass ich mich zu dieser Reise zwingen musste", schreibt sie ihrer Brieffreundin. Aber die Königin wünschte es so, die Hofdame hatte zu gehorchen. Die Strapazen waren von Beginn weg, wie sie berichtet, beträchtlich, „und die Wege über alle Vorstellungen schlecht und gefahrvoll." Es ging wieder auf den Peloponnes, zuerst zum Kloster Pirgalo Skili. „Zwölf Stunden war ich an dem Tag zu Pferd, mehr als acht Mal kamen wir über reißende Bergwasser." So steil ging es bergauf und bergab, dass die meisten zu Fuß gingen, was der Hofdame aber nicht möglich war. Die Unterkünfte, „schauderhafte Erdhütten", waren miserabel, „besonders wegen der entsetzlichen kleinen Bevölkerung, sie sich bei der Hitze ins Unendliche vermehrt", gemeint sind wohl Wanzen und Flöhe. Die Gegend, welche der König diesmal besuchte, war berüchtigt für die Unbotmäßigkeit ihrer Bewohner, sie galt als Hort von Räubern und Wegelagerern, sogenannte Klephten. Die Reise verlief indes problemlos, und alle kamen wohlbehalten nach Athen zurück.

Noch im gleichen Jahr folgt eine Inselreise, deren Strapazen sich in Grenzen halten. Frau von Nordenflycht besucht im Gefolge der Majestäten Zea, Syros, Andros, Naxos und Tinos. Besonders Syros gefällt ihr gut. „Die große Stadt ist im Halbkreis hinaufgebaut an den Bergen." Man inspiziert dort die neue Quarantänestation und die Schiffswerft. Aber insgesamt „befriedigen mich diese Inseln nur mäßig. Die Wege sind fast noch fürchterlicher wie auf dem Festland, und um ein grünes Fleckchen zu erreichen, muss man über Stein und Fels klettern wie eine Ziege."

Die Inselkreuzfahrt sollte die letzte griechische Reise von Frau von Nordenflycht sein. 1841 begleitete sie die Königin noch nach Deutschland, 1842 verstarb die treue Dienerin ihrer Majestät 55-jährig – nicht bei ihren Lieben in der Heimat, wie es ihr Wunsch gewesen war, sondern in Athen. Ihre Nachfolgerin, Frau von Plüskow, konnte nicht reiten und weigerte sich offenbar es zu lernen, vielleicht wohlwissend, dass ihr diese Weigerung viele Strapazen ersparten sollte.

Amalie betont bei fast jeder Reise, wie beliebt ihr Otto beim Landvolk sei. So schreibt sie ihrer Schwiegermutter Therese von Bayern nach dem Aufstand vom 3. September 1843: „Das Volk kennt, liebt seinen König und weiß, was es ihm verdankt. Diese Liebe und Herzlichkeit, dieses allein auf den König Vertrauen, dieser unverdorbene, gesunde Menschenverstand, trotz aller Intrigen! Ich war selig auf der Reise, sah ich doch meinen Otto so recht anerkannt.“ Sie versichert ihrer Schwiegermutter, dass Griechenland nur „durch Ottos herrliches Benehmen, durch seine Selbstverleugnung“ von Bürgerkriegen verschont werde.

Nebst den oft mehrwöchigen Expeditionen unternimmt das Königspaar auch kleinere Ausflüge, bevorzugt an seinen Namens- und Geburtstagen. „Wir machen das nur, um der Kirche, den Gästen, den Diners zu entgehen.“ In Griechenland verpasst man bekanntlich keine Gelegenheit, die Arbeit niederzulegen und fröhlich zu feiern. So müssen die Majestäten ständig irgendwelche Jahres- und Gedenktage begehen: die Nationalfeiertage, die Ankunft des Königs in Griechenland, die Ankunft der Königin, die Inthronisierung ... Hinzu kommen die vielen religiösen Festtage. Um diesem permanenten Rummel zu entgehen und auch um die Staatskasse zu schonen, flüchten Amalie und Otto an ihren persönlichen Festtagen in die nähere Umgebung.

Amalie reist ins Ausland

„Eine Reise bietet geistige Erholung und weckt das Interesse.“

Es war dem Königspaar nicht gestattet, Griechenland gemeinsam zu verlassen, zu unsicher war die politische Situation, zu wacklig der Thron im jungen Staat, jemand musste immer in Athen präsent sein. Eine Auslandreise konnte also nur alleine in Erwägung gezogen werden. Und: Da man Aufwand und Kosten eines offiziellen königlichen Staatsbesuchs für sich selbst, aber auch für die durchreisten Orte scheute, zogen es die Herrschaften vor, inkognito zu reisen.

So schiffte sich Königin Amalie im Herbst des Jahres 1838 als Gräfin von Missolonghi mit kleiner Entourage – Frau von Nordenflycht, Major Soutsos, Doktor Röser und ein paar Bediensteten – im Piräus ein, Otto blieb in Athen. Ziel war die Schweiz, wo die Königin in Bern ihre Eltern treffen sollte, die – ebenfalls inkognito – aus Oldenburg anreisten. Amalie bedauerte sehr, dass ihre Schwester Frederike nicht mit von der Partie war.

Das Dampfschiff brachte die Gesellschaft am 4. September nach Ancona, von dort mit einem anderen Schiff nach Venedig und von da mit der Kutsche über Verona, Bergamo, Sestocalende, Brig und Vevey nach Bern, wo im Hotel Falken abgestiegen wurde, dem besten Hause am Platz.

Was genau die Reisegesellschaft in Bern und Umgebung unternahm, ist nicht bekannt, da Amalie ihrem Vater in dieser Zeit keine Briefe schickte. Aus einem Thuner Lokalblatt wissen wir von einer Dampfschifffahrt der Majestäten auf dem Thunersee ins Berner Oberland.

Es ist das erste Mal, dass Amalie ihren Mann verlässt, um auf eine Auslandreise zu gehen, und, so sehr sie sich freut, ihre Eltern wiederzusehen, der Abschied von Otto fällt ihr schwer. Groß ist deshalb die Wiedersehensfreude nach der Trennung, Otto reist ihr sogar bis Missolonghi entgegen. Es ist offensichtlich, dass sich das königliche Paar liebt und achtet.

Frau von Nordenflycht, wie immer mit von der Partie, schildert uns bruchstückhaft den Reiseverlauf von seinem Ende her: Die Rückreise erfolgte von Bern über Vevey – „schönes Wetter, herrliche Gegend“ –, wo Nachtquartier genommen wurde, über St. Maurice nach Brig, „wo wir um 2 Uhr nach Mitternacht eintrafen und nur bis 5 Uhr blieben“, dann Fahrt über den Simplon. Man passierte am 11. Oktober Baveno am Lago Maggiore, Mailand, Brescia, Verona und erreichte am 14. Oktober Trento, wo genächtigt wurde. Hier traf Amalie mit ihrer Schwiegermutter, der Königin Therese von Bayern, zusammen, „der Empfang war sehr herzlich und liebevoll“; man blieb zwei Tage. In Faenza dann berichtet die Nordenflycht von einem „über alle Begriffe schlechten Gasthof, beschreiben lässt sich der Schmutz nicht. Wir konnten uns nur in unsere Mäntel gewickelt aufs Bett werfen, das Kopfkissen bestand aus einem Paket Schmutzwäsche!“ Von Ancona brachte die griechische Fregatte „Amalie“ die Reisegesellschaft nach Missolonghi. „Diese Fregatte ist ein sehr schönes Schiff und einer der schnellsten Segler; seine Bewegung ist angenehm.“ In Athen angelangt, freute sich die Hofdame einerseits, nach fast zwei Monaten wieder zu Hause zu sein, andererseits werde es ihr nicht leicht fallen, „mich wieder an das hiesige äußerliche Treiben zu gewöhnen, welches so viel hohle Form, so wenig Treue und Zuverlässigkeit hat. Durch den Aufenthalt in Bern bin ich über diesen Punkt sehr verwöhnt.“

1841 steht die zweite Auslandsreise der Königin Amalie an: München, Bad Ems und Oldenburg. Der Kuraufenthalt ist von langer Hand geplant und erfolgt auf Druck von verschiedenen Seiten. Amalie zögert. Einerseits freut sie sich sehr darauf, ihre Eltern und Geschwister in Oldenburg wiederzusehen, andererseits möchte sie Otto lieber nicht alleine zurücklassen. Zudem bedeutet ihr Einverständnis zu kuren letztlich, dass die Kinderlosigkeit bei ihr liegt. Und weil sie sich sehnlichst Kinder wünscht, hat sie schließlich doch eingewilligt. Mit von der Partie sind unter anderen die Hofdamen Plüskow und Botsaris, dann Doktor Röser und Hofmarschall Major Soutsos.

Frau von Nordenflycht hat der Königin abgerungen, dass sie sie nur bis Ancona begleiten muss, um dann zu ihrer eigenen Familie zu fahren. Treffpunkt der beiden wird Oldenburg sein. Ihrer Brieffreundin vertraut die Nordenflycht an: „Ich bin nun entschlossen, noch einmal mit der Königin nach Griechenland zurückzukehren. Ich tue es, weil sie es wünscht, und wenn ich es bis jetzt ablehnte, war es, weil ich mich entbehrlich glaubte." Sie stellt allerdings Bedingungen und will einen „bestimmten und unverbrüchlichen Termin der Rückkehr zu den Meinigen festsetzen", denn sie hat keineswegs den Wunsch, ihren Lebensabend in Griechenland zu verbringen. Es besteht eigentlich auch kein Dienstverhältnis zur Königin mehr, da Frau von Plüskow unterdessen ihre Aufgabe übernommen hat, sie also eigentlich frei wäre zu tun, was ihr Herz begehrt. Aber noch einmal gibt sie dem Druck der Königin nach.

Anfang Juni 1841 geht die Reise los. Über Ancona, wo die Reisegesellschaft eine gute Woche in Quarantäne verweilt, nach Triest und München. Oft beklagt sich Amalie über die Tatsache, dass sie alleine reisen muss, das heißt, ohne männliche Begleitung aus der Familie. Mitte Juni erreicht die kleine Gesellschaft München, und Mitte Juli schreibt Amalie ihrem Vater aus Bad Ems, wo sie eine Trinktherapie und 30 Bäder erwarten. Sie hat in Ems ein Haus gemietet, das sei aber ganz mittelmäßig. Früh am Morgen, berichtet sie, trinke sie von der Quelle „Kesselbrunnen". Es folgen viele Promenaden, je nach Wetter draußen oder in den Wandelhallen, und dann ein Souper mit Verwandten und Bekannten, von denen es in Ems nur so wimmelt. Abends trinke sie von der Quelle „Krähnchen". Fiodor Dostojewski, der ebenfalls in Ems kurte, beschreibt das Prozedere so: Der Kurgast reicht den Brunnenmädchen sein Glas, und diese füllen es sofort mit Wasser. Während der zwei Stunden, die für die Morgenkur bestimmt sind, kämen an dieser Balustrade Tausende Kranke vorbei; jeder trinke während dieser Stunden mehrere Glas. Dasselbe wiederhole sich am Abend.

Amalie bleibt bis Ende August und zieht dann weiter zu ihrer Familie nach Oldenburg, mit der sie rund einen Monat verbringt. Von dort reist sie über Bad Arolsen und Darmstadt nach München, um einmal mehr ihre Schwiegereltern zu besuchen. Durchs Tirol geht es nach Venedig, wo das Dampfschiff wartet. Nach einem Zwischenhalt in Ragusa, um Kohle aufzunehmen, erreicht man am 7. November griechische Gewässer.

Im Herbst 1845 trifft sich Amalie erneut inkognito mit ihrem Vater sowie mit ihren Geschwistern Peter und Friederike in Venedig und Triest, wo sie aber nur ein paar Tage miteinander verbringen. Sie reist von dort wieder zurück nach Athen. Über Italien weiß sie nichts Gutes zu berichten: „Was für ein gewaltiger Unterschied zu Griechenland! Bei uns sieht man viel weniger Armut. Unsere Ärmeren sind viel reinlicher und geschäftiger, viel würdevoller, mit mehr Gefühlen und Gedanken, einfach mehr ‚Mensch'! In Italien sieht man viele in Lumpen, so was gibt es bei uns nicht. Hier sind die Menschen aristokratischer und nicht so tief gesunken. Hier ist alles stark, alles Fortschritt!" Amalie war wohl auf dem griechischen Auge etwas blind ...

1846 plant sie erneut eine Reise nach Oldenburg. Die politische Situation im eigenen Land ist jedoch so bedenklich, dass sie schweren Herzens darauf verzichtet. Sie könne ihren Mann, ihr „Männlein", wie sie ihn zärtlich nennt, in solchen Zeiten nicht alleine lassen.

Im gleichen Jahr nimmt sich die Oberhofdame von Plüskow eine Auszeit und reist mit einer Freundin nach Konstantinopel. Die beiden Frauen werden von Pascha Mohamed Ali fürstlich empfangen und bewirtet. Er bietet ihnen sogar eine Wasserpfeife zum Rauchen an. Amalie beneidet die beiden heftig um diese türkischen Erlebnisse, die ihr als Königin verwehrt bleiben. Die Damen sind vier Wochen unterwegs und lassen eine einsame Königin zurück, die außer diesen beiden eigentlich niemanden zum Reden hat, sieht man von Otto und Doktor Röser einmal ab. Deshalb „habe ich mich gefreut wie ein Kind und habe getanzt", als die Frauen endlich wieder zurückkommen.

Ende Mai 1849 unternimmt Amalie eine weitere Auslandreise nach Deutschland, um ihren Vater in Oldenburg zu besuchen. Sie erhält von Otto die Erlaubnis, sechs Wochen fernzubleiben, er will aber, dass Doktor Röser bei ihm in Athen ausharrt, Amalie muss mit Doktor Lindermayer vorlieb nehmen. Frau von Plüskow und zwei Hofdamen begleiten sie. Die Königin verzichtet auf eine eigene Equipage und nimmt nur ein Landaulet mit – eine offene, leichte Spazierkutsche für zwei Personen – sowie ein Fourgon, einen Gepäckwagen. Offenbar benützt sie für die Hauptstrecken die öffentliche Kutsche. Die Reise erfolgt erstmals zum Teil auch mit dem Zug!

Sechs Tage dauert die Überfahrt mit dem Dampfschiff, einen Tag verweilt Amalie in Triest. Von dort bis Wien rechnet sie mit 48 Stunden. Geplant sind die Stationen Wien, Berlin oder Dresden, Bremen und Oldenburg. Amalie ändert aber ständig ihre Route. Sie bittet ihren Vater dringend, ihr ihren Halbbruder Peter bis Wien entgegenzuschicken, da sie nur ungern alleine reist.

Von Oldenburg aus werden dann vermutlich die üblichen Besuche bei der Verwandt- und Bekanntschaft gemacht und ebenso viele Gäste empfangen, die es nicht versäumen wollten, der Königin von Griechenland leibhaftig gegenüberzutreten. Der Großherzog nutzte die Gelegenheit, um ein großformatiges Gemälde von Amalie in ihrer Nationaltracht anfertigen zu lassen. Es existiert noch heute und zeigt sie vor einer griechischen Landschaft mit Meer und Palmen sowie der Akropolis im Hintergrund. Sie trägt die „Amalientracht". Die goldbestickten Stoffe wirken schwer und steif. Obwohl sie selber es kreiert hat, trägt sie das offenbar enge und brettige Kostüm nur ungern und beklagt sich einmal bei Peter, es sei ihr „höchst unbequem" und sie fühle sich darin „entsetzlich". Aber sie war sich der Bedeutung der Tracht als Bekenntnis zur griechischen Nation durchaus bewusst und präsentierte sie in Oldenburg bei offiziellen Anlässen.

Die Rückreise Anfang September – Amalie hat ihren Auslandaufenthalt eigenmächtig verlängert – geht über Heidelberg, Nördlingen, Augsburg, Frankfurt, Darmstadt und München, wo Amalie en passant zwischen Berchtesgaden und Salzburg mit Ottos Wittelsbacher Familie zusammentrifft.

Bis zu ihrer endgültigen Rückkehr nach Deutschland 1862 ist noch eine Reise nach Eutin im Jahr 1857 aktenkundig. In den späten Jahren wird Amalie wenig abkömmlich sein, da sie als Regentin in Athen bleibt, um Otto zu vertreten, der nun seinerseits monatelang zur Kur in den Norden fährt.

Die Stellung als Königin ermöglichte Amalie vieles, anderes verhinderte sie aber auch. So war es 1851 ihr dringender Wunsch, zur Heirat ihres geliebten Halbbruders Peter nach Oldenburg zu reisen. Ihre Familie untersagte ihr das allerdings, weil die Anwesenheit einer Königin im großherzoglichen Haus die protokollarisch geregelte Rangordnung auf den Kopf gestellt hätte. Der besondere Tag sollte der Braut Peters gehören und nicht der Königin von Griechenland. Amalie musste zuhause bleiben.

Familie Lüth bricht auf

„Für uns war das eine Abwechslung."

Wie das Königspaar reisten die Lüths zu Beginn ihres Aufenthalts in Griechenland nicht zum Vergnügen, vielmehr hatte der Pfarrer in seiner Funktion auch die Schäfchen zu betreuen, die im Land verstreut lebten. Protestanten gab es zwar nicht viele, aber die wenigen hatten doch hin und wieder das Bedürfnis nach geistlichem Beistand. Erst später war die Familie um des Reisens willen unterwegs.

Da die Kinder, Damaris und Nikolaki, immer mit von der Partie waren, war das Fortbewegungsmittel Pferd sehr umständlich und wurde wenn immer möglich vermieden. Ausflüge ins Landesinnere waren deshalb nicht häufig, Lüths bevorzugten den Wasserweg und nutzten dafür Schiffe der königlichen Flotte, auf die sie als Angestellte des Hofes Anspruch hatten. Christiane liebte diese Ausflüge, der längste dauerte fast sechs Wochen. Sie war für diese Zeit von der Hausarbeit befreit, denn gekocht wurde von der Schiffsmannschaft. Es mussten auch keine Besuche absolviert, keine Gäste betreut werden, fast alle Verpflichtungen einer Pfarrfrau ruhten. Auch übernachtet wurde auf dem Schiff, da es außer in Athen kaum Hotels gab und die wenigen Übernachtungsmöglichkeiten – die sogenannten Chane – für Frauen unzumutbar waren. Die Muße und Freizeit nutzte Christiane zum Schreiben. Von allen Reisen existieren amüsante Berichte, welche die nicht immer ganz gefahrlosen Expeditionen zu Fuß oder zu Pferd schildern, die die Familie unternahm, um auf den Inseln auch entlegene antike Denkmäler oder Klöster zu besichtigen.

Eine erste Amtsreise unternahm Lüth im Herbst 1841 nach Chalkida, der Hauptstadt der Insel Euböa. Christiane und ihre Schwester Hanne entschieden sich, ihn mit den Kindern zu begleiten. „Für uns war das eine Abwechslung nach der furchtbaren Sommerhitze, die wir zu ertragen gehabt hatten."

Und so schiffte sich die ganze Familie, zusammen mit dem Faktotum Jannis, im Piräus ein. Der Hof hatte den Lüths die Barke „Kastor" samt Kapitän und Mannschaft zur Verfügung gestellt; zu ihren Lasten ging vermutlich nur die Verpflegung unterwegs, übernachtet wurde wenn immer möglich auf dem Schiff. Schon am zweiten Tag flaute der Wind derart ab, dass Kapitän Kambouris seine Passagiere an Land gehen ließ. „Wir nutzten die Gelegenheit und sammelten an der Küste Seeigel, Napfschnecken, Krabben, Muscheln. Wir brieten alles in der Glut in der eigenen Schale, das Ganze schmeckte aber nicht so gut. Am besten mundeten mir noch die gegarten Schnecken, sie waren in Geschmack und Konsistenz ähnlich wie Garnelen. Wir saßen alle am Boden, mit gekreuzten Beinen um ein Brett, das uns als Tisch diente. Kapitän Kambouris stocherte mit einem dünnen Holzstab eine Schnecke aus der Schale und fütterte uns reihum mit den Leckerbissen. Es hätte mir schon Spaß gemacht, wenn einige unserer Bekannten in Dänemark uns bei dieser archaischen Mahlzeit hätten beobachten können. Wie auch immer: Es war eine Gelegenheit für jeden, über seine Ansichten, was als menschlich bezeichnetes Bedürfnis als auch, was als gutes Benehmen gilt, nachzudenken."

„Nach der Windstille kam ein Sturm mit Blitz und Donner auf, und der Kapitän befahl uns alle in die Kabine. Die hohen Wellen schlugen über Deck, und das Schiff wurde hin und her geschleudert. Schließlich legte sich das Unwetter, und wir konnten bei Aliveri ankern, wo Euböa am schmalsten ist. Hier mieteten wir Pferde, und zusammen mit einem Popen und einem jungen Führer machten wir uns daran, die Insel Euböa zu durchqueren. Ein langer Weg, aber reizvoll mit den hohen Platanen und den blühenden Oleanderbüschen entlang den Flüssen und Bächen. Acht Stunden hatten wir zu reiten, auf den unbequemen hölzernen Sätteln war das sehr ermüdend. Schließlich erreichten wir die Ostseite der Insel. Noch blieb uns bis Kymi eine kurze, aber sehr steil ansteigende Strecke, bei der wir uns oft weit über den Hals des Reittiers beugen und uns festklammern mussten, um nicht abzurutschen.

Abb. 32: Eingang zum Kohlebergwerk, das die Familie Lüth 1841 auf Euböa besucht hat. Die Mine bestand aus zwei in den Berg getriebenen Stollen; die Kohle war von schlechter Qualität. (Holzschnitt H. Clerget, in „Le Tour du Monde", 1876, 80)

Im Städtchen war alles in heller Aufregung. Zufälligerweise hielt sich auch gerade König Otto auf Euböa auf und wurde hier mit Festlichkeiten erwartet. Als die Bevölkerung unserer Karawane ansichtig wurde, glaubte sie, der König sei früher als geplant eingetroffen. Alle rannten aus den Häusern und wollten die ersten sein, ihn zu begrüßen, die Honoratioren, die Dorfältesten, die Geistlichkeit, die Soldaten, Frauen und Kinder; am lustigsten war der Bischof, der in der Eile nur die Hälfte seines Ornats übergestreift hatte. Als sie den Irrtum bemerkten, waren sie natürlich beleidigt.

Noch eine halbe Stunde steil bergauf, und wir erreichten endlich unser Reiseziel: das Kohlebergwerk (Abb. 32). Der Verwalter, ein gewisser Otto Schiller aus Bayern, hatte uns eingeladen, bei ihm zu verweilen. Er und auch viele seiner Bergarbeiter waren Protestanten. Der Weg zum Bergwerk war sehr gefährlich in den Felsen eingehauen. Auf der einen Seite ragte eine Felswand auf und auf der anderen gähnte der Abgrund. Die Maultiere setzten ruhig Huf vor Huf, wir waren völlig von ihnen abhängig. Herr Schiller empfing uns überaus freundlich, froh, in seiner Isolation ein wenig Gesellschaft zu haben. Er wohnte allein mit seinen Hausangestellten in einem weitläufigen Anwesen, das von den wenigen kleinen Häusern der Bergarbeiter umgeben war. Hier war alles Ruhe, Frieden, Einsamkeit, man hatte den Eindruck, fern von der ganzen Welt zu sein. Wir blieben dort zehn Tage. Und wenn Jannis mit den Kindern draußen herumstreifte, so fühlte ich mich so frei wie noch nie in meinem Leben!

Der noch ziemlich junge Schiller, ein schöner hochgewachsener Mann, besaß eine gute Bibliothek, den einzigen Luxus, den er sich gönnte, wie er sagte. Wir machten viele Ausflüge, besuchten alte Klöster in der Umgebung. Abends spielten wir zusammen Whist; es wurde hier oben Ende September bereits so kühl, dass wir im Salon einfeuern mussten. Eines Tages besuchten wir auch das Bergwerk. Wir trugen dabei Hosen wie die Arbeiter und eine Lampe in der Hand. Schiller machte uns auf versteinerte Fische und Muscheln aufmerksam. Das Meer muss einmal bis hier herauf gekommen sein, heute liegt es tief unter uns. Auch König Otto – Königin Amalie weilte in Ems zur Kur – besuchte Schillers Kohlebergwerk; wir sind ihm begegnet und haben kurz konversiert. Am Sonntag hielt Lüth in einer griechischen Kapelle eine Predigt. Es kamen nicht nur Protestanten, sondern auch Katholiken und sogar Griechisch-Orthodoxe. Er verheiratete gleich noch ein junges deutsches Paar."

Es könnte sich bei dieser Bergwerkssiedlung bei Kymi um das von Ferdinand Pajor 2005 erwähnte Kalimeriani handeln. Er zitiert dazu den „Königlichen Berg-Commisair" Karl Gustav Fiedler, der 1840 schrieb: „Im Jahr 1835 wurden ein großes Gebäude und eine Schmiede auf der Fläche über dem Kohlelager errichtet." Für jeden verheirateten Bergarbeiter sei zudem ein Wohnhaus mit einem hinreichend großen Gemüsegarten und einem kleinen Ziegenstall geplant. Als Lüths das Bergwerk besuchten, muss also alles noch sehr neu gewesen sein. Gemäß der Internetseite „graecogermanica.gr" entstand die Bergwerkssiedlung aus einer deutschen Militärkolonie. Die Regierung versuchte, ehemalige Soldaten anzusiedeln, weshalb sie Verheiratete bevorzugte und Ehen mit Griechinnen förderte; sie bot den Paaren die Häuschen zu vorteilhaften Bedingungen an.

„Für die Rückkehr begleitete uns Schiller bis nach Aliveri, wo Kapitän Kambouris mit der ‚Kastor' auf uns gewartet hatte. Mit dem Schiff fuhren wir nach Chalkida. Hier ist Attika so nah, dass eine Brücke Festland und Insel verbindet. Wir machten uns sofort auf, das berühmte Naturphänomen zu bewundern, das hier stattfindet. Die schmale, von der Brücke überspannte Meerenge hat die Besonderheit, dass alle sechs Stunden die sehr starke Strömung ihre Richtung ändert. Bis jetzt hat noch niemand diesen einzigartigen Strömungswechsel erklären können. Dann besuchten wir in der Nähe die Festung Karabamba, die sehr bedeutend sein soll. Auch in Chalkida hielt Lüth eine Predigt und reichte das Abendmahl. Sobald als möglich machten wir dem Militärverwalter, Oberst Detlev Fabricius, unsere Aufwartung. Weil zufälligerweise gerade der Namenstag des Königs gefeiert wurde, war er sehr beschäftigt und gab viele Empfänge, Audienzen usw., und seine Frau war ganz begeistert, dass wir Zeugen ihrer Großartigkeit wurden. Mir hatte es in der Einsamkeit der Berge aber viel besser gefallen."

Chalkida war der Schlusspunkt dieser Reise, nun ging es wieder Richtung Piräus. „Eines Nachts fuhren wir dann mit der ‚Kastor' wieder heimwärts, nicht ohne die Gelegenheit zu nützen, am Kap Sounion den Tempel des Poseidons zu besuchen. Das galt als sehr gefährlich, und Kambouris und die Matrosen waren sehr erstaunt, dass auch wir Frauen die Tempelruinen unbedingt besichtigen wollten. Das Beiboot konnte nicht landen, und wir mussten über die Felsen hüpfen, bis wir den Aufstieg in Angriff nehmen konnten. Die Felswand war so steil, dass wir auf allen Vieren hinaufkraxeln mussten."

Mit dieser Episode schließt die erste Lüth'sche Expedition. Christiane hat es offenbar in der Einsamkeit der Berge Euböas am besten gefallen, während ihr der Rummel in der Inselhauptstadt wenig zusagte. Es verwundert deshalb nicht so sehr, dass sie die Besonderheiten Chalkidas gar nicht erwähnt. Frau von Nordenflycht beschreibt diese bei einem Besuch 1840 so: „Eine Stadt, die mit ihren Moscheen und Minaretten, mit ihren Palmen und Zypressen einen durchaus orientalischen Charakter hat. Auch die Bewohner: Türken, Mohren, Juden – passen als Staffage zum bunten Bild." Das ausgesprochen türkisch-orientalische Flair Chalkidas war eigentlich noch jedem frühen Reisenden aufgefallen.

Die Reisen der Lüths bildeten jeweils den Höhepunkt des Jahres. Außer im politisch unruhigen 1843/44 brachen sie fast jährlich zu ein oder gar zwei mehrwöchigen Ausflügen auf. Neben kürzeren Dienstreisen des Pastors zum Beispiel nach Nafplion unternahm die Familie auch ausgedehnte Schiffsreisen, eigentliches Inselhüpfen, bis an die kleinasiatische Küste nach Smyrna (heute Izmir), Ephesos und Bodrum. Man besuchte dabei ausdrücklich Sehenswürdigkeiten aller Epochen, widmete sich Land und Leuten samt ihren bisweilen sonderbar scheinenden Gepflogenheiten.

Diese Reiseziele im Ausland, zu dem damals noch viele Inseln der östlichen Ägäis und auch Thessalien gehörten, waren für das Königspaar unerreichbar, da sie Griechenland nicht gemeinsam verlassen durften; und allein hat es Amalie offenbar trotz ihrer Abenteuerlust nie in Erwägung gezogen, den Süden oder Osten zu bereisen. Die Lüths waren freier und konnten alle nur irgendwie erreichbaren Inseln ansteuern: Sie waren auf Andros, Tinos, Chios, Patmos, Syros, Mykonos, Delos, Naxos, Paros, Antiparos, Ios, Santorini, Kimolos, Sifnos, Kea, Hydra, Aegina, Milos, Sikinos, Anafi, Kos, Rhodos, Samos, Lesbos ...

Es war auf einer Reise nach Delos im Jahr 1845, als Christiane erstmals im Meer badete. Während Lüth das Heiligtum erforschte und Münzen sammelte, suchten Christiane, Hanne und die Kinder eine schattige Stelle, um auf ihn zu warten. Wegen der vielen Schlangen wollten sie Lüth nicht begleiten, der „buchstäblich losgestürmt war und hin und her rannte ... Wir suchten uns ein schönes Plätzchen hinter einem Felsen, wo wir vom Schiff aus nicht beobachtet werden konnten. Eigentlich liebe ich es nicht, im Meer zu schwimmen, und es war das erste Mal in Griechenland, dass ich es wagte. Aber ich wollte unbedingt einmal in dasselbe Wasser, in dem die Göttin Artemis gebadet hatte." Während Prinzessin Amalie schon als Kind auf der Nordseeinsel Wangerooge gelernt hatte, sich im Wasser zu bewegen, war das Meerbaden für die Beamtentöchter Christiane und Hanne ein Novum.

Im Jahr 1851, ein Jahr vor ihrer Rückkehr nach Deutschland, wählten die Lüths den Norden. Diese Reise wurde auf Anraten von Doktor Röser unternommen, der Lüth dringend eine Badekur in Edipsos auf Euböa empfahl, „um seine Hand wieder beweglicher zu machen", wie Christiane schreibt. So bildete die lange Insel Euböa ihr erstes und letztes Reiseziel während ihres Aufenthalts in Griechenland.

Loutra Edipsou ganz im Norden Euböas ist eines der ältesten und meistbesuchten Heilbäder Griechenlands. Die Schwefelquellen gehören zu den heißesten Europas und waren schon in der Antike berühmt; aufgesucht wurden sie bei arthritischen Beschwerden, Gicht und Rheuma.

Bevor die ganze Familie – Christiane wollte mit Hanne und den Kindern Lüth bei seiner Kur Gesellschaft leisten – in Loutra Edipsou Station machte, besuchte sie mit dem staatlichen Kutter „Leon" die Insel Skiathos. Dann umrundete der Kapitän die Insel Euböa im Norden und ankerte in der Nähe des Heilbads. Die ganze Gegend mache einen merkwürdigen Eindruck, schreibt Christiane. „Schon bevor man zum eigentlichen Heilbad kommt, ist der Boden braungelb verfärbt, er sieht aus wie harte Lava, und wenn man darauf geht, macht es ein dumpfes Geräusch, wie wenn es darunter hohl wäre. Allerdings ist er fast zu heiß, um darüber zu laufen. Überall stoßen Dämpfe hervor, was bedeutet, dass unter der Erde ein Krater mit heißem Wasser existieren muss. Es sprudelt siedend heiß aus Öffnungen oder stürzt in Wasserfällen von weit oben ins Meer, das dampft und brodelt. Von den antiken Bauresten ist nur noch eine Wasserleitung übrig, aber die Quelle ist seither nicht versiegt und bietet ihr mit Schwefel, Eisen und Soda angereichertes Wasser den Gelähmten und sonst wie Kranken an. Das Heilbad selber ist eigentlich nichts anderes als eine Art eingezäunter Zisterne, ein Becken unter freiem Himmel mit sprudelndem, gelbem Wasser von 30 Grad Wärme. Das Wasser hat indes wunderbar heilende Eigenschaften."

Lüth ging jeweils am frühen Morgen um vier Uhr und am Nachmittag für je zwei Stunden in die „Therapie"; sein Sekretär Giorgos begleitete ihn, allerdings ohne zu baden. Es sei eine primitive Einrichtung, berichtete Lüth den Frauen. Ein paar leicht bekleidete Männer und Frauen, junge und alte, würden sich in dem Becken bewegen, ohne einander im Geringsten zu stören. Am Grund lägen Steine, auf die man sich setzen könne, so dass man bis zum Kinn im Wasser sei. Die Köpfe würden einander des Langen und Breiten von ihren Gebresten berichten. „Währenddessen wartet unser schöne Giorgos am Rande des Beckens, bis die Frauen aus dem Wasser steigen wie Aphrodite aus dem Schaum des Meeres", schreibt Christiane mit einem Augenzwinkern. Doktor Röser hatte ihr und Hanne erlaubt, ebenfalls Bäder zu nehmen. Christiane hatte jedoch – vorerst – nicht die geringste Lust zu solch gemeinschaftlicher Baderei. Sie und die Kinder tauchten lediglich die Füße ins heiße Wasser „prophylaktisch gegen Rheuma". Während Lüth badete, unternahmen sie Spaziergänge, erkundeten die Umgebung und das nahe Dorf oder machten mit dem Kapitän kleine Ausfahrten. Erst nach mehreren Tagen fassten Christiane und Hanne Mut und nahmen morgens um drei ein erstes Bad, weil vor Sonnenaufgang das Becken noch leer war. „Es war ganz angenehm im warmen Wasser, besonders, weil es angefangen hatte zu regnen. Als wir dann allerdings unsere Kleider über die nassen Sachen anziehen mussten, war es schauderhaft." Aber sie gingen von nun an jeden Morgen. „Wir entkleideten uns in einem Zelt neben dem Becken, wickelten uns jede in ein Laken, und so gewandet schritten wir zum Becken. Wir kamen uns vor wie ein König im Krönungsornat, nur leider hatten wir kein Gefolge, um die Schleppe zu tragen. Als Lüth uns entdeckte, fand er das gar nicht lustig."

Neben der Wassertherapie gab es offenbar auch eine Dampftherapie. „Dazu legt sich der Kranke im Freien auf einer Unterlage aus Zweigen auf den heißen Boden neben einer dampfenden Quelle, eingehüllt in eine Decke. Die Hitze ruft Schweißausbrüche hervor, diese haben einen ausgezeichneten Effekt." Aber Christiane ereiferte sich über den allgemeinen Mangel an Einrichtungen und Komfort: „Ich kann wirklich nicht verstehen, warum man hier nicht eine einfache Bretterbude aufstellen kann, damit die armen Behinderten und Kranken wenigstens ein Dach über dem Kopf haben." Auch wenn es regnet und kalt ist, findet alles im Freien statt.

Die Badekur Lüths dauerte zwei Wochen. Im Anschluss daran fuhr die Familie nach Norden weiter, besuchte Volos und den Pilion, machte dann rechtsumkehrt und fuhr die Ostküste Euböas entlang bis nach Kymi, wo sie vor Jahren schon einmal gewesen war. Christiane wollte noch einmal das Haus und den hübschen Garten des Bergwerksverwalters Schiller besuchen, wo sie so schöne Tage verbracht hatte. Aber welche Enttäuschung! „Alles liegt in Ruinen. Der Wein hat die Veranda völlig überwuchert, die Fensterscheiben sind zerbrochen, die Türflügel klaffen, und der Garten erstickt unter den Brennnesseln.“ Das Bergwerk hatte offenbar keinen Erfolg gehabt. „Graecogermanica.gr“ schreibt, dass Schiller schon 1843, also nur zwei Jahre nach Lüths erstem Besuch, entlassen und durch einen griechischen Offizier ersetzt worden war. Die Grubenarbeiter hätten sich, da zu schlecht bezahlt, mit ihren Häuschen verschuldet und nach und nach die Siedlung verlassen. Der Mangel an erfahrenen Bergknappen, das Fehlen von Straßen für den Abtransport der Kohle sowie deren schlechte Qualität hätten den Niedergang beschleunigt. 1859 wurde das Bergwerk geschlossen.

Eine geplante Reise der Familie Lüth nach Jerusalem fand nie statt, weil der Pastor sich nicht dazu entschließen konnte. „Im Winter hat's zu viele Stürme, im Sommer ist es zu heiß, im Herbst grassiert im Osten das Fieber, und im Frühjahr müssen wir der Ostern wegen hier bleiben“, beklagt sich Christiane, die sich immer über eine Abwechslung freute. „Der liebe Gott muss erst eine neue Jahreszeit erfinden, damit auch wir reisen können!“

Athen zur Zeit Amalies und Christianes

Eine Stadt wird gebaut

„Achtlos geht der Grieche an den alten Monumenten vorüber.“

Als Amalie und Christiane in den 1830er-Jahren nach Athen kamen, fanden sie keine Stadt vor, sondern ein Ruinenfeld mit nur wenigen unzerstörten Gebäuden, dafür mit unzähligen Baustellen. Die rund 15.000 Einwohnerinnen und Einwohner, welche die Stadt zählte, als Otto sie zu seiner Residenz machte, hausten in behelfsmäßigen Bretterbuden, provisorischen Unterkünften, einfachen Steinhäusern.

Und der Phönix sollte große Mühe haben, sich aus der Asche zu erheben. Der junge König und seine bayerischen Berater bemühten sich zwar nach Kräften, der zukünftigen Metropole ein entsprechendes Gepräge zu verleihen, aber es fehlten das Geld und bei der griechischen Einwohnerschaft oft auch der Wille und das Verständnis für die Anordnungen der bayerischen Stadtplaner. Zudem war mit den Bayern ein undurchdringlicher Bürokratiedschungel emporgewuchert: Zahlreiche „arbeitslose“ Freiheitskämpfer – Griechen wie Ausländer – mussten im Staatsdienst untergebracht werden, obwohl sie nicht über die für ihre Ämter nötigen Kenntnisse und Fähigkeiten verfügten.

Es sollten deshalb noch Jahrzehnte vergehen, bis Athen über ein ordentliches Straßennetz verfügte, das von Kutschen befahren werden konnte, ohne dass die ganze Umgebung im Staub versank, was Frau von Nordenflycht nie müde wurde zu beklagen. Zu ihren Zeiten waren sämtliche Fahrwege in Athen unbefestigt; Brücken fehlten weitgehend.

Ebenso unbefriedigend für jemanden, der die Städte Mitteleuropas kannte, war die Straßenbeleuchtung. In Athen erschienen Ende der 1830er-Jahre die ersten sparsam verteilten Öllampen, die aber bei Wind und Regen nicht brennen konnten. Die Situation sollte sich bis unter Georg I., dem Nachfolger König Ottos, nicht bessern. Wer also nachts unterwegs war, musste selber für die Erhellung seiner Wege besorgt sein.

Über die Architektur der Stadt wissen wir dank dem ausführlichen Bericht des „Stadtbaumeisters“ Friedrich Stauffert bis zum Jahr 1843 recht gut Bescheid. Stauffert war als Geometer im Gefolge Ottos nach Griechenland gekommen und scheint in die Funktion eines Stadtarchitekten hineingerutscht zu sein, ohne dafür wirklich eine Ausbildung zu haben. Seine praktischen Fähigkeiten und seine Liebe zur Antike scheinen aber den Mangel an Erfahrung mehr als wettgemacht zu haben. Über seine Person ist kaum etwas bekannt. Weder Königin Amalie noch Christiane erwähnen ihn.

Auch wenn das urbane Konzept Athens auf die „Stararchitekten“ Stamatios Kleanthes und Eduard Schaubert, beides Schüler des Preußen Karl Friedrich Schinkel, zurückgeht, so war es doch Stauffert, der während zehn Jahren versuchte, dieses Konzept durchzusetzen und den baulichen Wildwuchs in die gesetzlichen Bahnen zu lenken. Gleichzeitig wollte er von den antiken Bauresten retten, was noch zu retten war. Denn trotz der Leitlinien und Vorschriften, die König Otto erlassen hatte, bauten die Griechen, wo und wie es ihnen passte, was Stauffert frustrierte. Oft bedauert er in seinem Bericht den mangelnden Bürgersinn der Athener und prangert den korrupten Gemeinderat und die Willkür der staatlichen Eingriffe an.

Im Auftrag des Monarchen begann Stauffert 1836 mit der Vermessung der Stadt, deren Einwohnerzahl sich innert zweier Jahre mehr als verdreifacht hatte. Er baute das sogenannte Zivilhospital (heute ein Kulturzentrum) und die erste Grundschule, beides einfache Zweckbauten, was die knappen Mittel der Stadtkasse widerspiegelt.

Die Gleichgültigkeit der Griechen gegenüber ihren antiken Monumenten machte ihn fassungslos, und er beklagte heftig die fortlaufende Zerstörung des antiken Athens. Seiner Meinung nach hätte man, um dies zu verhindern, den Hafen Piräus zur neuen Residenzstadt machen sollen. Auch den von Architekt Gärtner für die neue königliche Residenz ausgewählten Bauplatz im Osten der Stadt bezeichnet Stauffert als Katastrophe. Während Amalie vom Blick aus ihren Räumen zum Piräus hin, über den Meerbusen bis zu den vorgelagerten Inseln, schwärmt, meint der Stadtplaner trocken, die Aussicht auf die Akropolis sei von dort nicht die beste, davor sehe man ein unförmiges Häusermeer, und auf der anderen Seite steige der kahle Lykabettos-Hügel auf. Der Palast selber mache „keinen freudigen Eindruck“; er sei „eine gerade abgeschnittene Steinmasse“. Lobend äußert er sich hingegen zu Amalies Schlossgarten, der „schon nach vier Jahren in üppiger Fülle prangt“.

Stauffert beschreibt neben einigen öffentlichen, zu seiner Zeit errichteten Gebäuden – Sternwarte, Universität, Militärhospital, verschiedene Kirchen – auch die einfachen, meist einstöckigen Privathäuser. Er kritisiert deren traditionell leichte und sehr schnelle Bauweise, das Fehlen von Kellern, von Fensterverglasungen und Kaminen; der Rauch ziehe durch das Dach und durch die Tür- und Fensteröffnungen ab. Die Räume seien nur durch hohle Bretterwände aufgeteilt, die dem Ungeziefer Unterschlupf bieten würden. „Sie erzeugen eine solche Masse von Wanzen, dass es unmöglich ist, im Sommer des Nachts in den Zimmern zu schlafen." Statt Öfen gebe es zum Heizen im Winter nur Kohlebecken; neu seien allerdings kleine Porzellanöfen aus Marseille, bald folgten auch eiserne Heizkörper, die sich rasch großer Beliebtheit erfreuten. Die Küchen und Abtritte seien oft von der Wohnung getrennt, zum Beispiel im Hof. „Erst mit den europäischen Handwerkern erfolgte eine Verbesserung des Bauwesens."

Bei zweistöckigen Gebäuden werde nie im Erdgeschoss gewohnt. Dort seien Verkaufsläden, Magazine oder Kaffeehäuser eingerichtet, „deren Zahl sehr groß ist, da jeder Grieche wegen der damit verbundenen geringen körperlichen Anstrengung gerne vom Handel lebt".

Nach der unblutigen Revolution im September 1843 war Stauffert wie viele andere Deutsche gezwungen, seinen Posten aufzugeben und Griechenland den Rücken zu kehren. Diese in seinen Augen völlig ungerechte Entlassung verbitterte ihn. Er zog nach Wien, verfasste und veröffentlichte einen Bericht über seine Tätigkeit in Athen, wobei er mit Kritik an den Griechen einerseits und an der dortigen bayerischen Verwaltung andererseits nicht sparte. Es sollte die erste und lange Zeit einzige Veröffentlichung zum Thema Wohnungsbau, Stadtplanung und Wasserversorgung in Athen bleiben.

Amalie interessiert sich weder für die Stadtentwicklung, obwohl der Bauboom beeindruckend gewesen sein muss, noch für Architektur an sich. Die von Otto in Auftrag gegebenen, aber hauptsächlich durch Spender finanzierten Bauten wie die elegante Sternwarte (Abb. 33; S. 117), die imposante Universität (Abb. 34; S. 117), Kirchen oder Spitäler, sie alle kommen in den Briefen an den Vater kaum vor. Auch für die Architektur ihres neuen Palastes interessiert sie sich nicht wirklich, Hauptsache, in den Innenräumen wird alles prächtig.

Dass die Stadt zu ihren Füßen sich von einem Trümmerhaufen langsam zu einer Residenzstadt mauserte, hätte sie doch eigentlich mit Stolz und Freude erfüllen können. Es ist bekannt, dass sie karitative Neubauten wie Spitäler, Waisenhäuser, Kirchen wohlwollend unterstützte, aber die Initiative dazu scheint sie selber nie ergriffen zu haben. Der Schlosspark sowie das Lustschlösschen „Pyrgos Vasilissis" sind ihre einzigen Eigenkreationen, denen sie dafür ihre volle Aufmerksamkeit widmete. Angeblich aus eigener Schatulle soll Amalie den Ausbau der Straße vom Piräus nach Athen hinauf finanziert haben; auf diesem Weg erreichten nämlich sämtliche Besucher die Stadt, ihr Zustand vermittelte den ersten Eindruck, und der war ihr offenbar wichtig.

Im Gegensatz zu Amalie nahm ihre Hofdame Frau von Nordenflycht die Athener Bautätigkeit durchaus zu Kenntnis und erlaubte sich auch ein Urteil: „Gebaut wird unglaublich viel, wenn auch nicht immer im besten Geschmack", informiert sie 1840 ihre Freundin in Oldenburg. „Die noch immer hier geltende türkische Bauart gibt den Häusern ein sonderbar winkliges Ansehen. Ich denke dabei: immer besser wie ein wüster Schutthaufen!"

Abb. 35: Athen um 1850; die Stadt hat sich bereits bis zum neuen Palast ausgedehnt. Prominent links das vornehme, mit Arkaden versehene Hotel Grande Bretagne. Auch hinter dem Palast stehen bereits einige neue Gebäude. Der übermäßig große Lykabettos ist hingegen noch völlig unbebaut. (Aus: Illustrated London News, 1842-1885, Athens 1984)

Zusammen mit der regen Bautätigkeit nahm auch die Einwohnerschaft rasant zu. In den 1850er-Jahren (Abb. 35) zählte Athen rund 20.000 Einwohner in 2.000 Häusern. Zum Vergleich: Im Griechenquartier Fanar der Stadt Konstantinopel lebten damals 50.000 Griechen!

Der neue Palast

„... ist viel zu groß für die kleine Stadt."

Die beengten Wohnverhältnisse am Klafthmonos-Platz waren dem Hof und besonders Königin Amalie ein Dorn im Auge. „In der Wohnung sind wir nicht verwöhnt und empfinden häufig die Beschränkung", schreibt auch von Nordenflycht. Der Bau eines neuen Palastes war deshalb ein dringendes Anliegen der Monarchen. 1835 reiste Ottos Vater, König Ludwig I. von Bayern, nach Athen, und ein Jahr später wurde mit seiner finanziellen und logistischen Hilfe der Grundstein für ein neues Palais gelegt. Ludwig hatte zu diesem Zweck seinen Architekten Friederich von Gärtner gleich mitgebracht.

Friedrich von Gärtner (1791–1847), Sohn eines Architekten, gehörte zu den bedeutendsten Baumeistern Münchens und war der bevorzugte Architekt Ludwigs I. Er studierte in München und Paris, verbrachte mehrere Jahre in Rom, Sizilien und Neapel. Den Durchbruch schaffte er mit der Staatsbibliothek in München, es folgten zahlreiche weitere Bauwerke in der Residenzstadt. Zusammen mit Ludwig I. reiste er 1835 nach Griechenland und entwarf dort den neuen Königspalast. 1840 kam er ein zweites Mal, nun nahm er eine Gruppe von Handwerkern mit, um den schleppenden Innenausbau voranzutreiben. Gärtner ärgerte sich sehr über die ständigen Bauverzögerungen, die dem Geldmangel der königlichen Kasse geschuldet waren. Er wusste aber auch, wo das eigentliche Problem lag: bei Otto, der nicht wusste, was er wollte. Von Gärtner soll der Ausspruch stammen: „Eher furzt ein toter Esel, als dass dieser König eine Entscheidung trifft.“ Gärtner starb 1847 in München. Der von ihm entworfene Palast in Athen diente noch bis 1910 als Residenz. Nach einem Großbrand zog der König ins nahe gelegene Kronprinzenpalais um. 1924 wurde die Monarchie kurzzeitig abgeschafft, 1929 wurde das Gebäude Parlamentssitz der griechischen Regierung.

Architekt von Gärtner scheint eine Frohnatur gewesen zu sein. Heinrich Fahrmbacher, Ludwigs mitreisender Kabinettssekretär, schildert ihn anlässlich einer feuchtfröhlichen Zecherei folgendermaßen: „Unser Freund Gärtner ließ seinen geistreichen Humor frei walten. Ich hatte nie einen Menschen gekannt, dem das Talent, fremde Idiome trefflich aufzufassen, in solchem Maß eigen gewesen wäre, als ihm. Ob das Morgenlied eines Eminente in Rom unter dem Fenster seiner Sposina oder den gemütlich-schlauen Lazaroni in Pompeji nachahmend, eine englische Dame aus der guten Gesellschaft oder endlich einen weinselig-renommierenden Studenten: Das alles war gleich getreu und charaktermäßig – und allgemeine Hilarität erregend.“

Von Gärtner konnte aber auch hart arbeiten. Schon etliche renommierte Architekten vor ihm hatten sich Gedanken über den Standort des neuen Königspalastes gemacht und entsprechende Pläne vorgelegt, der kühnste stammte vom preußischen Architekten Karl Friedrich Schinkel und sah dafür die Akropolis vor! Von Gärtner verwarf sie alle und wählte eine brachliegende Fläche etwas außerhalb der Stadt, am Fuß des Lykabettos-Hügels. Innert kürzester Zeit, nämlich in nur sechs Tagen, entwarf er die Residenz (das heutige Parlamentsgebäude am Syntagma-Platz). Da das Geld knapp war, strich König Otto aus den Plänen alle Pilaster, Gesimse und Verzierungen weg. „Jetzt bleibt noch eine Kaserne übrig“, soll sich von Gärtner in seinem Tagebuch empört haben.

Der Grundstein – ein sehr bewusst gewählter Marmorblock aus den Fundamenten des Parthenons, um die Antike symbolisch mit der jungen Monarchie zu verbinden und zu legitimieren – wurde am 6. Februar 1836 noch im Beisein von Ottos Vater Ludwig gelegt. Der Akt war von weitreichender, staatspolitischer Bedeutung und wurde vom Baumeister auch so inszeniert. Oswald Hederer, Biograf von Gärtner, beschreibt die Situation aufgrund von Skizzen, die der Architekt hinterlassen hat: „In der Mitte war die Baugrube für den Grundstein ausgehoben. Dahinter war das weißblau bespannte Zelt für den Königshof aufgebaut. Auf vorgezogenem Podest waren die Thronsessel für die beiden Monarchen, Ludwig und Otto, aufgestellt. Dahinter war in ganzer Breite Platz für das Hofgefolge. Zur linken Seite nahm die heilige Synode in ihren prächtigen Talaren Platz, davor die Ministerien in ihren Staatsuniformen; rechts die Palastwache in malerischer Fustanella.“ Die niedrigeren Chargen und das Volk durften sich um die beschriebene Grube herum verteilen. Hederer beschreibt den Staatsakt als vollen Erfolg und Höhepunkt in von Gärtners Leben. Der Architekt selber schreibt seiner Frau nach Hause: „Es war ein ergreifender Moment, Vater und Sohn auf fremder Erde ein Werk vollbringen zu sehen, worauf ganz Europa hinsieht.“

Auch Kabinettssekretär Fahrmbacher berichtet detailliert und natürlich positiv über diesen Event: „König Ludwig hat dabei wiederholt seinen edlen, geliebten Sohn – der Hellenen König – in Gegenwart der ganzen Bevölkerung umarmt, in welchem Moment ein allgemeines ‚Er lebe hoch!‘ losbrach. Eine glanzvolle, wahrhaft griechische Sonne verherrlichte diese schöne Stunde. Nie hat wohl die Wahl eines Bauplatzes einen so allgemeinen Beifall erhalten. Auf einer natürlichen Plattform sich erhebend, wird der Palast die Aussicht über die Stadt, die Akropolis als auch über das ägäische Meer und die näheren Küsten gewähren. Die erhöhte Lage begünstigt die Gartenanlagen, von einer nahen reichhaltigen Quelle bewässert. Dem vom Piräus Nahenden wird sich der königliche Palast schon von ferne bemerkbar machen. Nach Abschluss eines Jahres dürfte er seiner Vollendung ziemlich nahe sein.“ Fahrmbacher sollte sich gewaltig täuschen. Es dauerte fast unglaubliche zehn Jahre, bis der Palast 1845 vollständig fertiggestellt war, auch wenn das Königspaar ihn bereits etwas früher beziehen konnte!

Von Gärtner hatte nicht nur den neuen Wohnsitz Ottos entworfen. Er bemühte sich – immer im Auftrag Ludwigs – um eine Neuorganisation der ganzen Stadt und versuchte, ihr die Anmutung einer Residenzstadt zu verpassen. Wieder wissen wir von Fahrmbacher: „In notwendige architektonische Verbindung mit dem Palast musste die Anlage der Ermou-Straße gebracht werden, welche von Westen nach Osten die Stadt durchschneidend gerade auf das

Schloss zuführt. Gärtner hat zu diesem Behufe mit echter Genialität und künstlerischer Heiterkeit eine ganze Straßenreihe mit Mustergebäuden erdacht und gezeichnet. Er hat dabei drückende Massen vermieden und der in einem heißen Land so wohltätigen Luftströmung freie Zwischenräume gelassen." Das alles war aber Zukunftsmusik und sollte – leider – nur in kleinsten Teilen realisiert werden.

Auf jeden Fall: Der Grundstein zur neuen Residenz war nun gelegt, und Otto konnte sich endlich auf Brautschau nach Deutschland begeben. Im Februar 1837 kam er mit Amalie von Oldenburg zurück.

Der Neubau schritt nur langsam vorwärts. 1840 schreibt Frau von Nordenflycht enthusiastisch: „Am Tag vor dem griechischen Neujahr haben die Majestäten selbst den ersten Nagel zum Dachstuhl des Schlosses eingeschlagen." Ganz oben auf dem Gebälk sei eine zeltartige Tribüne errichtet und die ganze Vorderseite mit Myrten-, Oleander- und Lorbeerzweigen geschmückt gewesen. Unter einem großen Gedränge wurde hinaufgestiegen, wobei nicht etwa Stufen, sondern lediglich schräg gelegte Bretter mit darüber genagelten Leisten hinaufführten. Oben wehte ein empfindlich scharfer Wind, und sie sorgte sich um die Gesundheit der Königin. Die Zeremonie dauerte aber nur eine halbe Stunde, und unter lauten Freudenrufen der unten versammelten Menge verließen die Majestäten das Gerüst wieder, bestiegen ihren Wagen und fuhren zum Klafthmonos-Platz zurück. Zur Feier des Tages spendete die Bauherrschaft den Arbeitern 50 Lämmer, 4.000 Flaschen Wein und freie Musik.

Gegen Ende desselben Jahres reiste Architekt von Gärtner wieder aus München an, um die Arbeiten voranzutreiben. Er brachte Spezialisten für den Innenausbau mit – Dekorationsmaler, Historienmaler, Vergolder und Stuckateure. Diese jungen Männer aus München sollen – laut Christiane Lüth – die Kammerfrauen des Hofes in Entzücken versetzt haben. Frau von Nordenflycht schreibt, von Gärtner habe den Bau weit mehr vorgerückt gefunden, als er geglaubt habe, was wohl reichlich beschönigend ausgedrückt ist.

Der Palastbau stand aus finanziellen Gründen immer wieder auf Messers Schneide. Der griechische Staatshaushalt, schon damals in Schieflage, konnte mit dem Vorhaben nicht belastet werden, und das junge Königspaar verfügte selber nicht über genügend Mittel für eine derart großzügige Residenz. Mehrmals bettelte Amalie – Otto war strikte dagegen – bei den Vätern um Darlehen, was aber bei Ludwig auf taube Ohren stieß; der Oldenburger Vater war etwas großzügiger. Jedenfalls waren ständige Redimensionierungen nötig, worüber der Architekt gar nicht glücklich war.

Frau von Nordenflycht freute sich im Übrigen nicht besonders auf das neue Schloss. „Hat auch meine jetzige Wohnung manche Unbequemlichkeit, mir bangt, wenn ich an die hohen Zimmer denke, worin es gewiss nicht behaglich ist. Auch werden sie schwer zu beleuchten sein, und nichts ist mir so störend als Mangel an Licht. Besonders aber wird der Dienst schwer sein, und die Kammerfrauen werden den Unterschied merken. Hier ist jetzt alles so bequem beieinander, sie haben kaum zwanzig Schritte bis zur Königin. Wie werden sie im neuen Palais die Treppen hinauf- und hinunterfliegen müssen!"

Im März, kurz vor von Gärtners Rückkehr nach München, wird sie von ihm selbst durch die Gemächer geführt. „Das Schlaf- und das Toilettzimmer der Königin sind außerordentlich schön; im letzten ist die Geschichte der Psyche dargestellt. Auch ihr Schreibkabinett wird allerliebst und hat eine Aussicht zum Meer mit den fernen Inseln, zur Akropolis, über die Stadt und den neuen Schlossgarten. Die Zimmer sind geräumig, hell und kühl, der frische Seewind spielt belebend zu den Fenstern herein. Aber wie viel ist noch zur Vollendung nötig!", kann sie sich nicht verkneifen zu bemerken.

Amalie drängte zum Umzug. Sie war es leid, viel Geld für die offenbar sehr hohe Miete am Klafthmonos-Platz auszugeben, zumal ihr Appartement einiges zu wünschen übrig ließ. „Wir müssen sparen, die Miete hier ist viel zu hoch!"

Kaum ein Athen-Besucher empfand die Residenz als schön (Abb. 36). Kurz vor dem Einzug der Majestäten 1842 beschreibt der Reisende und Archäologe Friedrich Gottlieb Welcker das Schlossinnere so: „Die schönste Aussicht hat man von dem auf zwölf dorischen Säulen sich herziehenden Balkon auf der Nordseite, der nur für das Königspaar zugänglich ist, während der Platz vor der Hauptseite nach Westen noch mit Schutt überhäuft ist." Offenbar war es dem Mann gestattet, den zwar bezugsbereiten, aber durchaus noch unfertigen Palast zu besuchen. Er meint, die ornamentale Wandmalerei in mehreren Gemächern sei einfach und nirgends überladen, im Schlafgemach der Königin sei am meisten Farbenheiterkeit – Blumensäulen, Sterne auf blauem Grund, weibliche Gewandfiguren, eine Venus mit Grazien und dergleichen. Für den Fries des königlichen Vorzimmers seien Szenen aus der Mythologie und aus der Geschichte des neuen Griechenlands geplant.

Auch der französische Schriftsteller Gustave Flaubert, der 1850/51 den Orient bereiste, meinte in einem Brief an seine Mutter, er wollte nicht in dem unedlen Palast wohnen müssen, in dem die Königin residiere, „ist das hässlich!"

Im März 1842 schildert Amalie ihrem Vater die neuen Räume: „Es wird auf jeden Fall prächtig. Man fährt mit der Kutsche in eine Vorhalle mit ionischen Säulen und gelangt von dort in die Eingangshalle. Eine breite Treppe, die sich teilt, führt ins Obergeschoss hoch. Vom Vorbalkon über der Vorhalle hat man eine fabelhafte Aussicht. Viele Wände müssen noch bemalt werden, die Skizzen sind bereit. Von der Vorhalle aus erreicht man die riesigen Tanzsäle, die zwei Stockwerke hoch sind." Diese Hallen sowie die imposante Marmorfreitreppe werden allerdings erst sechs Jahre später fertig sein; bis dahin muss in den unteren, kleineren Räumen getanzt werden, sehr zum Bedauern der Königin. Immerhin: „Die Decke des königlichen Empfangsraumes ist großartig, mit einem himmelblauen Fries mit goldenem Relief, die Wände sind im oberen Teil rötlich, im unteren schmückt sie ein braungrünes Gipsrelief, welches Marmor darstellt. Es wird superbe!" Amalie schwelgt in überschwänglichen Adjektiven.

Abb. 36a und Abb. 36b: Der Bau des neuen vom bayerischen Architekten Friedrich von Gärtner entworfenen Palasts drohte verschiedentlich aus finanziellen Gründen zu scheitern. Im Lauf der langen Bauzeit wurde er immer weiter redimensioniert; am Schluss blieb ein fast kasernenartiger, schmuckloser Klotz übrig, der allgemein wenig Begeisterung hervorrief und für die kleine Residenzstadt viel zu groß war. Etwas stärker gegliedert präsentierte sich die Südseite des Palastes zum Garten hin.
(Aus: Illustrated London News, 1842-1885, Athens 1984)

Das Königspaar liebt die antikisierenden Stile: Die Räume werden „griechisch", „pompejanisch", „etruskisch", „römisch" dekoriert. Die Königin beschreibt weiter die Bemalung von Ottos Arbeitszimmer, ihrer eigenen Räume, der Bibliothek, des Ankleidezimmers. Besonders die Darstellungen historischer Szenen aus dem Befreiungskrieg sollen die Legitimation der neuen Monarchie als Erbe der Antike und der griechischen Revolution festigen. Besondere Freude hat Amalie am sogenannten Gartensaal auf der Südseite (Abb. 36b) des Westflügels (Abb. 36a). Er hat drei Fenster und zwei Spiegeltüren; der Südtüre ist ein kleiner Säulenanbau vorgesetzt.

Das ganze Gebäude wurde hauptsächlich von deutschen und italienischen Fachleuten erbaut, da in Griechenland keine entsprechenden Handwerkstraditionen existierten und jede Erfahrung im Bau und in der Ausstattung eines derartigen Gebäudes fehlte. Die Tatsache, dass oft auf echten Marmor verzichtet werden musste und stattdessen eine bemalte Imitation zum Zuge kam, wirft ein Licht auf die „prekären" finanziellen Verhältnisse des Königspaars. Und noch war alles ohne die entsprechende Möblierung und Beleuchtung, die ebenfalls kostspielig zu werden versprach ...

Die Ausstattung des mehrstöckigen Schlosses muss Griechen und Griechinnen, die noch nie im Ausland gewesen waren, märchenhaft vorgekommen sein. Und Amalie freute sich immer kindlich über deren Verblüffung, wenn sie das erste Mal ihr Reich betraten. Dass die Zurschaustellung dieses Reichtums bei dem noch immer darbenden Volk auch Unverständnis und Befremden auslösen könnte, war der Königin offenbar nicht bewusst.

1843 war es so weit: Otto und Amalie zogen in ihr neues Palais ein. Die Königin schreibt zur Lage des Neubaus: „Unser Schloss hat das Angenehme, dass wir eigentlich ganz auf dem Lande sind, denn wir wohnen ziemlich weit von der Stadt, haben den Garten und können spazieren fahren und gehen, ohne durch die Stadt zu kommen, und können dann doch auch das Angenehme des Stadtlebens genießen, wenn wir wollen." Heute versinkt das ehemals völlig freistehende Gebäude – aktuell der Parlamentssitz – im Athener Häusermeer, der Platz davor ist verkehrsumtost, und es fällt schwer sich vorzustellen, wie es Mitte des 19. Jahrhunderts ausgesehen hat.

Die Majestäten verfügten nun endlich über einen prunkvollen Rahmen für ein königliches Auftreten, für ihre Repräsentationspflichten. Endlich konnten Hoffeste im angemessenen Stil gefeiert, konnte dem Volk und den ausländischen Gesandten das Bild einer funktionierenden Monarchie vorgeführt werden, endlich war die Bühne bereit.

Im September 1846 kann Amalie ihrem Vater erstmals Daguerreotypien ihres neuen Schlosses senden, auch vom Park mit den Palmen und von der Aussicht, die sie von ihren Räumen aus hat. Eigentlich gefällt ihr diese neue Bildtechnik aber nicht, „weil sie zu genau ist!" Die vielen Details würden den Gesamteindruck stören. Ein gemaltes Bild sei viel besser, weil es nur das Wichtige darstelle.

Im gleichen Jahr wird auch endlich die katholische Hauskapelle nach langem Hin und Her eingeweiht; es ist nur eine für beide Konfessionen vorgesehen. Während Pfarrer Lüth die protestantische Einweihung schon längst vorgenommen hat, sträuben sich die Katholiken, in denselben Räumen eine katholische Weihung durchzuführen. Wer für diese jahrelange Verzögerung verantwortlich ist, weiß Amalie nicht. Ist es der Papst in Rom, der Bischof auf Syros oder Ottos persönlicher Priester Arneth? Es gehe aber einfach nicht an, dass der König in seinem eigenen Haus keine Kapelle habe, meint die Königin erzürnt. Umso glücklicher ist sie nun, da die Einweihung endlich zustande gekommen ist. „Sie war sehr schön, es hatte viele Leute, Pater Arneth hat die Messe zelebriert, die Psalmen wurden zwar schön gesungen, aber leider nur von Laien."

1848 endlich werden der prächtige Marmoraufgang ins Obergeschoss und die Tanzsäle fertiggestellt; bis dahin hatte man sich offenbar mit einem Treppenprovisorium begnügen müssen.

Über ein halbes Jahrhundert später soll die Deutsche Alice von Battenberg, die 1903 in die griechische Königsfamilie hineingeheiratet hatte (ihr Sohn Philip wird später Prinzgemahl von Queen Elisabeth II.), bei der Ankunft im Athener Palast mit Verwunderung festgestellt haben, dass es in dem ganzen riesigen Gebäude nur ein einziges Badezimmer gab! Vermutlich hatte der Palast ursprünglich auch kein fließendes Wasser, obwohl diese Annehmlichkeit in der Mitte des 19. Jahrhunderts in reichen Bürgerhäusern Mitteleuropas bereits üblich war.

Das neue Palais war das einzige repräsentative Gebäude, welches das Königspaar in Athen geschaffen hat. Damit war Ottos Lust am Bauen – und vermutlich auch seine finanziellen Mittel – erschöpft. Ganz im Gegensatz zu seinem bauwütigen Vater Ludwig I. in München und auch seinem Schwiegervater in Oldenburg, die beide ein ausgeprägtes Repräsentationsbedürfnis hatten. Für weitere prächtige öffentliche Gebäude in Athen, wie zum Beispiel die Universität, musste entweder Geld in Europa gesammelt werden, oder sie wurden von reichen Griechen, oft Exilgriechen, finanziert.

So sehr Otto laut seinen eigenen Aussagen Griechenland liebte, er tat wenig, um sein Volk mit Infrastruktur zu beglücken. Noch in den 60er-Jahren des 19. Jahrhunderts notiert die Reisende Dora d'Istria mit Erstaunen, dass in Athen noch fast keine öffentlichen Staatsgebäude existieren, alles sei erst im Bau.

Nicht nur der Palast, auch die teure königliche Hofhaltung rief Kritiker auf den Plan. So schreibt der Franzose Edmond About, dass diese für das bescheidene Königreich viel zu überdimensioniert geraten sei. Man hätte das Ganze viel einfacher gestalten können, „aber nein, das Paar wollte die großartige monarchische Hofhaltung mit

Palast, Kutschen, Ställen, Thron und Lakaien. Jetzt haben sie einen äußerlich lächerlich weitläufigen Palast, aber innen ist es eng und bescheiden. Alles wohnt hier auf einem Haufen!" Die Möbel seien hässlich und hauptsächlich pompös. All das habe so viel Geld gekostet, dass dem König für einen Landsitz nichts übrig geblieben sei. Dabei sei ein solcher für die mörderischen Athener Sommer überlebenswichtig. Und tatsächlich schaffte es Otto nicht, für sich und Amalie eine Sommerfrische zu bauen. Die Königin selber leistete sich später außerhalb der Stadt ein kleines Lustschlösschen. Erst der Nachfolger Ottos, Georg I., errichtete in Tatoi ein bescheidenes Landhaus.

Unterhaltung in der Hauptstadt

„Die Oper hat den Vorteil, neuen Gesprächsstoff zu liefern."

Vor der Ankunft der Bayern pflegten die Griechen einerseits die traditionelle Folklore, andererseits die byzantinischen Kirchengesänge. Die „westliche" Musik war ihnen hingegen vollkommen fremd. Erst mit den Bayern, dem Hof und den Gesandten entwickelte sich in Athen ein bescheidenes Musikleben.

Es scheint, dass Königin Amalie zwar gerne in die Oper ging, sich für Musik an und für sich aber nicht besonders interessierte. Auch Otto zeigte daran kein besonderes Interesse, was sich möglicherweise mit seinem beeinträchtigten Gehör erklären lässt. Obwohl im Palast wohl mehrere Pianos standen, spielten offenbar nur Gäste darauf, wie beispielsweise die Frau des österreichischen Gesandten, die Pianistin Irene Prokesch von Osten. Was die Majestäten allerdings besonders liebten, war Militärmusik! Um eine französische Seemannskapelle zu hören, ritten sie am Abend sogar nach dem Piräus hinunter.

Einmal erwähnt die Königin einen katholischen Chor aus den französischen Pyrenäen, der auf dem Weg zu den Heiligen Stätten in Athen gastierte. Die vierzig Sänger gaben im Palast ein Konzert. Amalie hörte das Brausen der Psalmen bis in ihre Räume hinauf, ging aber selber nicht in die Vorstellung.

Christiane Lüth hatte in ihrer Jugend Klavierspielen gelernt und es mit Freude praktiziert. In den ersten Jahren in Athen verfügte die Familie aber über kein Instrument. Eine derart kostspielige Anschaffung lag nicht in den Möglichkeiten einer Pfarrersfamilie, zumal dieses sperrige Möbel von weit her – wohl aus Triest – hätte bestellt und herantransportiert werden müssen.

In der Familie wurde dafür häufig gesungen, während der sonntäglichen Predigt erklangen natürlich protestantische Kirchenlieder und Choräle. Kritisch wie sie ist, meint Christiane bei „Ein feste Burg ist unser Gott“, die Worte würden nicht zur Musik passen: „Luther war zweifellos ein mutiger Mann, aber ein guter Musiker war er nie.“

Asmus Lüth betätigte sich für die Königin auch als Liedermacher. Für die Rückkehr Amalies aus der Emser Kur 1841 hatte er ein Lied gedichtet, das er von einem Männerchor vortragen lassen wollte. Die Königin sei aber von ihrer Seereise so erschöpft gewesen, dass sie keine Willkommensfeierlichkeiten gewünscht habe, „Poet und Sänger gerieten ziemlich aus der Fassung“, schreibt Christiane spöttisch.

1848 erlebte die Pfarrfrau eine schöne Überraschung: Als sie eines Tages nach Hause kam, stand in ihrer guten Stube ein Flügel, eine Leihgabe des Königs. Christiane war hocherfreut. „Ich setzte mich sofort und versuchte zu spielen. Weil ich in den letzten neun Jahren jedoch wenige Möglichkeiten hatte zu praktizieren, waren meine Finger versteift. Aber ich bin sicher, mit ein wenig Übung werden sie ihre Biegsamkeit wieder zurückerlangen. Das war sehr nett vom König, er wird mir langsam sympathischer!“

Was ihr in Athen an musikalischen Darbietungen von griechischer Seite zu Ohren kam, empfand Christiane als eher merkwürdig. Musik um der Musik willen zu produzieren, war den Griechen nicht geläufig. Sie liebten es aber zu singen und spielten gerne und oft zum Tanz auf an Volksfesten oder auch im kleineren Rahmen. Christiane findet, dass „die Griechen nicht singen können. Sie spielen in Dur auf der Mandoline und singen in einer anderen Tonart dazu.“ Sie war nicht die einzige, die der monotonen Art zu musizieren nicht viel abgewinnen konnte. Viele Reisende äußerten sich abfällig darüber. Eine griechische Besonderheit waren die Balladensänger, sogenannte Rhapsoden, die man für besondere Gelegenheiten bestellen konnte. So kam Hans Christian Andersen 1841 an seinem Geburtstag in den Genuss einer solchen Darbietung. Und natürlich existierte auch die gesungene byzantinische Kirchenmusik, die aber nur bei der einheimischen Bevölkerung beliebt war.

Konzerte westlicher Musik mit Gastmusikern gab es hin und wieder im Palast. Zu solchen Anlässen wurden gelegentlich auch die Lüths eingeladen. So berichtet Christiane von einem Liederabend: „Ich ließ mir extra von einer Italienerin eine Frisur machen. Am Hof dann das Übliche: Der König wollte wissen, wie oft ich Neuigkeiten aus Dänemark habe, wie lang die Briefe unterwegs sind; die Königin fragte mich nach den Kindern und redete über das heiße Wetter. Dann wurde gesungen.“ Nach dem Konzert wurden die Stühle weggestellt, und man begann zu tanzen. Die Lüths allerdings verließen den Palast. „Lüth wollte nicht tanzen, weil Fastenzeit war und er als Geistlicher sich daran halten müsse. Ich wäre sehr gerne geblieben, aber das spielte überhaupt keine Rolle!“

Auf große, klassische Konzerte mussten die Athener allerdings mangels eines Orchesters noch viele Jahre verzichten. Nach Abzug der Ausländer 1843 war das Bedürfnis nach dieser Art „westlicher“ Musik unter den Einheimischen ohnehin gering.

Der Engländer Frederick Strong, der eine statistische Bestandsaufnahme Griechenlands für die ersten Jahre von Ottos Herrschaft publiziert hat, beklagt den Mangel an Unterhaltungsmöglichkeiten in der Stadt. Privatleute sollen im Jahr 1839 das erste Athener Opernhaus „Italian Opera House“ finanziert haben, wo Sänger und Sängerinnen sowie Orchester aus Europa gastierten. Fünfmal die Woche im Winterhalbjahr wurden dort italienische Opern aufgeführt, die auch bei den Griechen zunehmend beliebt wurden. Wie in Italien befanden sich die Logen in Privatbesitz.

Frau von Nordenflycht über das Theatergebäude: „Es ist wirklich sehr hübsch, mit vier Logenreihen übereinander, der königlichen Loge in der Mitte und einer kleinen Seitenloge dicht neben der Bühne. Diese ist ziemlich groß, und die Dekorationen sind ganz vorzüglich. Jedoch: Gesang und Darstellung lassen manches zu wünschen übrig, und bei den Vorstellungen geht es immer etwas tumultuarisch zu. Der Applaus ist bisweilen Erdbeben und Wolkenbruch. Wie Schneeflocken kommen die weißen Textblätter von oben herabgeflogen und werden unter Schreien und Händeklatschen aufgefangen. Dennoch ist es ein Fortschritt!“ Sie begrüßt ausdrücklich die neue Möglichkeit, sich zu zerstreuen: Die Menschen „hätten einen Mittelpunkt ihrer müßigen Gespräche, eine Ausfüllung ihrer leeren Stunden und räsonierten nicht so unendlich viel über Politik, wobei doch nichts herauskommt, wenigstens nicht viel Kluges, wie mir scheint.“

Amalie und ihre Entourage besuchen die Oper häufig, im Winter fast täglich, allerdings selten in voller Länge. Sie freut sich jeweils über die Abwechslung. „Ich gehe für ein Stündchen nach dem Essen um neun Uhr. Ich sehe Menschen, und die Oper hat den Vorteil, neuen Gesprächsstoff zu liefern anstelle des ewigen Geplauders und Genörgels über die Politik.“

1846 notiert Frau von Plüskow den Besuch der berühmten österreichischen Sopranistin Caroline Unger-Sabatier, die aber nur privat auftrat, da sie sich schon ein paar Jahre zuvor von der Bühne verabschiedet hatte. 1851, das Theater war gerade frisch renoviert, schreibt sie: „Als die Königin ihren Einzug hielt, spielte das Orchester ‚God save the Queen‘, und die Menschen ließen sie dreimal hochleben.“

Amalie findet die Auswahl der Opern allerdings eintönig: „Es ist langweilig, immer Opern von Donizetti zu hören, er wiederholt sich gern. Aber das Theater ist immer voll, auch weil viele Schiffe im Piräus ankern und deren Besatzungen gerne Abwechslung haben." Schaut man sich allerdings das Programm über mehrere Jahre an, so wurden Werke von Bellini am häufigsten aufgeführt.

Programme 1840–1852 (Auswahl):
Januar 1840: Eröffnung mit *Lucia di Lammermoor* (Donizetti); Amalie fand die Primadonna und den Bariton recht gut, die übrigen Sänger sowie den Chor jedoch „furchtbar". Auch die Oper selber fand sie schlecht ausgewählt, „zu ernst, langweilig und für Griechen nicht passend".
Juni 1840: *Belisario* (Donizetti). Frau von Nordenflycht ist voll des Lobes. „Ganz gelungen, vortreffliche Dekorationen mit wahrer Künstlerschaft und gründlicher Einsicht in die Architektur jener Zeit. Die Anzüge frisch und passend, Gesang und Spiel mitunter sehr gut."
Dezember 1840: *I Capuleti e i Montecchi* (Bellini)
Weiter kamen im Jahr 1840 noch *Chiara di Rosemberg* (Ricci) und *Il barbiere di Siviglia* (Rossini) zur Aufführung.
Dezember 1841: *Beatrice di Tenda* (Bellini)
Dezember 1842: *Roberto Devereux* (Donizetti). Amalie meint: „Der neue Sopran war allerdings heiser, ungeheuerlich dick und wenig attraktiv. Der Tenor ist hervorragend, auch die zweite Sängerin singt nicht schlecht und spielt gut."
Januar 1843: *Beatrice di Tenda* (Bellini), *Gemma di Vergy* (Donizetti), beide „recht langweilig".
Februar 1843: *La Sonnambula* (Bellini). „Sehr gute Vorstellung".
Januar 1844: *Norma* (Bellini)
Januar 1851: *I Puritani* (Bellini): Amalie schreibt: „Die Vorstellung war sehr gut: Die Primadonna, der Tenor, der Bass und der Bariton, alle waren hervorragend. Das Theater war so voll, dass man kaum atmen konnte." Auch Frau von Plüskow fand die Aufführung gelungen: „Es ist wahrlich ein Genuss, gute Musik in guter Ausführung zu hören."
Februar 1851: *Ernani* (Verdi), *Chi dura vince* (Ricci), *Il barbiere di Siviglia* (Rossini)
März 1852: *El Juramento* (Olona)
Dezember 1852: *La Cenerentola* (Rossini), *Norma* (Bellini)

Selten treten im Opernhaus auch andere Künstler auf. Einmal erwähnt Amalie die Vorstellung eines Seiltänzers, einmal die Darbietungen eines musizierenden Akrobaten, einmal eine Ballettaufführung. Auch Maskenbälle und Wohltätigkeitsveranstaltungen finden dort statt. Hin und wieder kommen griechische Dramen und Tragödien zur Aufführung sowie zeitgenössische Stücke, welche die neuere griechische Geschichte zum Inhalt haben. Den altgriechischen Dramen bleibt Amalie – im Gegensatz zu Frau von Nordenflycht – fern, da sie kein Altgriechisch versteht. Im November 1852 schreibt sie über *Die Räuber* von Schiller, das Stück habe ihr sehr gefallen: „Eine hervorragende Idee."

Laut Strongs Bestandsaufnahme gab es als Athener Vergnügungen noch ein griechisches und ein deutsches Casino. Das griechische, eine ansprechende Suite mit Bibliothek, Leseräumen, einem Billardsaal, einem Tanzsaal und einem Erfrischungsraum, war an der Aeolus-Straße eingemietet. Es lagen Zeitungen aus Griechenland, Deutschland, Frankreich, England und Italien auf. Im deutschen Pendant, ebenfalls mit Leseräumen, verkehrten hauptsächlich Militärangehörige. Die Deutschen verfügten zudem über ein eigenes ländliches Kaffeehaus, „Der grüne Baum", etwas außerhalb der Stadt an der Iera Odo, wo im Sommer Militärmusik zum Tanz aufspielt. Laut Joseph von Ow besaß das Etablissement eine Kegelbahn und „steinerne Bierkrüge" und war auch bei den Griechen beliebt.

Diese hielten sich aber lieber in ihren Kafenions auf (Abb. 37), von denen es in Athen jede Menge gab. Hier wurden die griechischen Zeitungen gelesen, wurde geraucht, diskutiert sowie Tavli, Karten und Billard gespielt. Frauen verirrten sich allerdings kaum in diese Lokale. Cafés nach westlichem Muster, die auch andere Getränke und kleine

Abb. 37: Das Kafeneion ist der soziale Mittelpunkt im Alltag der griechischen Männer, Frauen sind nicht erwünscht. Hier trifft man sich, um zu diskutieren oder zum Tavli- oder Kartenspiel – traditionell Gewandete wie neumodisch europäisch Gekleidete. In der Regel wird Kaffee oder Schnaps getrunken, zum Essen werden nur Kleinigkeiten gereicht.

Speisen servierten, entstanden für sie erst mit der Zeit. So berichtet Christiane 1847, dass sie bei einem Ausflug nach Dafni in einer Gaststätte Kaffee tranken. Auch zwischen dem Piräus und Athen befand sich eine Lokanda, in der die Familie Lüth gelegentlich Zitronenlimonade und Mandelmilch bestellte.

An der Promenade nach Patission hinaus spielte jeden Sonntag und an Feiertagen die in Athen stationierte, hervorragende Infanteriemusik zwei bis drei Stunden Opernmelodien und Militärmärsche – natürlich nur für diejenigen, die sich die entsprechende Toilette und den Besuch in einer der dortigen Konditoreien mit Außenbestuhlung leisten konnten. Dieses feierliche Ereignis wurde vom Königspaar in Begleitung der Entourage wann immer möglich besucht. Auch Lüths ließen sich hin und wieder dort blicken. Die Musiker dieser Militärkapelle spielten auch bei den Hofbällen auf und unterstützten das Opernorchester.

Der größte Teil der Unterhaltung fand aber im privaten Rahmen statt, in den Salons der besseren Gesellschaft. Dort wurden kleine Konzerte, Liedervorträge und Tanzereien veranstaltet. Beliebt waren Gesellschaftsspiele wie „Blinde Kuh", Rätselspiele oder kleine Theateraufführungen, Pantomimen und Kartenspiele wie Whist; auch Billard wurde gerne gespielt.

Solcher Zeitvertreib fand vermutlich – unter Ausschluss der Öffentlichkeit – auch am Hof statt, entweder im ganz kleinen privaten Kreis oder mit ausgesuchten Gästen. Frau von Nordenflycht beschreibt Lustspiele wie *Monsieur Pourceaugnac* (Molière) oder *Visite à Bedlam* (Scribe) und Pantomimen, die von Mitgliedern des Hofes, auch von ihr selber, aufgeführt wurden. „Die Majestäten haben Freude an diesen Vorstellungen, welche doch einigen Wechsel in die eintönige Lebensweise bringen und Gelegenheit zur Gesellschaft geben, die hier, wie alles andere, neu geschaffen werden muss." Im Winter 1838 kamen im alten Palais auch zwei französische Stücke auf die Bühne, die beide offenbar von gastierenden Berufsschauspielern aufgeführt wurden.

Von den mitteleuropäischen Vergnügungen in Athen unterscheiden sich die einheimischen völlig. Die Griechen feiern traditionelle, meist kirchliche Festtage (Abb. 38). Vier davon gelten als die wichtigsten: Der erste findet am ersten Frühlingstag an den Ufern des Ilisos statt, am Fuß der Säulen des Olympieion-Tempels; der zweite am Tag des Heiligen Georgios beim Tempel des Theseus; der dritte am Tag der Auffahrt, an dem man zum Kloster Kesariani hinauf pilgert; und der vierte schließlich im August zu Ehren der Muttergottes Panagia, an dem Tausende an die Ufer des Kifisos spazieren, rund zwei Meilen außerhalb Athens, um in den Olivengärten ausgelassen zu feiern. Stets tragen die Griechen dabei ihre Festtagsgewänder, bringen etwas zum Essen mit, es wird musiziert und getanzt. Das Königspaar besucht diese Feste, um sie von weitem zu beobachten. Amalie findet alles außerordentlich malerisch und bewundert die herumstolzierenden alten Freiheitskämpfer in ihren „Kostümen".

Da die Griechen solche Feste lieben, versäumte es die Monarchie nicht, zahlreiche neue zu installieren: Namensfeste und Geburtstage des Königs und der Königin, Ankunft des Königs, Thronbesteigung, Hochzeitstag und etliche weitere, auch wenn das Paar selber diesen Festen so oft wie möglich fernblieb ...

Gleichzeitig war es dem Hof ein dringendes Anliegen, den Griechen mitteleuropäische Sitten und Gebräuche beizubringen. Es

Abb. 38: Ausgelassenes Osterfest beim Tempel des Olympischen Zeus' in Athen. Umringt von Zuschauern, darunter auch Frauen, zeigt eine Männergruppe einen traditionellen Reigentanz.

fand eine Art Kulturtransfer statt, eine mehr oder weniger sanfte Art der Kolonisierung. Konstantin Raptis schreibt dazu: „Bälle, Banketts, Ausflugsfahrten, Kleidung, Sitten und Umgangsformen, materielle Güter, Hygiene, Disziplin und Alltagsgestaltung der Neuankömmlinge trugen mittel- wie langfristig dazu bei, dass sich Griechinnen und Griechen dem bürgerlichen Lebensstil anpassten."

König Ottos Hof und vor allem die dort stattfindenden Festlichkeiten wurden für die Eliten zum privilegierten Raum der Begegnung und Verflechtung, denn hier bot sich für Mitglieder der griechischen Mittel- und Oberschicht Gelegenheit, mit Deutschen und anderen Europäern aus Bürgertum und Adel in Kontakt zu kommen und sich zugleich mit der im wesentlichen deutschen Hofkultur vertraut zu machen. Diese übte bestimmenden Einfluss auf Formen und

Charakter des gesellschaftlichen Lebens in der Hauptstadt aus. Diplomaten, Hofbeamte, Universitätsprofessoren, hochrangige Offiziere und die Präsidenten des Parlaments wie des Senats zählten häufig zu den Teilnehmern an Bällen, die nach westeuropäischem Vorbild in der Wintersaison stattfanden. Europäische Tänze, die unter den Griechen anfänglich nur von Ministern und Adjutanten im Palast mitgetanzt wurden, verbreiteten sich relativ rasch auch bei gesellschaftlichen Veranstaltungen der mittleren und höheren Kreise, deren Garderobe, Umgangsformen und Lebensstil sich zunehmend europäisierten."

Weil das Leben in Athen im Großen und Ganzen eintönig war, wurde jede Abwechslung, wie zum Beispiel das Eintreffen großer Dampfschiffe, freudig begrüßt. So berichtet Amalie im Juni 1847 ihrem Vater von einem Ereignis im Hafen von Piräus: „Gestern bot sich uns ein einzigartiger Anblick. Bei der Rückkehr von einer Pilgerfahrt nach Mekka erlitt ein Schiff mit Arabern und Nordafrikanern Schiffbruch. 223 ertranken, 60 konnten sich retten. Ein französisches Schiff nahm sie auf. Nun warten sie im Hafen, bis das Kriegsschiff ‚Triton' sie nach Toulon fährt, von wo sie zurück nach Algerien gebracht werden sollen. Ich wollte diese Menschen unbedingt sehen und bat den Kapitän, sie an Land zu bringen. Am Nachmittag ritten wir also zum Hafen hinunter. Sie boten einen eigentümlichen Anblick, trugen Burnusse mit Kapuzen, und statt eines Gürtels hatten sie eine Schnur um den Bauch gebunden. Etliche trugen einen Turban. Ihre Gesichter waren ausdrucksvoll, zeigten aber dennoch die Teilnahmslosigkeit des Morgenlandes. Mit ihren weiten, langen Burnussen, den weißen Gewändern, die sie darunter trugen, den roten Stiefeln machten sie einen fremdartigen Eindruck. Ihr Anführer, ein naher Verwandter des Scheichs, der ertrunken war, trug unter dem Burnus ein kostbares, rotes Kleid. Sie erschienen mir wie die Priester in der Oper Norma. Otto sprach ein paar Worte mit ihnen. Der ganze Anblick war speziell, mit dem blauen Meer im Hintergrund, den im Hafen dümpelnden Kriegsschiffen, den ihre Tracht tragenden Griechen und Griechinnen auf dem Festland. So etwas bekommt man nicht oft zu Gesicht, mir hat es unglaublich Vergnügen gemacht. Viele Menschen, mit Kutschen, Pferden und zu Fuß, waren an den Hafen gekommen, um das Schauspiel zu genießen." Dass es diesen Fremden vielleicht peinlich war, wie Zootiere vorgeführt und begafft zu werden, zumal sie gerade in einer Katastrophe Familienangehörige verloren hatten, kam der Königin nicht in den Sinn; sie sieht nur das Malerisch-Pittoreske an der Szene.

Für Abwechslung sorgte auch das griechische Brauchtum. So berichtet Frau von Nordenflycht einmal über eine griechisch-orthodoxe Taufe, der sie als Patin beiwohnte: „Die Zeremonie war ziemlich ohne alle Andacht. Man kommt und geht während derselben, man unterhält sich, und es ist wie in einem Wirtshaus. Währenddessen sagt der Priester seine Gebete her, das Kind wird entkleidet, dreimal ins Wasser getaucht und dann dem Paten übergeben. Nun bekommt es die Salbung; Hemd und Kleidung werden ihm angezogen, und der Pate muss das kleine Wesen dreimal um den Tisch tragen." Es war vor allem der Mangel an Andacht und Spiritualität, der Frau von Nordenflycht am Ritual unangenehm auffiel.

Amalie besucht seit Beginn ihres Aufenthalts in Griechenland die griechisch-orthodoxe Kirche regelmäßig und folgt der Messe, enthält sich aber jeden Kommentars. Lediglich die stundenlangen Liturgien an den hohen Feiertagen, die oft stehend durchgehalten werden müssen, ermüden sie.

Christiane als Frau des Pastors hat da mehr Berührungsängste. Erst 1846, in Phokäa an der türkischen Westküste, also im Ausland, traut sie sich mit den Kindern – ob auch Lüth dabei war, bleibt unklar –, eine griechisch-orthodoxe Kirche zu betreten und der Liturgie beizuwohnen. „Noch nie habe ich etwas Derartiges gesehen. Von den drei Popen psalmodierten nur zwei, mehrere Buben murmelten ständig ‚Kyrie eleison', es tönte wie eine Art Hintergrundmusik. Das Evangelium las der dritte Pope, und zwar so schnell, dass ich kein Wort verstand. Nachdem er fertig war, begannen die Sänger wieder mit ihren eintönig schleppenden Psalmen, nun aber im Duett, dazwischen immer wieder ‚Kyrie eleison'. Wenn die Buben unaufmerksam waren, schlug sie der eine der Psalmensänger mit der Kerze, die er in der Hand hatte. Das Ganze dauerte, und unsere Kinder wurden ungeduldig. Nun verschwand der dritte Pope hinter dem Altar, um sich für die nächste Phase der Liturgie vorzubereiten. Alsbald trat er aus dem mittleren, dem Heiligen Tor, er trug ein blaues Messgewand mit weißen Streifen und schwang das Weihrauchgefäss in Richtung der Gläubigen. Ich muss gestehen, dass mir gar nicht wohl war, denn mir fehlten der Glaube und diese Art der Frömmigkeit. Das Ganze machte für mich eher den Eindruck einer Theatervorstellung mit schlechten Schauspielern. Am Schluss ging noch ein Teller herum, denn die Popen haben einen ganz schlechten Lohn. Ich gab auch ein paar Münzen – als Busse für meine Ungläubigkeit. Es scheint, dass mich der Weihrauch etwas durcheinandergebracht hat! Nach der Messe bot uns einer der Popen wunderbare Trauben an, die wir mit Genuss vertilgten."

Ausblick

Die Jahre nach 1852

1852 kehrt die Familie Lüth nach Deutschland zurück. Damit trennen sich die Wege der beiden Frauen. Christiane wird nur noch kurze Zeit zusammen mit ihrem Mann und den Kindern in Rensefeld bei Lübeck leben, wo Asmus Lüth 1859 stirbt. Dann zieht sie zu ihrer Schwester Hanne in die dänische Küstenstadt Kolding. Griechenland bleibt sie zeit ihres Lebens verbunden, beobachtet seine Entwicklung und macht sich offenbar auch Sorgen. Einem befreundeten Philologen, der 1863 nach Athen reist, gibt sie einen Rat zuhanden des neuen Königs Georg I. mit: „Was Georg I. unbedingt tun muss ist, so viele Griechen wie nur möglich anzustellen. Der große Fehler der vorangegangenen Dynastie, welche diese schließlich zu Fall brachte, war, sich nur mit Deutschen zu umgeben, welche alle wichtigen Ämter übernommen hatten, obwohl sie dafür überhaupt nicht geeignet waren." Ob König Otto allerdings genügend gut ausgebildete Griechen für seine Beamtenschar gefunden hätte, steht auf einem anderen Blatt.

Christiane reist später noch einmal nach Griechenland zurück. Zusammen mit ihrer Schwester Hanne und ihrer Tochter Damaris unternimmt sie als 74-Jährige im Frühling 1891 diese für eine ältere Frau sicher beschwerliche Reise. Das hätte sie kaum getan, wenn sie nur schlechte Erinnerungen an ihre Zeit in Hellas gehabt hätte. Sie will offenbar den Ort, wo sie auch glückliche Tage verbracht hat, noch einmal sehen. Christiane schreibt über diese letzte Reise ein Tagebuch, das sich im Archiv der Königlichen Bibliothek in Kopenhagen befindet, aber bis heute unveröffentlicht ist. Die drei Frauen fahren – nun wohl sicher mit dem Zug – nach Brindisi und von dort mit dem Schiff über Korfu nach Patras. In Athen bleiben sie nur fünf Tage. Sie müssen die Stadt nach fast 50 Jahren sehr verändert vorgefunden haben. Ob ihnen noch Bekannte begegnet sind?

Christiane stirbt 1900 mit 83 Jahren in ihrer Heimat.

Amalie lebt weitere zehn Jahre in Griechenland und übernimmt bei den vielen Absenzen Ottos die Regierungsgeschäfte (Abb. 39; S. 118). Die umfangreiche Korrespondenz mit ihrem Vater endet aber mit dessen Tod im Februar 1853. Weitere Briefwechsel – mit ihrem Halbbruder Peter, mit ihrer Schwester Friederike, mit ihren Schwiegereltern Ludwig I.

und Therese – harren in den Archiven noch einer Transkription und Veröffentlichung.

Die Jahre nach 1853 bis zum unrühmlichen Abgang bringen weder für das Königspaar noch für das Land Erfreuliches. Der Krimkrieg 1853–1856 endet mit einer Niederlage Russlands, an dessen Seite sich Otto beteiligt hat in der Hoffnung, weitere von Griechen bewohnte, aber noch immer unter osmanischer Herrschaft darbende Gebiete übernehmen zu können. Eine deshalb durch England verhängte rigorose Seeblockade richtet in Griechenland enormen wirtschaftlichen Schaden an. Diese Misserfolge schaden dem ohnehin angeschlagenen Ruf des Königs beträchtlich. Im Volk breiten sich Unruhen aus. Im September 1861 wurde Amalie in Abwesenheit Ottos erneut Opfer eines – zweiten – Attentatsversuchs; ein Student namens Dosios versuchte erfolglos, sie zu erschießen (Abb. 40). Er wurde zum Tod verurteilt, aber Amalie hob das Urteil auf; er blieb schließlich ein Jahr in Haft und ging dann zum Studium nach Zürich.

Abb. 40: Im Jahr 1861, kurz bevor das Monarchenpaar Griechenland verlassen muss, findet ein Attentat auf Königin Amalie statt. Otto weilt gerade zur Kur in Deutschland. Der Anschlag misslingt, schürt aber die Unruhen im Land. Täter ist der 17-jährige Student Aristeidis Dosios, der später in Zürich studieren wird. (Aus: Illustrated London News, 1842-1885, Athens 1984)

Das Ausbleiben eines Thronfolgers und die Unfähigkeit der bayerischen Wittelsbacher, einen Kronprinzen für Griechenland bereitzustellen, sind weitere Gründe, weshalb der glücklose König schließlich auch von den Großmächten fallengelassen wird. Als Aufständische im Land offen revoltieren, werden die Majestäten gezwungen, das Land zu verlassen. Am 23. Oktober 1862 besteigen sie – überstürzt und ohne formell abzudanken – ein englisches Schiff und reisen ab, um in Bamberg ihren Lebensabend zu fristen (Abb. 41; S. 118). Ihrer Liebe zu Griechenland, in das sie nie mehr zurückkehren sollen, tut das alles aber keinen Abbruch.

Bereits 1867 stirbt Otto, möglicherweise an Masern, und wird in seinem griechischen Kostüm beerdigt. Amalie folgt ihm 1875; sie erliegt einer Lungenentzündung. Beide ruhen in der Gruft der Theatinerkirche zu München.

Nachfolger Ottos wurde ein junger dänischer Prinz. Als König Georg I. zog er 1863 in Athen ein. Seine Frau, Großfürstin Olga aus Russland, gebar schon ein Jahr nach der Hochzeit den langersehnten Kronprinzen Konstantin, das erste von insgesamt sieben Kindern; er wird griechisch-orthodox getauft. Diese Nachricht, in Griechenland mit Begeisterung aufgenommen, wird in Bamberg wohl besonders geschmerzt haben. Die Russin hat ihre Pflicht sofort erfüllt, was Amalie trotz aller Bemühungen nie gelungen war.

Anhang

Literatur (Auswahl)

About Edmond: La Grèce contemporaine. Paris 1853.
Ders.: Le Roi des Montagnes. Paris 1856.
Amalie 1818-1875. Ausstellungskatalog; Hrsg. Kunst- und Kulturkreis Rastede e.V. Oldenburg 2004.
Andersen Hans Christian: Griechenland und der Orient. Athen 2011.
Bremer Fredrika: Greece and the Greeks (From Lifvet i gamla verden). London 1863.
Busse Vana: Ausländerinnen in Griechenland zur Zeit König Ottos. In: Meilensteine Deutsch-Griechischer Beziehungen. Symposium 2010 Athen. Athen o.J.
Busse Vana u. Michael: Ανέκδοτες Επιστολές της Βασίλισσας Αμαλίας στον Πατέρα της, 1836-1853 (Anekdotes Epistoles tis Basilissas Amalias ston patera tis; Übers. V. Busse) Athen 2011.
Clias Phokion Heinrich: Kalisthenie oder Übungen zur Schönheit und Kraft der Mädchen. Bern 1829.
Corbin Alain: Meereslust. Das Abendland und die Entdeckung der Küste 1750-1840. Berlin 1990.
von **Dalwigk** Reinhard: Briefe aus Rom und Athen. Hrsg. Hedwig von Dalwigk. Oldenburg 1901.
Dorfner Helene: Die Kunstmusik in Athen zur Zeit Ottos I. Leipzig 2012.
Fahrmbacher Heinrich: Erinnerungen an Italien, Sicilien und Griechenland. Aus den Jahren 1826-1844. München 1851.
Feuerstein-Prasser Karin: Alice von Battenberg. Die Schwiegermutter der Queen. München 2020.
Fiedler Gustav: Reise durch alle Theile des Königreiches in den Jahren 1834-1837 (Bd. 1). Leipzig 1840.
Fountoulakis Olga: Deutsche Architekten im Griechenland des 19. Jahrhunderts. Athen 2020.
Goette Rupprecht Hans u. Olga Palagia (Hrsg.): Ludwig Ross und Griechenland. Akten Kolloquium Athen 2002. Rahden/Westf. 2005.
Graecogermanica: GraecoGermanica – Deutsche in Griechenland 1833-1862. Zugriff 12.1.2022. https://www.graecogermanica.gr
Hering Gunnar: Der Hof Ottos von Griechenland. In: Höfische Kultur in Südosteuropa. Göttingen 1994.
Hederer Oswald: Friedrich von Gärtner 1792-1847. München 1976.
d'Istria Dora: Excursions en Roumélie et en Morée. Zürich/Paris 1863.
Kardamitsi-Adami Maro: Palaces in Greece. Athen 2009.
Kotsowilis Konstantin: Die griechischen Studenten in München. München 1995.
Krauss Marita: Das Leben der Lola Montez. München 2020.

Lerch-Kalavrytinos Irmgard: Aspekte des Musiklebens im griechischen Königreich zur Zeit König Ottos. Online-Compendium der deutsch-griechischen Verflechtungen: comdeg.eu; abgerufen 30.11.2022.

Lüscher Geneviève: Achmetaga. Ein Patrizierleben zwischen Griechenland und Bern. Bern 2018.

Lüth Christiane: Fra Fredensborg til Athen. Memoirer og breve 48/1926; Neudruck Kopenhagen 1974.

Dies.: Στήν Αθήνα του 1847-1848 (Stin Athina tou 1847-1848; Übers. A. Papanikolaou-Christensen). Athen 1991.

Dies.: Αρμενίζοντας (Armenisontas; Übers. A. Papanikolaou-Christensen). Athen 1999.

Dies.: Μιά Δανέζα στήν Αυλή του Όθωνα (Mia Danesa stin auli tou Othona; Übers. A. Papanikolaou-Christensen). 3. Aufl., Athen 2011.

Maximilian I. (Ferdinand Maximilian, Erzherzog von Österreich): Mein erster Ausflug. Wanderungen in Griechenland. Leipzig 1868.

Müller Carl Otfried: Briefe aus einem Gelehrtenleben (1797-1840). Berlin 1950.

Müller Felix: Die griechische Königin im „Goldenen Falken". In: Berner Zeitschrift für Geschichte 4, 2022, 39-55.

Murken Jan: Otto König von Griechenland Museum der Gemeinde Ottobrunn. Berlin/München 2016.

Niemöller Gisela: Die Engelinnen im Schloss. Oldenburg 1997.

von Nordenflycht Julie: Briefe einer Hofdame in Athen 1837-1842. Leipzig 1845.

von Ow Joseph: Aufzeichnungen eines Junkers am Hofe zu Athen. Pest 1854.

Pfligersdorffer Georg: Die Bücher der Königin Amalia von Griechenland in der Universitätsbibliothek in Graz. Gutenberg Jahrbuch 1989.

Pajor Ferdinand: Ludwig Ross' Beobachtungen auf Euboia. In: Ludwig Ross und Griechenland. Akten Kolloquium Athen 2002. Rahden/Westf. 2005.

Papageorgiou-Venetas Alexander: Friedrich Stauffert, Städte und Landschaften in Griechenland zur Zeit König Ottos. Kommentierte Neuaufl. 1844. Mainz 2008.

Pauly Margarethe: Friederike von Washington, Herzogin von Oldenburg (1820-1891). Oldenburg 2008.

von Plüskow Wilhelmine: Ημερολόγιο 1846-1853. (Imerologio; Übers. V. Busse) bussedocu.gr, abgerufen 9.2.2022.

von Pückler-Muskau Hermann: Südöstlicher Bildersaal – Griechisches Leiden. Stuttgart 1840.

Ramsauer Johannes: Kurze Skizze meines pädagogischen Lebens. Oldenburg 1838.

Rangabes Eugene Rizo: Livre d'Or de la Noblesse Phanariote. Athen 1904.

Raptis Konstantinos: Soziokulturelle Verflechtungen unter den deutschen, westeuropäischen und griechischen Eliten im ottonischen Griechenland. Online-Compendium der deutsch-griechischen Verflechtungen: comdeg.eu; abgerufen 1.7.2021.

Ross Ludwig: Reisen des Königs Otto und der Königin Amalia in Griechenland. Halle 1848.

Ruisinger Marion Maria: Das griechische Gesundheitswesen unter König Otto (1833-1862). Frankfurt 1997.

Schlosspark Rastede. Kulturdenkmal landschaftlicher Gartenkunst. Hannover 2001.

Schlumm Hans-Bernhard u. Andreas Kertscher (Hrsg.): Deutsche Spuren in Griechenland. Athen 2018.

Speckner Herbert: Griechenland aus erster Hand. Ottobrunn 2013. Ders.: Griechenland zu König Ottos Zeiten. Ottobrunn 2017.

Speckner Ilse: Königin Amalie von Griechenland und ihr Garten. Ottobrunn 2008.

Steffen Ruth (Hrsg.): Leben in Griechenland 1834-1835. Bettina Schinàs, Briefe und Berichte an ihre Eltern. Münster 2002.

Stiasny Tomke: Schloss Eutin. Berlin 2016.

Strong Frederick: Greece as a Kingdom. A statistical Description. London 1842.

Trost Ludwig (Hrsg.): König Ludwig I. von Bayern. Briefe an seinen Sohn, den König Otto von Griechenland. Bamberg 1891.

Tzermias Pavlos: Neugriechische Geschichte. Basel 1993.

Vakalopulos Apostolos: Griechische Geschichte von 1204 bis heute. Köln 1985.

Welcker Friedrich Gottlieb: Tagebuch einer griechischen Reise. Berlin 1865.

Wilharm Irmgard: Die Anfänge des griechischen Nationalstaates 1833-1843. München 1973.

Winstrup-Fischer Johanne: Handschriftliche Erinnerungen an ihren Aufenthalt in Griechenland, geschrieben in den 1880er Jahren. Kirsten Holck, persönlicher Nachlass (?), Rigsarkivet Kopenhagen. (Nicht eingesehen)

Zelepos Ioannis: Kleine Geschichte Griechenlands. München 2014.

Bildnachweis

1 Stadtmuseum Oldenburg; StMO, BA 14973; Foto H. G. Kister.

2-4, 7-8, 12, 16, 19-21, 30, 32-33, 35-36, 40 und Umschlag hinten
Privatbesitz, Foto Felix Müller.

5-6 Bamberg, Neue Residenz, Inv. ResMü.G410 und G412.
© Bayerische Schlösserverwaltung, Lucinde Weiss, München.

9, 13-15, 17, 39, 41 Otto-König-von-Griechenland-Museum, Ottobrunn.

10 GZ, Athen (aus: Spaziergang durch das alte Athen, Athen 2010).

11, 18, 34 GZ, Fotos Jan Hübel

22 Royal Danish Library, Kopenhagen. Aus: Christiane Lüth:
Fra Fredensborg til Athen: Fragment af en Kvindes Liv. 1926.

23, 25, 28 Privatarchiv.

24, 37-38 GZ, Athen (aus: Amand von Schweiger-Lerchenfeld:
Griechenland in Wort und Bild. Leipzig 1882).

27 Stadtmuseum Oldenburg; StMO, StSt 345; Foto A. Gradetchliev.

29 Aus: Lüth Christiane: Μιά Δανέζα στήν Αυλή του Όθωνα. Athen 2011.

31 Athen, Nationalmuseum; photographic archive IB,206.

Nicht alle Inhaber und Inhaberinnen der Bildrechte konnten trotz großer Bemühungen der Autorin ermittelt werden. Bei Fragen wenden Sie sich bitte an sie.

Dank

Für Ideen, Handreichungen, Informationen, Lektüren, Übersetzungen und finanzielle Unterstützung danke ich:

Karoline Aebi-Popp, Bern
Annette Jaccard, Bern
Gurli Jensen, Bern
Maria Kouvari, Bern/Zürich
Béatrice Lüscher, Pieterlen
Claude Lüscher, Zürich
Felix Müller, Bern
Jan Murken, Ottobrunn
Gisela Niemöller-Fietz, Oldenburg
Margarethe Pauly, Rastede
Michaela Scheibl, Universitätsbibliothek, Graz
Hans-Bernhard Schlumm, Korfu
Andrea Schmidt, Ottobrunn
Herbert Speckner †, Ottobrunn
Nikos Syros, Botanischer Garten, Athen

Dafür, dass sie ihre Bücher geschrieben und eine großartige Übersetzungsleistung erbracht haben, danke ich besonders:

Vana Busse und Michael Busse, Marathon
Aristea Papanikolau-Christensen, Athen

Schließlich möchte ich mich beim Verlag der Griechenland Zeitung dafür bedanken, dass er mein Buch in sein Verlagsprogramm aufgenommen hat. Ein spezieller Dank geht dabei an:

Jan Hübel und Harry Glytsis

OTTO KŒNIG VON GRIECHENLAND

MUSEUM DER GEMEINDE OTTOBRUNN

Das König-Otto-von-Griechenland-Museum in Ottobrunn macht es sich zur Aufgabe, die Erinnerung an den Namenspatron der Gemeinde – Otto, den ersten König von Griechenland – wachzuhalten.

Seit dem Beschluss des Gemeinderates von Ottobrunn im Jahr 1976, eine Sammlung zum Thema „Otto König von Griechenland und die historischen Beziehungen zwischen Bayern und Griechenland" aufzubauen, wurden zahlreiche Kunst- und Kulturgegenstände aus der Zeit des Griechischen Freiheitskampfes, aus der Zeit Ottos in Griechenland von 1833 bis 1862 und den Jahren von Otto und Amalie in Bamberg bis 1875 gesammelt.

Diese werden seit der Eröffnung am 3. Dezember 1989 an diesem zentralen Ort bewahrt und auf 174 Quadratmetern Ausstellungsfläche zur Schau gestellt, um die Geschichte Ottos zu vermitteln. So leistet das Museum einen Beitrag an der Erforschung der Zeit Ottos.

Die im oberbayrischen Landkreis München südöstlich der Landeshauptstadt gelegene Ausstellung ist aufgrund des fortwährenden Interesses von Gästen aus Griechenland an vielen Exponaten mit griechischen Texten versehen und an folgenden Tagen zu besichtigen:

Reguläre Öffnungszeiten:
Donnerstag 15.00 – 18.00 Uhr; Samstag 10.00 – 13.00 Uhr
Eintritt frei.

König-Otto-von-Griechenland-Museum
Rathausstraße 3
85521 Ottobrunn